社会政策の視点

現代社会と福祉を考える

圷 洋一
堅田香緒里
金子 充
西村貴直
畑本裕介
著

法律文化社

序　文

　20世紀の後半，批判的社会政策研究（Critical Social Policy）は，イギリス社会政策研究といういささか淀んでいた領野に，新鮮な空気を送り込んだ。1981年における学術誌『批判的社会政策』の創刊と，1989年におけるフィオナ・ウィリアムズによる画期的テキスト『社会政策——批判的入門』の出版は，節目となるできごとであった。それから30年，そろそろ批判的社会政策研究の伝統について語ってもよい頃合いだろう。だがそれは決して一枚岩の伝統ではない。もしそうであったなら，批判的前衛性を保てなかったはずである。ともあれ，デイヴィッド・テイラーは『批判的社会政策』創刊15周年を記念して出版された論集の序文で，次のように示唆している。「様々な集団が，*福祉国家における社会権*と，*学問分野で用いられる認識枠組み*のいずれからも*排除*されてきたこと，そのことが出発点として共有されている」と[1]。

　日本とおなじくイギリスでも，「批判的である」といえば，たいていの場合は，社会階級を強調するマルクス主義の視座から書くことを意味していたが，批判的社会政策研究は，分析の焦点を階級以外の社会的な裂け目（cleavages）に移行させた。ジェンダーと「人種」／エスニシティがその中心であったが，ディスアビリティやセクシャリティをめぐる研究も増大していった。だがこのことは，社会階級がもはや重要ではないということを意味しているわけではない。とりわけイギリスにおける社会−経済的な不平等の大きさを考えれば，依然として階級は中心的な分析カテゴリーであり続けねばならない。批判的社会政策研究の伝統のもとで仕事をしている理論家や研究者は，あくまで，排除と抑圧をもたらす別様の原因も重要であることを認識しているのである。

　批判的社会政策研究の登場は，ニューライトによる福祉国家への攻撃に対する抵抗という側面ももっていた。このことはジレンマをもたらした。それは，

貧しい暮らしを営んでいる人々，女性，黒人，少数民族，障害者の利害関心を周辺化してしまう福祉国家を，批判しながらいかに擁護していくかというジレンマである。そして再びイギリスでは，保守党と自由党の連立政権が国家施策の縮小を企てているなかで，われわれは福祉の給付やサービスを，たとえ不完全なものであろうとも，擁護しなければならなくなっている。

　本書の刊行にもみられるように，批判的社会政策研究は，しだいに単一の国民国家という境界を越えるようになった。このことは，様々な形態のグローバリゼーションによる影響と，増大する環境問題を受けたものである。グローバルな社会正義と環境正義は，今日における批判的社会政策研究の優先課題なのである。

　日本はいま大きな災難に耐え忍んでいる。2011年初頭に私がこの国を訪れたときには，このできごとが，それまで日本の政策と政治を支えつつ自明視されてきたいくつかの前提を，どのようなかたちで考え直させていくことになるか，ということが語られはじめたばかりであった。批判的社会政策研究は，そうした考え直しにとって有益な道具を提供する。それゆえ私は，本書の刊行を大いに歓迎したい。本書は，イギリスの社会政策研究という学問分野における議論の火付け役となったいくつかの考え方を，日本の読者に紹介するものである。いうまでもなく，イギリス生まれの考え方が日本の文脈に単純に輸入できるわけではない。いずれにしても，この困難な時期に批判的分析精神の有益さが了解され，また本書が社会政策を学ぶ日本の学生や実践家に批判的思考をうながす一助となることを，私は期待している。

ラフバラ大学名誉教授〔社会政策〕／上院議員

ルース・リスター

【註】
1) Taylor, D. (1996) 'Introduction' D. Taylor ed *Critical Social Policy : A Reader*, London : Sage, p 2, emphasis in the original.

本書の目的と構成

▶ 本書の目的

　本書の目的は，社会政策を「批判的」に考察するための視点を共有することにある。しかしながら，私たちが暮らしているこの複雑な社会では，社会政策に対してであれ，社会政策が取り組む（あるいは取り組み損ねている）問題状況に対してであれ，批判的であろうとする姿勢を保つことは，じつはとても難しい。

　貧困という社会政策の伝統的課題がその典型であるが，そこでは問題がいくえにも重なり，どのような切り込み方や応答が適切であるかについて，多くの見方と選択肢がならび立つ。また，事態の根幹を見定めようとしても，自らの見解の正しさについて確証をえること自体，決して容易ではない。その結果，社会政策をめぐる議論と研究では，批判的な言葉をつむぐ以前に，事態の複雑さと格闘する過程で精根つき果ててしまうことも稀ではない。貧困がいかに重大な問題であるかについては意見の一致がみられるにしても，自由・平等・正義をめぐり，局所を離れて言挙げされる「そもそも論」や「あるべき論」は，きちんとした手続きを踏まずに垂れ流される戯れ言として一笑に付されやすくもある。学術的であるために慎重さが求められる度合いが強まるほど，批判的であろうとすることの敷居も高くなっていくようである。本書は，そうした状況を見据えつつ，社会政策の批判的考察にとって有益と思われる視点を提示し，読み手と共有をはかっていく。

　本書は大きく分けて3つのセクションから構成される。12の章でひとつの流れをつくろうとしたため，あえて部構成はとらなかったが，それぞれのセクションを名づけるとすれば「視点としての社会政策」「空間のなかの社会政策」「思想のなかの社会政策」となるであろう。第一セクション（Chapter 1 ～ 4）では，社会政策の捉え方や，社会政策として実施される各種制度について，基本的な知識を共有する。第二セクション（Chapter 5 ～ 7）では，社会政策をとりまく環境を「空間」として問題化しようとする視点を共有する。第三セクション

(Chapter 8 ～ 11) では，社会政策をめぐる政治的・学術的議論の背後にひかえている思想的・イデオロギー的な「視座」にかんする理解を共有する。なお各章には，本文での議論を補足するために，いくつかの「コラム」をもうけたので適宜参照していただきたい。ここでは導入として，まず「批判的」であるとはどういうことかについて本書の理解を示したあと，各パートの趣旨を述べていく。

▶ 社会政策への批判的視座

　序文を寄せていただいたルース・リスター氏は，自著のなかで社会政策に対する批判的な視座として「マルクス主義」「フェミニズム」「アンチ・レイシズム（反人種差別主義）」「エコロジズム（環境保護主義）」をあげ，各視座によるラディカルな分析の実践的含意（政策策定，対人援助，社会運動にとっての意義）を読み解いている［Lister 2010］。これらの批判的視座に共通しているのは，支配的視座のもとで形成された各種の政策・制度が，様々な事柄を見過ごしたり見誤ったりしていること（場合によっては事態をさらに悪化させていること）を問題化する点にある。

　批判的視座の分析や主張をごく単純にまとめると次のようになる。多くの先進諸国では，競争的な自由市場や消費者の選択を重視する発想が，社会政策の支配的視座として，政策の策定・実施や言論の場において主導権を握っている。この支配的視座のもとでは，同質のインセンティブ構造をもった合理的個人や，一枚岩の存在としての市民＝国民が前提とされている。そのため，階級，ジェンダー，「人種／エスニシティ」などの差異や分断が見過ごされやすく，しかもそうした差異や分断にもとづく構造的な不平等や不利が，社会政策を通じて抑圧・強化されている。くわえて，戦後に形成された福祉国家体制のもとでは，物質的豊かさや経済成長が福祉増進の基本線であると見誤られてきた。

　批判的視座は，鋭利な社会分析や理論的考察にもとづいて，以上のような批判を展開してきた。次に，もうすこし具体的な例をあげて「批判的」であるとはどういうことかを説明してみたい。

▶「批判」の一例

　近年の先進諸国では，安定した職に就きにくく低所得の状態におかれている人々に対して，職業訓練や学び直しをはじめとする就労支援対策が強化されている。日本でも，長期失業者，生活保護受給者，ホームレス，若年無業者，障害者，母子世帯などと括られる人々の「自立」をはかるうえで，就労支援を軸にした対策が矢継ぎ早に導入されてきた。そうした支援を受ける人々も，温度差はあるものの，総じて「就労」を強く望んでいる。働いて賃金をえることが，暮らしを立てる手段にとどまらず，社会に参加し，まっとうな存在として認められるための唯一無比の方途となっている以上，それは当然のことだともいえる。

　だが，批判的視座に立つ人々は，ほんとうにそれでよいのかと就労支援全盛の状況に冷や水を浴びせる。かりに就労支援によって職に就けたとして，就労先の賃金や仕事内容は，将来の見通しが立てられるものになっているか。定職に就くことばかりが強調され，職業選択の自由は名ばかりのものにされていないか。ひとり親世帯の就労支援において，保育サービス等の利用についてじゅうぶんな配慮がなされているのか。女性だけに仕事と家事・育児とを天秤にかけるよう迫ってはいないか。お金にならなくても重要な「仕事」として，家事・育児・介護もあれば，様々な地域課題を解決しようとする非営利の活動もある。だが，それらに従事することは，あまりにも報いが少なく，ほとんど支援の対象にもならないのはおかしいのではないか。

　批判的視座に立つ人々は，このような疑問を発して，就労支援政策がはらむ「賃労働中心主義」「生産主義」「男性中心主義」といった固定観念を暴き出していく。つまり「批判的」とは，社会関係や社会制度のなかで自明視され本質化されている事柄をえぐり出し，それが社会政策にいかに／いかなる影響を及ぼしているかを可視化しながら，そこに不正や抑圧がみいだされる場合に，抜本的な考え直しを迫っていくような態度であるといえよう。外野から難点をいいつのるのではなく，何がどう問題であり，何をどうしたらよいかを，ぎりぎりまで（思考の臨界点＝クリティカル・ポイントまで）詰めて考えようとすることが「批判的」であることの本義といいうるだろう。

　本書では，こうした意味で「批判的」であろうとするうえで強力な武器となりうる視点の共有をはかっていくが，その拠り所となっているのが「批判的社

会政策研究」と呼ばれる研究潮流のもとで育まれてきた考え方や理論である。リスター氏も述べているように，イギリスではそうした批判的な研究潮流のもとで，30年以上にもわたってラディカルな言説がつむがれてきた。本書では批判的社会政策研究の全容を紹介することはできなかったが，批判的研究の要である視座分析の検討に多くの紙幅を割くことで，そのエッセンスだけは伝えることができたと考えている。

▶ **本書の構成**

〈第一セクション：視点としての社会政策〉

 Chapter 1から4までは，社会政策の説明と理解にかかわる基本事項が示される。Chapter 1と2では，日本とイギリスで「社会政策」がどのようなものとして捉えられてきたかを確認したうえで，イギリス社会政策研究におけるオーソドックスなコンセプトを概観する。なお社会政策という「視点」を練り上げてきた研究の歴史的展開についてはChapter 12で整理する。Chapter 3と4では，社会政策として実施されている具体的な制度（社会政策プログラム）について，雇用保障，所得保障，健康保障，自立保障という4分野にわけて解説する。そこでの解説では，日本で「社会保障」と呼ばれている制度とその関連分野の概略がカバーされる。

〈第二セクション：空間のなかの社会政策〉

 ひきつづくChapter 5では，唐突に「空間」という主題が掲げられる。そのため，多くの読み手を戸惑わせてしまうおそれもある。ここでは，唐突感をすこしでも和らげるために，Chapter 5以降で「空間」を主題とした経緯を述べておきたい。

 当初，これらの章では，社会政策の文脈的背景をなす「福祉国家」をめぐる研究と議論を概観するとともに，国別／レジーム別の社会政策やグローバルな社会政策の展開を淡々とまとめる予定であった。しかし，執筆者間で草稿を読みあい議論を重ねた結果，近年における「福祉国民国家」の枠を超えようとする種々の動きをつかまえるには，もっと懐が深い文脈を設定すべきではないかということで話がまとまった。そして，そうした文脈として選ばれたのが「空間」であった。

コミュニティ，グローバル社会，国際的な組織・機関・運動といった，人々の暮らしと福祉追求の「場」や「関係」の今日的な広がりと，そこでの問題状況を包括的に捉えるには，「時間」優位の問題設定から，「空間」をいっそう重視した見方へと，視点の重心を移行させることが戦略上重要になる。Chapter 7 で述べられているように，近年の社会科学・社会理論では，グローバリゼーションの進展を受けるかたちで，「空間」をめぐる議論が深まりをみせている。一連の空間論的知見を参照することにより，福祉をめぐる従来の見方は強くゆさぶられることになる。たとえば，国民と市民あるいは国籍とシティズンシップの同一視や，失業・貧困といった課題をグローバルな状況から分離して国内問題へ還元してしまう傾向など，私たちの多くはいまだ「福祉国民国家」の枠内で思考しつづけている。また，景気回復と経済成長による雇用拡大や，一国内でのパイの増大による財源問題解消への期待あるいは未練も，そう簡単には断ち切れそうにない。こうした思考習慣を考え直していくうえで，近年の空間論は大いに助けとなりうる。以上が「空間」を主題的にとりあげた理由である。

　グローバリゼーションを背景とする社会科学の空間論的転回は，もっぱら理論上の知の組み替えにかかわるものである。そのため，Chapter 5 と 6 は私たちの生活実感からは遠く離れた抽象的な話題が大部分を占めることになった。だが，そこではあくまで「鳥の目」から空間を描こうとする議論が参照されていることに注意してほしい。これに対して Chapter 7 では，目線をぐっと下げ，社会政策の空間が人々によってどのように生きられ経験されるかという観点から，「虫の目」による空間の描き出しが試みられている。いささか冒険的な試みではあるが，その内容自体は初学者むけの知識にとどめられている。なお，同章の議論からは，各国において（仮想的な）人々が経験しているのは結局のところ「福祉国民国家」である，というメッセージを受けとることになるかもしれないが，このことは，脱国民国家的な趨勢を強調する前章までの議論と齟齬をきたしているようにみえるだろう。そうした齟齬をどのように埋めていくか，つまり空間をめぐる「鳥の目」と「虫の目」をどう結びつけていくかは，私たちに残された宿題である。

〈第三セクション：思想のなかの社会政策〉

　Chapter 8から11までは社会政策をめぐる視座を扱う。この「視座」と「視点」は，いずれも英語ではperspectiveに相当するが，本書では視座という言葉を「視点のベース（座）をなす思想的・イデオロギー的な信念の体系」と捉え，両者を使い分けている。イギリスの社会政策研究では，様々な視点（福祉供給における政府と個人の役割や責任の範囲などにかんする見方・考え方）を支えている思想的視座の違いや衝突に強い関心が向けられ，その分類学的研究が進められてきた。

　こうした研究は「福祉イデオロギー研究」とも呼ばれ，これまで数多くの視座分類が示されてきた。上述のリスター氏による支配的視座（中道，社会民主主義／民主的社会主義，ニューライト，第三の道）と批判的視座（マルクス主義，フェミニズム，反人種差別主義，環境保護主義）という分類もそのひとつである。これらのイデオロギー的視座は，そのときどきの政治社会的状況のもとで自己変容や離合集散をくりかえしたり，新規に生成されたりするため，こうした分類学に決着がつくことはないといいうる。

　本書では，「伝統的視座」（自由主義，保守主義，社会民主主義，社会主義）と「現代的視座」（フェミニズム，エコロジズム，アンチ・レイシズム）という分類を採用している。一見してわかるように，現代的視座はリスター氏が設定した批判的視座という分類を踏襲したものである。他方，彼女のいう支配的視座は，イギリスの事情（政治環境や政党勢力）にそった分類であるため本書では踏襲せず，より一般的な政治イデオロギーをとりあげることにした。いずれにしても，本書の「伝統的／現代的」という区分と，「支配的／批判的」というリスター氏の区別との間に，本質的な違いはない。

　こうした視座分類は，たとえば自民党と民主党の社会政策の違いを読み解く，といったリアル・ポリティクスの実態解明にはあまり向いていない。視座に着目することは，種々の政策や制度の背後にある考え方（社会観，人間観，国家観など）を分析・精査したり，社会政策にかんする自分とは異なった意見に耳を傾けて，相手の価値前提を理解したりする際に威力を発揮する。

　価値前提への着目じたいは，社会政策研究の立役者であるティトマスに由来する伝統でもある。視座の分析や分類が盛んになった直接の契機としては，1970年代における福祉国家の「危機」と前後し，それまで主流派をなしていた

素朴で楽観的な社会政策理解（フェビアン主義的福祉観）が，様々な勢力や思想潮流による批判の対象となったことがあげられる。

　主流派の理解とは，福祉国家を標榜する政府が，普遍主義的な社会サービスを通じ，資源と機会の再分配とナショナル・ミニマム保障に責任をもつことで，全ての市民に平等な成員資格（シティズンシップ）が付与され，階級間の不平等が陳腐化されていくとともに，それと連動するかたちで人々の利他主義や連帯の意識も促進され，社会統合が達成されていく，といった見通しに立脚するものであった。ただし，戦後に形づくられた実際の福祉国家は，主流派の理解とは異なって，利他主義の促進という個々人の動機づけや主体性の次元には無頓着で，もっぱら決定論的な主体観が与件とされたが，その主体論的な空白こそが，のちにニューライト的な動機づけとエージェンシーの考え方（アンダークラス論や依存文化論）によって埋められていくことなった，との指摘もある [Deacon 2002：13-22]。

　人間観や国家観について，自分たちと信念や考え方を異にする相手からの批判にさらされた主流派の社会政策研究者は，周到な反批判を練り上げて福祉国家擁護論を展開するにせよ，自分たちの問題設定がはらんでいる予断や偏向を真摯に反省するにせよ，まずは批判者の考え方をきちんと理解するよう迫られたのであった。

　リスター氏が序文で指摘しているように，社会政策に対して批判的であろうとする者は，複数の視座が交錯するなかで，福祉国家のあり方を批判しつつ擁護しなければならないというジレンマに立たされる。こうしたジレンマと対峙しつつ，何をどう批判し擁護するかを考えていくうえで，視座分析がもたらす知見からは多くのヒントをえることができるだろう。

　社会政策にかんする議論と研究は，どれほど局所的な問題や論点を扱う場合であっても，政府と個人の責任や役割，必要の見方・決め方・充たし方の是非，資源配分の正しさとその正当化の理路，といった視座レベルでの衝突が著しい問題と向きあうことになる。こうした大きな問題への応答の困難さともからんで，批判的であろうとすることの敷居がいっそう高くなるなか，本書の差し出す知見が，その敷居を這い上がる一助となれば幸いである。

本書は社会政策・社会保障関連の講義・演習用テキストとして企画された。本書の執筆陣は，社会福祉系学部・学科で社会保障を講じている。それぞれ考え方や関心を異にするが，社会保障の説明と解釈にかんして社会政策研究のもとで培われてきた知見に依拠することが有益であるという点で認識を共有している。本書には，社会保障関連の講義で学ぶべきとされる標準的内容は網羅されていない。そのかわりに，講義ではあまり踏み込めない部分を重点的に扱っている。そうすることで，制度解説に重点をおかざるをえない社会保障関連の講義を代補しつつ，日本的「社会政策」を含む社会科学系講義との橋渡しとなるような内容を心がけた。また本書は，社会福祉士養成科目である「現代社会と福祉」の副読本としても活用できるはずである。

　最後に，序文の執筆を快諾してくださったルース・リスター氏と，企画段階から議論に参加し本書の完成まで多大な労を費やしていただいた法律文化社の掛川直之氏に心から感謝の意を表したい。

　　2011年8月

執筆者一同

【参考文献】

Deacon, A. (2002) *Perspectives on Welfare*, Open University Press.
Lister, R. (2010) *Understanding Theories and Concepts in Social Policy*, Policy Press.

目　次

序　文
本書の目的と構成

Chapter 1
社会政策の捉え方(1)
❖「視点」としての社会政策，主体・客体❖

0　はじめに ……………………………………………………………………… 001

Ⅰ　社会政策の捉え方 …………………………………………………………… 001
　　イギリスにおける社会政策の捉え方／日本における社会政策の捉え方／
　　視点としての社会政策／社会政策研究の基本コンセプト

Ⅱ　社会政策研究の基本コンセプト① ………………………………………… 008
　　供給主体の類型／資源供給部門というコンセプトの意義

Ⅲ　社会政策研究の基本コンセプト② ………………………………………… 011
　　社会政策と必要／必要というコンセプトの特徴／市場の論理と必要の論
　　理／政治的コンセプトとしての必要

Chapter 2
社会政策の捉え方(2)
❖資源・空間・方法❖

0　はじめに ……………………………………………………………………… 017

Ⅰ　社会政策研究の基本コンセプト③ ………………………………………… 017
　　「社会的」な資源／資源の給付形態／資源の論理と必要の論理

Ⅱ　社会政策研究の基本コンセプト④ ………………………………………… 020
　　社会的市場というコンセプト／ポスト社会的市場論／「福祉の社会的分
　　業」というコンセプト

Ⅲ　社会政策研究の基本コンセプト⑤ ………………………………………… 024

普遍主義と選別主義／配分と分配／資源の配分方法／資源の分配方法／むすび

Chapter 3
社会政策プログラムの概要(1)
❖雇用保障と所得保障❖

- 0　はじめに ……………………………………………………………………… 031
- I　総　　説 ……………………………………………………………………… 031
  - 社会政策プログラムの分野／本書での分類
- II　雇用保障 ……………………………………………………………………… 033
  - 失業と雇用保障／雇用保障の方法／日本における雇用保障の制度／雇用保障の論点
- III　所得保障 ……………………………………………………………………… 041
  - 所得と購買力／所得保障の方法／日本における所得保障の制度／所得保障の論点

Chapter 4
社会政策プログラムの概要(2)
❖健康保障と自立保障❖

- 0　はじめに ……………………………………………………………………… 052
- I　健康保障 ……………………………………………………………………… 052
  - 健康の多面性／健康保障の方法／日本における健康保障の制度／健康保障の論点
- II　自立保障 ……………………………………………………………………… 060
  - 自立の捉え方／自立保障の方法／日本における自立保障の制度／自立保障の論点
- 補論　「自立保障」カテゴリーの設定理由 …………………………………… 069
  - 「自立」の再浮上／自立の基盤としての住宅と教育／社会福祉の横断的拡充

Chapter 5
社会政策の空間(1)
❖国民国家を超えて❖

- 0　はじめに ……………………………………………………………………… 075

目　次

Ⅰ　時間から空間へ①　　　　　　　　　　　　　　　　　　　　　 075
　　社会科学における時間の優位／時間が重視される社会的事情／時間概念
　　への従来の批判

Ⅱ　時間から空間へ②　　　　　　　　　　　　　　　　　　　　　 083
　　空間の復権／福祉レジーム論による批判／空間からの排除／空間が重視
　　される社会的情勢

Chapter 6
社会政策の空間(2)
❖グローバルな社会政策❖

0　はじめに　　　　　　　　　　　　　　　　　　　　　　　　　 096
Ⅰ　脱国民国家の時代　　　　　　　　　　　　　　　　　　　　　 096
Ⅱ　グローバリゼーションとは何か　　　　　　　　　　　　　　　 097
　　グローバリゼーションとは／グローバリゼーションの分類①／グローバ
　　リゼーションの分類②
Ⅲ　グローバリゼーションにどう対応するか　　　　　　　　　　　 102
　　グローバリゼーションへの対抗的対応／グローバリゼーションへの積極
　　的対応
Ⅳ　国境を越えた機関の伸長　　　　　　　　　　　　　　　　　　 109
Ⅴ　むすび　　　　　　　　　　　　　　　　　　　　　　　　　　 113
　　国際的な人権レジーム／トービン税などの国境を越えた新制度の創設

Chapter 7
社会政策の空間(3)
❖人々の経験❖

0　はじめに　　　　　　　　　　　　　　　　　　　　　　　　　 118
Ⅰ　社会政策が規律をもたらす空間　　　　　　　　　　　　　　　 119
　　社会政策を利用しない「自立」した生活／働くか働かないか／「うしろ
　　めたさ」を伴う公的扶助／収入の問題への回収
Ⅱ　権利と承認を獲得する空間　　　　　　　　　　　　　　　　　 125
　　シングルマザーが生きる権利／「レスペクタブル」と「自助の精神」／
　　マイノリティの権利を求める闘争
Ⅲ　公共サービスの遺産に支えられる生活空間　　　　　　　　　　 130

労働者のための社会保険とそれ以外／国家主導の背景／三重のセーフティネット／社会保険よりも大切なもの

Ⅳ　むすび ……………………………………………………………………… 136

Chapter 8
社会政策の古典的視座(1)
❈自由主義と保守主義❈

0　はじめに ……………………………………………………………………… 139

Ⅰ　自由主義と社会政策 ……………………………………………………… 140

自由主義における「自由」の意味・価値／自由の前提条件／自由主義と社会政策／「自由主義」の変容と分岐

Ⅱ　保守主義と社会政策 ……………………………………………………… 149

保守主義の歴史的文脈／「保守主義」という視座／保守主義と社会政策／現代における「右派」としての保守主義

Chapter 9
社会政策の古典的視座(2)
❈社会民主主義と社会主義❈

0　はじめに ……………………………………………………………………… 159

Ⅰ　社会民主主義と社会政策 ………………………………………………… 159

社会民主主義の立場／社会民主主義の中心的概念／社会民主主義と社会政策／社会民主主義の危機とリニューアル

Ⅱ　社会主義と社会政策 ……………………………………………………… 168

社会主義の起源と展開／資本主義における搾取と階級／社会主義と社会政策／社会主義の展望

Chapter 10
社会政策の現代的視座(1)
❈フェミニズム❈

0　はじめに ……………………………………………………………………… 179

Ⅰ　フェミニズムと社会政策 ………………………………………………… 179

フェミニズムとは／フェミニズムと社会政策／求められる社会政策

Chapter 11
社会政策の現代的視座(2)
❈アンチ・レイシズムとエコロジズム❈

0　はじめに ─────────────────────── 195
Ⅰ　アンチ・レイシズムと社会政策 ───────────── 195
　レイシズムとは／レイシズムと社会政策／アンチ・レイシズムと社会政策／求められる政策
Ⅱ　エコロジズムと社会政策 ────────────────── 201
　エコロジズムとは／エコロジズムと社会政策／求められる社会政策／むすび

Chapter 12
社会政策研究の展開と課題
❈現代社会と福祉を考えるために❈

0　はじめに ─────────────────────── 212
Ⅰ　社会政策研究の展開 ─────────────────── 212
　社会政策研究の位置と特徴／社会政策研究の形成と発展／福祉国家の「黄金時代」以降の社会政策研究
Ⅱ　社会政策研究の現代的課題と検討枠組 ─────────── 217
　福祉国家の「危機」後における課題／広場と案内図／むすび
補論　社会政策研究と社会正義 ────────────────── 225

事項索引
人名索引

社会政策の捉え方(1)
❖「視点」としての社会政策, 主体・客体

0 ── はじめに

　本章と次章では,「社会政策」がどのように捉えられているかを確認する。「社会政策」は, 雇用・所得・医療・教育などを広く市民に保障しようとする政府の取り組みを総称する言葉である。と同時に「社会政策」は, 福祉増進のための取り組みを包括的に捉え, 生の保障のあり方を批判的・根源的に考えるための「視点」でもある。イギリスの社会政策研究では, 福祉国家体制のもとでの福祉追求の諸相を捉えるために,「必要」「普遍主義」「配給」といった様々な学術的コンセプトが練り上げられてきた。本章のⅡ以降ならびに次章では, 社会政策研究における基本的なコンセプトを, 5つのテーマ（供給主体論, 供給客体論, 供給資源論, 供給空間論, 供給方法論）に沿って解説する。

Ⅰ ── 社会政策の捉え方

1　イギリスにおける社会政策の捉え方

　社会政策にかんする日本での捉え方は少々ねじれており, そのことには複雑な事情がからんでいる。日本的理解とその変遷にかんする解説は後回しにすることにして, まずイギリスにおける社会政策の捉え方からみていくことにしたい。

　英語のSocial Policyという言葉は, 学際的な研究領域である「社会政策研究」と, そこで扱われる研究対象の両方を指している [Alcock et al. 2008：3]。社会政策研究が「研究領域 field」であるということは, それが単一の原理と方

法を有する「学問分野 discipline」というよりも，様々な学問が集う横断的な議論の場であるとみなされていることを意味している。また，その研究対象は何かという点については，社会政策研究の入門書をひもとくと，たとえば「社会問題と闘うための方策の発達と実施の過程」[Alcock et al. 2002：240] とか,「人間の福祉にとって欠かせない社会関係とそれを増進するためのシステム」[Dean 2006：1] とかいった記述に出くわす。こうした説明でも，その研究対象について大まかなイメージがつかめるだろうが，あまりに漠然としすぎているといった印象もぬぐえない。

　この点についてディーンは，社会政策研究の主眼は「人間の福祉にかんする研究」にあり，その増進にかかわるほとんどすべての社会的な事象が視野に収められていく，と述べている [Dean 2006：1-2]。ディーンの指摘が端的に示しているように，イギリスでの捉え方は,「社会政策」がどのような実在的な制度や活動を指しているかということには総じて無頓着であり，社会政策の範囲や本質とはこうである，といった限定をかけないことが多い。そうした限定をかけないおかげで，福祉増進にかかわる多様な取り組みとテーマ（高齢社会，児童保護，コミュニティケア，障害，貧困・社会的排除，雇用，保健医療，住宅，教育，行政運営，財政，国際比較など）を，縦横無尽に扱うことを可能にしているともいえる。

　こうしたテーマの多様性からもわかるように，イギリスでの捉え方における社会政策の「社会」は，文字通り「社会全体」や「社会的なもの」を指しており，社会学が扱う「社会」と同様の広がりを認めることができる。と同時に，その「政策」についても，福祉増進とかかわる政府の取り組みについての公式的な「ポリシー」（問題解決の目標・意図・方針など）だけでなく，国内外における公私官民の組織・団体における「ポリシー」も含んで理解されている [Blakemore and Griggs 2007：1]。つまり，EUや国連などの国際組織，国境をまたにかけて活動する非政府組織（NGO），各国の中央政府や地方政府（地方自治体），民間営利組織（企業），民間非営利組織（NPO，ボランティア組織）等は，いずれも「社会」のなかで福祉の増進を図っている「主体」であり，それぞれが福祉追求のあり方について，何らかの「ポリシー」をもっている，ということである。そして，このような間口の広さが，イギリス的な社会政策の捉え方

と理解を特徴づけているのである。

とはいえ，イギリスでも日本でも「社会政策」といえば，分け方や括り方はさておき，もっぱら政府の諸活動を指すことが多いのも確かである。そして，所得維持，保健医療，社会福祉サービス（個別的社会サービス），住宅，雇用などの政策領域と制度が，重要な研究対象とされている。社会政策研究において，こうした政府による各種の取り組みが重視されるのは，それらが社会政策の「本質」や「中心」だからというよりも，政府が策定・実施するプログラムが「人間の福祉」に及ぼす影響が特段に大きいためであるといえるだろう。

2　日本における社会政策の捉え方

上述のように，日本における社会政策の捉え方にはねじれがみられ，そのことには複雑な事情がからんでいる。そのねじれとは，久しく「社会政策」とい

コラム　福祉の概念

福祉（welfare, well-being）という言葉は融通無碍に用いられている。個人・集団の幸福や繁栄という意味もあれば，少数者・弱者の救済や保護という意味もある。ネガティブにとられることもあればポジティブにとられることもある。これに「社会」や「国家」や「人間」などの概念が付け加わると，さらに混乱が増す。だが，どのような言葉も文脈（概念のネットワーク）のもとで意味をもつ。だから文脈を無視して福祉の意味を解することはできない。一歩引いて眺めると，「福祉」そのものは，特定の指示対象をもたない言葉（空虚なシニフィアン）であるがゆえに，様々な意味を込めることができることがわかる。重要なことは，自他が生成させる発話や議論の文脈が，どのような福祉の理解と概念化を呼び込もうとしているかに注意深くあることだといえる。たとえば，そうした文脈が，人間を分類し他者化する作用をもたらそうとしているのか，それとも人間の尊厳を防御する作用をもたらそうとしているのか，といった点をみきわめねばならない。「福祉」の意味作用を，自他が共有ないしそれぞれに依拠する文脈や利害もろとも読解することが，福祉概念の使用者には求められよう。平たくいえば，福祉という言葉を用いることによって，自分や相手さらには国家や社会が〈何を望んでいるのか〉をきちんと見定めるべきだということである。福祉言説が／を誘う自他の欲望や利害に敏感でなければならない。

う言葉が，もっぱら雇用対策や労働条件を扱う「労働政策」(働くことのセキュリティ)を意味し，社会保障のような生活対策(暮らしのセキュリティ)を適切に位置づける視点や枠組になっていなかったということを指している。

　イギリスでの(というより国際標準の)社会政策理解は，ティトマスやマーシャルらビッグネームの翻訳を通して日本でも古くから紹介されていたが，それらは「社会政策」としてではなく，主として「社会福祉」の理論や「社会保障」の研究とみなされてきたといいうる[たとえば，岡田 1995]。1990年代初頭には，特殊日本的な「社会政策」理解に拘泥せず，国際標準の理解を全面に押し出した研究書として，大山・武川編 [1991] が刊行されるとともに，イギリス社会政策研究の転換期に編まれた論文集も邦訳された [Loney, Boswell & Clarke 1983=編訳1995]。こうした動きと前後するかたちで，1990年代以降の日本では「社会政策=労働政策」という理解は，かつてほどの影響力や拘束力をもたなくなっていった。

　そうした「特殊日本的」な問題設定が形成された経緯と，その転換が求められるようになった背景については，武川 [1999] に詳しく述べられている。武川は，「社会政策=労働政策」という旧来の問題設定では，現代の社会的現実(たとえば，社会保険と社会扶助の一体化としての社会保障の成立，社会保険の国民化や扶助化，社会サービスの拡大といった「福祉国家体制」の展開等)を，正しく捉えられなくなったため，イギリス的理解を媒介にして社会政策研究の視野を広げてみてはどうかと提案する [武川 1999：34-35]。

　日本における社会政策の捉え方の変遷を，武川の議論をふまえて整理すると次のようになる。まず，近代初頭(明治・大正期)に，国家による「社会問題」対策としての社会政策立法(工場法等)が登場した。当時の政策的関心は，むしろ下層社会の貧困(細民問題)に向けられることが多く，社会問題が労働問題に集約されることはなかった。つぎに，第二次世界大戦を契機として，大河内一男により「社会問題=労働問題」という理解がうちだされ，「経済的なもの」(労働力の保全・培養)を「政治的なもの」(政策主体としての国家)から切り離し，より純化するかたちで「社会政策=労働政策」(さらには社会政策から労働経済論へ)とする捉え方が支配的になった [武川 1999：16]。

　しかし今日では，社会政策理解における「経済的なもの」の突出や偏重が反

省されるとともに、問題設定のなかに「政治的なもの」と「社会的なもの」が復権・回帰するようになった。そして、「働くことのセキュリティ」が脱中心化され、社会政策は、国家と社会による福祉追求を広く捉えるための枠組へと移り変わってきた。

こうして、日本における社会政策の捉え方は、1990年代以降になると国際標準に近づき、「福祉国家体制」の全域を視野に収めるための視点や枠組へと拡張されてきた。そして社会政策は、労働政策と福祉政策（社会保障政策）を足し合わせた広範な政策領域を指すとともに、「人間の福祉」の増進とその阻害要因への関心を集約的に表現する言葉として用いられるようになった。いまや社会政策研究は、「生の保障」のあり方をめぐる知の合流地点になろうとしているといっても決していいすぎではないだろう。

3　視点としての社会政策

以上のように社会政策という言葉は、政府をはじめとする多様な主体による

コラム　社会政策研究の現代的コンセプト

社会政策研究の現代的コンセプトを概観するには、フィッツパトリックやリスターの研究がうってつけであろう [Fitzpatric 2001 ; Lister 2010]。そこで紹介され、社会政策の理解や分析に援用されるコンセプトを拾い上げると、「平等」「自由」「正義」「市民権」「国家」「権力」「社会運動」「福祉イデオロギー」「ポストフォーディズム」「ポスト構造主義」「リスク社会」等となる。これらに共通しているのは、社会政策研究の問題設定や分析の水準・オーダーを、一段上げていくという点である。だが、一見してわかるように、これらは他の学問分野（社会理論や政治理論）からの借り物であり、社会政策研究が打ち出したオリジナルなコンセプトはほとんどない。そのことは社会政策研究がどういうものであるかを的確に伝えている。本文で言及したように、社会政策研究はあくまで「人間の福祉にかんする研究」[Dean 2006]であって、福祉の追求と増進にかかわる（そして研究自体がそれに貢献する）ならば、どのような事柄も扱い、分析や解釈に使えるものは何でも使う、というプラグマティックで学際的な姿勢に貫かれている。どうやら今日の社会政策研究は、自前のコンセプトを開発するといったことには無関心であり、学術的独創性の追求よりも、研究を通じた「人間の福祉」の増進という実利が重視されているともいえる。

福祉増進活動とその考え方を指している。それは、「働くこと」や「暮らすこと」のセキュリティを追求し、社会的な福祉の増進と生の保障を図ろうとする「取り組み」（法制度、活動）と、その「取り組み方」（指針、意図、目的等）の両方を指すうえで用いられる。本書では、政府が策定・実施する福祉増進と生の保障に向けた諸種の取り組みを「社会政策プログラム」と表記することにしたい。社会政策プログラムの具体的な内容については、Chapter 3 と 4 で解説する。

今日、「先進国」と呼ばれる国々では、生の基本条件を保障するために、多種多様な社会政策プログラムが実施されている。これらのうち、どれを・なぜ「社会政策」の範疇とみなすかについて明確な基準があるわけではない。また、そもそもそうした一群の政策や制度をどのような言葉で括って表現するかについて、国際的にも国内的にも合意があるわけではない（合意にむけた動きがあるわけでもない）。日本でも「社会保障」「社会福祉」「福祉政策」「社会保護」といった概念と「社会政策」の関係や異同について、様々な解釈が示されてきた。

表記の仕方は他にもありうるにせよ、「社会政策」という言葉が、福祉増進にかかわる政府その他の諸活動に焦点をあて、それらの目的や機能を説明したり、意義や成果を分析したりするための「視点」として用いられていることは確かである。逆にいえば、政府等による活動とその指針が、はじめから「社会政策」として存在しているわけではない、ということである。実際、「社会政策」という名称を冠した法律はなく、厚生労働白書や各種審議会報告などの公式文書で「社会政策」という言葉が用いられることはほとんどない。

ここでいいたいのは、「社会政策」は現実や事実そのものではなく、そうした現実や事実を捉えるための分析的な「視点」とみなせる、ということである。このような視点を鍛え上げることは、社会科学の重要な役割のひとつである。イギリスでは、社会政策という視点を練り上げるうえで、以下でみるような啓発的なコンセプトが開発・共有され、各国における同種の研究に多大な影響を与えてきた。

また、社会政策という視点は、決して単一ではなく（社会行政論 social administration と呼ばれていた時代はそのように捉えられていたが）、競合する複数の視点がありうることが広く認識されるようになっている。それぞれの視点は、自らの規範的・認識論的な前提を含めて理論化と体系化を進め、相対的に独立

した「視座」（perspective や ideology）として，互いに説明力や政治的影響力を競い合っている（Chapter 8 ～ 11を参照）。

　日本にも社会政策研究の伝統があることは既に述べた通りである。しかし，その基本的な問題設定（「働くことのセキュリティ」への限定）は時代状況に合わなくなってしまった。その結果，イギリスで培われた視点やコンセプトを手がかりに，福祉国家体制の成立と発展（そしてその危機と再編）という現実と向き合いながら，生の保障のあり方を根源的かつ批判的に考えるために，問題設定レベルでの仕切り直しが図られてきたのである。

4　社会政策研究の基本コンセプト

　イギリスの社会政策研究は，図1-1のような基本コンセプト［武川2009：19-40］を開発・共有・検証しながら，社会政策という視点を鍛え上げてきた。たしかにこれらは，イギリスの政治的・学術的な文脈のもとで形成されてきたコンセプトであるが，日本を含む先進国における福祉の現実を説明するうえでも有益である。誤解を恐れずにいえば，それらは「一般性」や「普遍性」をもちえていると思われる。実際これらは，日本の福祉研究（社会福祉学や福祉社会学）においても，基本用語として既に定着している。

　こうしたコンセプトからは，社会政策研究においてこれまで何がどのように論じられてきたかをうかがい知ることができる。整理すれば，社会政策として／のもとで「①誰・何が，②誰・何に，③何を，④どこで，⑤どのように提供しているか」を説明するとともに，「①誰・何が，②誰・何に，③何を，④どこで，⑤どのように提供すべきか」を考察することが，社会政策研究の基本課題とされてきた，ということである。そして社会政策研究は，①公共部門をはじめとする各種部門の供給主体が，②必要や需要に対し，③福祉増進にかかわる各種の資源を，④社会的市場や経済的市場において，⑤普遍主義や選別主義という考え方に基づいて提供しているという理解のもと，社会政策の経験的説明と規範的考察を展開してきたのである。

　以下ではこれらを，①供給主体論，②供給客体論，③供給資源論，④供給空間論，⑤供給方法論，という5つのテーマにわけ，各テーマに沿って社会政策研究の基本コンセプトを解説していく。

図1-1　社会政策研究の基本コンセプト

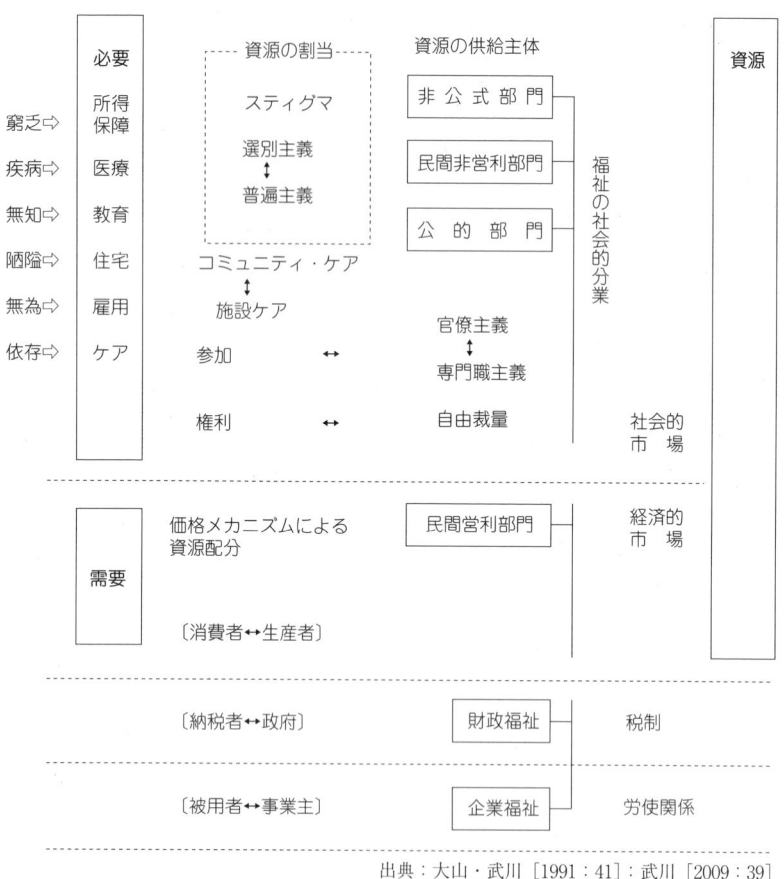

出典：大山・武川［1991：41］；武川［2009：39］

Ⅱ ── 社会政策研究の基本コンセプト①
：供給主体論

1　供給主体の類型：資源供給部門

　社会政策研究は，社会的資源の供給主体（＝社会的必要の充足経路）を，表1-1のようにいくつかの「部門 sector」へと類型化して捉えてきた。この「部門」というコンセプトの導入により，福祉国家体制における中心的な資源供給主体

表 1-1 資源供給主体の類型：4つの部門

資源供給部門	主な担い手	充足される必要／供給される資源の特徴	必要充足／資源供給の理由と原理
非公式部門	家族，親族，友人，近隣，共同体	生存に必須だが商品化が困難な資源，充足に人格的関係が不可欠な必要	地縁・血縁
公共部門	中央政府や地方自治体	市場や家族が充足できない必要，法定化された必要	他部門の調整　不足部分の補充
民間非営利部門	宗教・慈善団体，互助組織，社会的企業	社会関係資本（social capital）の蓄積に関わる必要と資源	自発性（ボランタリズム）　相互扶助
民間営利部門	民間営利企業	商品化可能な資源（需要化可能な必要）	利潤・営利の追求

出典：武川［2009］：24-28；Alcock, et al.［2008］：216；Dean［2006］：114-115を参照し筆者が作成

であり，それゆえ主要な研究対象でもあった「公共部門」は，供給主体のひとつとして脱中心化されるようになった。ここでは武川による整理をたよりに，各部門の特徴をみていきたい［武川 2009：24-28］。

　非公式部門（informal sector）は，家族や共同体を中心とする資源供給＝必要充足の経路である。当部門が「非公式」と呼ばれるのは，市場と公共部門とが「公式」の経路とみなされているためである。こうした「公式」経路が未形成の伝統社会では，家族などの第一次集団がすべての必要を充たしていた。また今日の先進諸国でも，人々の生活にとって家族や共同体が果たしている役割が大きいことに変わりはない。当部門は，生存に必須ではあるが商品化が困難な（可能でも高価な）資源を供給することで，市場経済を外側から支えてきたともいえる。またケア（保育・世話・介護）のように，人格的関係に根ざしたサービスにかんしては，当部門に固有の「親密性」が重要な意義をもつことになる。

　公共部門（public sector）は，中央政府や地方自治体を中心とする経路である。当部門は，もともと市場と家族という「正常」な経路が機能しない場合に，それらを補完する役割を果たしていた。だが，工業化・都市化・核家族化といった社会の変化によって，これらの経路では充足できない必要が増大したため，当部門の役割が大きくなった。「正常」経路の補完に特化した社会政策のあり方は「残余モデル」と呼ばれ，補完を超えて公共部門の役割が大きくなった社

会政策のあり方は「制度モデル」と呼ばれる。

民間非営利部門（voluntary sector）は、ボランティア組織やNPOを中心とする経路であり、イギリス以外では非公式部門とされることもある。だが、非公式部門が地縁や血縁にもとづくのに対し、民間非営利部門は人々の自発性（ボランタリズム）にもとづくという原理的相違もある。福祉国家の成立（公共部門の拡大）により、当部門は相対的に縮小したが、公共部門が財政的限界に突きあたると再注目されるようになった。他方で、民間非営利部門が再注目されたことには、当部門と非公式部門の活躍（福祉社会の発展）がなければ、福祉国家はうまく機能しないという積極的な理由もある。

民間営利部門（private / commercial sector）は、企業を中心とする経路である。公共部門は、そもそも商品化困難な資源を供給する（つまり民間営利部門が成立しえない）ために発達した。それゆえ福祉国家の成立後に、当部門が活躍する余地はなかった。だが、公共部門の財政的限界や、民営化の流れ、そして、生活水準の向上によって市場価格が割高になりやすい資源の購入が容易になったことなどを背景に、民間営利部門の役割が脚光を浴びるようになった。とはいえ、社会サービスの供給において当部門が定着するかどうかは未知数である。

2　資源供給部門というコンセプトの意義

もっぱら武川の整理に依拠したが、各供給部門の概要は以上のようになる。今日のように資源供給の主体や経路が多様化を遂げていく（あるいはそうした多様性が重視される）なかにあっては、各部門の連携状況や相補性を見定めつつ、それぞれがいかなる役割を担っているか・担いうるか・担うべきかを理解し考えるうえで、この「部門」というコンセプトは重要な意義をもっている。

たとえば「生存権や社会権を保障するのはあくまで政府の責任である」という規範的命題をかかげるとしよう。その場合、このコンセプトをふまえることで、公共部門がどのような責任を果たすかについて、より戦略的で肌理の細かい分析（たとえば、公共部門にしかできないこととは何か、他部門を活用する場合にどのような規制を加えるべきか、各部門の強みと弱みは何か、いかなる福祉ミックスが必要充足にとって最適であるか等）が可能になるといえる。

同様に、「民間非営利部門の活躍に期待すべきである」と主張する場合にも、

その利点（先駆性や機動力など）を発揮させ，欠点（恒常的な資金不足）を補うには，他の供給部門がどのような役割を果たせばよいかが問われることになる。

いかなるコンセプトも諸刃の剣である。もしこの「部門」というコンセプトを，異なる原理や特性をもった資源供給主体を横並びに位置づけるためだけに用いるのであれば，それぞれの特異性が抹消されかねない。このコンセプトの政策的含意は，各主体が供給する資源（充足する必要）の原理や特性の差異を，相互に活かしあえるシステムの構築にあるといえよう。

III 社会政策研究の基本コンセプト②
：供給客体論

1 社会政策と必要

社会政策とかかわる供給主体は，上述のように，それぞれの特性を活かした資源供給を行うことが期待されている。社会政策研究では，資源供給の客体や対象を理解するうえで，「必要 need（s）」というコンセプトが広く用いられてきた。この「必要」というコンセプトは，「何かが欠けている状態」を指しているが，単に欠如状態を客観的にいい表すだけでなく，そこには，その何かが欠けていることは「よくない」（＝その何かを埋めることは「よい」）とする価値判断が込められていることに注意しなければならない［武川 2009：19-21］。

また，社会政策とのかかわりでは「必要一般」ではなく，「社会的必要 social needs」の把握と充足が要請されてきた。社会的必要と必要一般とを分ける基準は明確ではなく，何が社会的必要とされるかは状況次第でもある。たとえば，ある何かが「社会的存在としての人間」に「不可欠のもの」［岩田 2000：35］であると認められることは，その何かの提供が社会的に必要であるとみなされる条件となりうる。労働力の再生産や兵力増強にとって重要であるという政治的判断から，保健医療・教育・住宅等の提供が社会的に必要だと認められることもある。このように社会的必要を同定する理由や根拠は様々である。いずれにしても，社会政策の文脈において「何かが必要だ」と承認することは，その何かが「社会的に充足されねばならない／充足すべきだ」と主張し要求することと同義であるといいうる［Spicker 2000＝2004：訳書101］。

公共部門や民間非営利部門は，貧困，失業，疾病，障害，虐待といった様々な社会問題や生活問題を被る人々を，資源供給の客体としている。「必要」は，これら個々の「問題」を捉えるための分析的コンセプトとなっている。それだけでなく，「必要」は資源配分原理のひとつでもある。「能力や成果に応じて」ではなく，「必要に応じて」資源を配分するという考え方（必要原理）は，経済的市場にはみられない公共部門や非公式部門（あるいは後述する「社会的市場」）に特有の原理であるともいえる。ただし，公共部門においては，所得比例の社会保険給付のように，拠出・貢献に応じた資源配分がなされることもある。

　こうしたことから，「必要」は社会政策研究において特別な位置を占めてきた。以下では「必要という考え方」のアウトラインを示していく（「必要」研究の概略や展開については圷［2009］やDean［2010］を参照）。

2　必要というコンセプトの特徴：需要・欲望との関係を中心に

　上述した各供給部門は，いずれも人々の必要を充たす（そのための資源を供給する）という点では共通するが，誰の・いかなる必要を・どのような理由で・いかに充足するか，という点にかんしては違いがみられる。

　たとえば非公式部門では，家族や親族の，市場では充たせない／充たしにくい必要が，義務・責任・互酬性・愛情などを理由に，扶養や献身的世話といったかたちで充足される。これに対して公共部門では，受給資格を有する人々の，家族や市場では充たされない／充たしにくい必要が，法的な権利や義務または専門的判断を理由に，制度的・専門的な方法や技術によって充足される。さらに民間非営利部門では，各団体・個人の信念に依拠して選択された必要が，人道上・宗教上・道徳上の様々な理由から，その団体の特性に応じ，ときに非公式部門のように献身的なかたちで，ときに公式部門のように専門的なかたちで充足される。もちろん，各部門において，いつでも上述のようなかたちで必要が充足されるとは限らない（家族による養育放棄，ケースワーカーの怠慢，NPO法人を悪用した貧困ビジネスなどの事例を想起せよ）。

　他方で，民間営利部門における資源供給は，必要ではなく「需要 demand」に対応している点で，他の部門と異なっている。需要とは，人々が欲しいと思った商品を実際にどれだけ購入したかを指す経済学的コンセプトであり，何が欲

しがられ求められるか（選択・購入されるか）は，個々人の主観的選好や欲望にもとづくとみなされる（つまり需要の理由は問われない）。

これに対して必要は，文字通り「必ず要るもの」（なくてはならないもの）を意味するコンセプトである。この「なくてはならない」という判断は，個々人の主観や欲望というより，自他の客観的（専門的・科学的・政治的）な理由にもとづいている場合が多い。そして，そうした客観的な理由は，通常，事実判断や正当化された価値判断に依拠している［武川 2009：20］。

欲望（欲しい）と必要（要る）は，それぞれ需要（求め）の原因となるが，欲望と必要の関係は複雑である。たとえば「要るから欲しい／欲しいから要る」「要らないから欲しくない／欲しくないから要らない」のように，欲望と必要が一致する（一方が他方の理由になる）場合もあれば，「要らないが欲しい」や「要るが欲しくない」のように，両者が一致しない（欲望と必要が独立している）場合もある。「必要」「需要」「欲望」の用いられ方は混乱しており，一般に「消費者／顧客のニーズ」といわれるとき，この「ニーズ」は「必要」というより「需要」や「欲望」を意味していることも少なくない。

3　市場の論理と必要の論理

また，需要と欲望も，常に一致するわけではない。いくら欲しくても，資金＝購買力が不足している場合や，そもそも欲しいものが商品化されていない場合には，欲望は需要にならない。欲望であれ必要であれ，それらが貨幣的裏づけをもって有効需要化する（欲しいもの・要るものが市場で買えるようになる）には，購買力と商品化という要件がクリアされねばならない。つまり経済的市場では，有効需要化しうる場合にだけ，欲望や必要が充たされるのである。

このような「市場の論理」とは別のかたちで（つまり有効需要化とは無関係に），生きるための必要を充たしてきたのが，非公式部門，民間非営利部門，公共部門であったといえる。既に述べたように，第二次大戦後に発達を遂げた福祉国家体制のもとでは，工業化に伴う社会変動による家族の変容ないし機能低下や，民間活動では対応しきれない社会問題や生活問題の高度化・複雑化・量的増大などを背景に，公共部門の資源供給が拡大していった。公共部門は（また非公式部門や民間非営利部門も），いわば「必要の論理」に立つことによって，「市場

の論理」が貫かれるところでは生きられない／生きにくい人々の暮らしを守り，社会的な福祉の増進を図ってきたといえる。

　くりかえしになるが，この「必要の論理」は，人々の欲望ではなく必要を充たす，ということだけでなく，資源を人々の必要に応じて配分すること（必要原理）を是とする思考の道筋でもある。つまり「必要の論理」は，必要を充たすことと，必要に応じて資源を割り振ることの両方を求めるのである。そして，そのようなことは市場（民間営利部門）では原理的にありえない。ただし，次章でも言及する「準市場 quasi-market」といわれる供給手法のもとでは，公共部門が必要に応じた資源の利用を人々に許可しつつ，民間営利部門に供給を委託する（公共部門が資源を買い上げる）ことで，市場の特性（価格競争，効率性，選択の自由など）を活かしながら必要に応じた資源供給を行うこともできる。

4　政治的コンセプトとしての必要

　ここまでの説明で「必要」というコンセプトの特徴を押さえることができたはずである。行政運営や対人援助の場面では，しばしば「ニーズ把握」「ニーズ調査」といったかたちで，必要というコンセプトの一面（欠如としての側面）ばかりに光があてられる傾向がみられる。また，行政職員や専門家が語る「ニーズ」は，あたかも市民やユーザーにとって疑う余地のない客観的事実であるかのようにして差し出されることもある。また，衣食住が基本的で本質的な「ニーズ」であることは事実であっても，その充たし方が多様であることは看過されやすい。何が「まっとうな衣服・食事・住宅」とされるかは，時代や文化によって異なるのである。

　しかし「必要」は，それが「何か」の充足を要求する政治的なコンセプトでもあることに注意しなければならない。それは，充たすべき「何か」やその「充たし方」をめぐる解釈と要求の政治（利害対立・交渉・討議）と，その「権利化」をめぐる闘争をもたらしうる「危険」なコンセプトでもある。その危険な側面を隠蔽（脱政治化）しようとする力が，社会制度や専門的支援のなかでどのように作動しているかをみきわめることや，「必要解釈の政治」にとって各種の社会運動が果たす役割を検討することも，社会政策研究にとっては重要な課題となっている［Lister 2010：180-192］。

次に，章をあらためて，この「必要」を充たすことができるもの・ことを総称するコンセプトである「資源」ならびに，資源の「供給空間」と「供給方法」にかかわるコンセプトについて解説する。

コラム 「必要の論理」を貫くとは

　人々の「必要に応じて」資源を提供するという発想は，私たちの社会では「必要」以外の様々な基準に応じて資源が提供されていることに目を開かせる。この社会では，たとえば「成果」「功績」「貢献」「地位」「役割」「能力」「美徳」「法的な権利／義務」「受給資格」等に応じて資源が提供されている。「必要の論理」は，こうした資源提供の基準になっている様々な「人間の価値を測るものさし」を，いったん白紙にすることを要求する。いってみれば「ただの人間」であることを基準にして資源の分け方・配り方を考えるよう促す。だが私たちの社会は，非常時をのぞけば，有権者でも納税者でも国民でも地域住民でも家族でも親戚でも友人でも同僚でも信念を共有しあう者でもないような「ただの人間」に何かを与えるほどお人好しではない。だが，もし「人権」というものがあるのだとすれば，それは「ただの人間」であることだけを理由に，その価値や尊厳が守られるべきであることを意味し要求するはずである。では，そもそも「人間」とは何か。胎児はいつから人間か。心停止した人は人間か。いま「人間」の定義や条件もゆれている。それでも，人は理由なく人に与えることもある。だが贈与はどこまで必要に応じられるのか。そのあやふやさに賭けるべきか否か。「必要の論理」が提起する問いは止まない。

【参考文献】

- 圷洋一（2009）「必要と資源」精神保健福祉士・社会福祉士養成基礎セミナー編集委員会編『社会福祉原論――現代社会と福祉』へるす出版，第4章
- Alcock, P., Glennerster, H., Oakley, A. and Sinfield, A.eds.（2001）*Welfare and Wellbeing: Richard Titmuss's Contribution to Social Policy*, Bristol:Policy Press
- Alcock, P., Erskine, A., May, M. ed.（2002）*The Blackwell Dictionary of Social Policy*, Oxford: Blackwell
- Alcock, P., May, M.Rowlingson, K, ed.（2008）*The Student's Companion to Social Policy*, Oxford : Blackwell
- Blakemore, K. and Griggs, E.（2007）*Social Policy : An Introduction*, Berkshire: Open University Press
- Dean, H.（2006）*Social Policy*, Cambridge : Polity Press
- Dean, H.（2010）*Understanding Human Need*, Bristol : Policy Press
- Fitzpatric, T.（2001）*Welfare Theory : An Introduction*, London : Palgrave
- 岩田正美（1991）「ニードと資源」大山博・武川正吾編『社会政策と社会行政――新たな福祉の理論の展開をめざして』法律文化社，第3章
- Lister, R.（2010）*Understanding Theories and Cncepts in Social Policy*, Bristol: Policy Press
- 岡田藤太郎（1995）『社会福祉学一般理論の系譜――英国のモデルに学ぶ』相川書房
- 大山博・武川正吾編（1991）『社会政策と社会行政――新たな福祉の理論の展開をめざして』法律文化社
- Spicker, P.（2000）*The Welfare State : A General Theory*, London : SAGE.（＝阿部實・圷洋一・金子充訳（2004）『福祉国家の一般理論――福祉哲学論考』勁草書房）
- 武川正吾（1999）『社会政策のなかの現代――福祉国家と福祉社会』東京大学出版会
- 武川正吾（2001）『福祉社会――社会政策とその考え方』有斐閣
- 武川正吾（2009）『社会政策の社会学』ミネルヴァ書房

［圷　洋一］

Chapter 2 社会政策の捉え方(2)
❖ 資源・空間・方法

0 ── はじめに

　本章では前章に引き続き社会政策研究の基本コンセプトについて解説する。Ⅰでは「資源」，Ⅱでは「社会的市場」，Ⅲでは「普遍主義と選別主義」「配給」というコンセプトを検討する。Ⅲは，ここまでに解説したコンセプトどうしの結びつきを念頭において書かれており，本章と前章のまとめにもなっている。

Ⅰ ── 社会政策研究の基本コンセプト③
　　　：供給資源論

1　「社会的」な資源

　ここでは「資源 resource」というコンセプトが，社会政策研究でどのように理解されてきたかについて解説する。いうまでもなく，この「資源」自体はありふれた言葉であり，とくに専門用語というわけではない。むしろ「資源」をどのように概念化するかが重要であって，それは社会科学に問われてきた難問のひとつであるともいえよう［佐藤編 2008：7-10］。

　社会政策とのかかわりで「資源」というコンセプトが用いられるとき，実際には「かなりさまざまなレベルの財貨や人，ないしは人間関係や制度までもごったに含んで」使われているのが実情である［岩田 1991：60］。それゆえ，この言葉が社会政策研究にとって有意義なものになるかどうかは，それが，必要を充たすもの・ことを総称するコンセプトとしてきちんと位置づけられるかどうかにかかっているともいいうる。この点について武川は，ある客体（ないしその

獲得手段)が「資源」とされるか否かは,観察者の視点や社会的な状況に左右されるとはいえ,必要を充たすうえで効果があることと,希少性を備えていることが,その要件になると指摘している［武川 2009：21-22］。

また,社会政策においては必要一般でなく「社会的な必要」が充たされることになるのと同じ意味で,社会政策とのかかわりで供給される資源も,あくまで「社会的な資源」であるといえる。それが「社会的」であることの意味は,経済学でいう「公共財」(道路・消防・警察などのように他人の消費を排除せず,他人との競合もない財・サービス)や,「価値財」(消費することが社会的に望ましいとされる財・サービス)というコンセプトによって,部分的に説明することもできる［坂田 2007：55-57］。社会政策が扱う資源の多くは,排除性も競合性もあるので「公共財」とはいえず,むしろ「価値財」に近いと考えてよいだろう。次に,社会政策のもとで資源がどのような形態で提供されるかを確認してみたい。

2　資源の給付形態

資源が制度的な「給付」となるときの形態に着目すると,社会政策プログラムが供給する資源は「現金給付」と「現物給付」に大別できる。ただし,「現物」といっても,施設・設備の利用や物品の供与だけでなく,医療・介護・保育・教育サービスのように,利用者の社会的必要を直接的に(現に・直に)充たす行為・情報・知識など,無形の便益提供も含んでいることに注意が求められる。なお,現物給付とサービス給付は,性質の異なる給付形態として区別される場合もある。また,現金給付の場合も,貨幣の支給という直接的な形態もあれば,保険料の減免,税金の控除,有料施策の無料化や負担軽減といった間接的な形態もあるが,いずれも購買力の維持や補填をねらいとしている点に共通点がみいだせる。

具体的にはChapter 3と4で解説するが,所得保障の給付(老齢年金や失業給付などの社会保険給付,子ども手当や生活保護などの社会扶助給付),健康保障の給付(医療保険の各種給付,社会扶助による各種の公費負担医療,保健サービス),自立保障の給付(在宅・施設における各種の社会福祉サービス,公営住宅の提供,職業安定所での就労相談サービスなど)が,社会政策プログラムにおける主要な資源の給付形態となっている。

その他，地域社会の自発的で相互扶助的な活動（ＮＰＯ活動，当事者サークル，ボランティアなど）も，それ自体が社会的な資源とみなすことができる。様々な「つながり」「縁」「信頼」がもつ向社会的で支援的な性質が「社会関係資本 social capital」という言葉で表現されることもあるが，「コミュニティ」の形成・存立そのものが重要な資源であるともいえる。

結局のところ，何が「資源」とみなされるかは，議論の文脈しだいであり，誰のどのような必要をいかなる条件のもとで充たすかにもよるであろう。また，希少性という点では，地域での「つながり」のように，かつてはありふれていたものが状況の変化によって希少になるものもある。

3 資源の論理と必要の論理

社会的な必要と資源は，相互に対応している場合が多い。その典型は『社会保険および関連諸サービス』（通称「ベヴァリッジ報告」）にみいだせる。各国の社会政策の形成に大きな影響を与えたこの報告書のなかで，ベヴァリッジ（Sir William Beveridge）が指摘した窮乏（Want），疾病（Disease），無知（Ignorance），不潔（Squalor），無為（Idleness）という生活を脅かす「5巨悪」（＝主要な社会的必要）には，それぞれに対応する資源（所得保障・保健医療・教育・住宅・雇用機会の各サービス）が想定されていた［Beveridge 1942=1969］。

このような対応関係を前提とするならば，社会政策プログラムにおける資源は「社会的必要に対する社会的資源」であり，一種の「需要」のようなもの（制度需要や行政需要）とみなせることになる。そして，社会政策プログラムを通じた資源供給においても，価格メカニズムではないにしても，行政的な手法（以下で述べる「配給」や「準市場」など）によって，需給関係が調整されているとみることもできる。この点に着目し，社会的に構築される「必要」と「資源」の間には，政策的・計画的に構築される「需要」（応答しうる必要としての「社会需要」）と「供給」（調達しうる資源としての「社会供給」）の関係がみてとれ，ここに経済市場とは異なる独特の需給関係が展開される場としての社会的市場が成立しうるとする解釈もある［京極 2007：50-55］。

社会政策における行政需要（社会需要）と既存資源（社会供給）とのマッチングやマネジメントという主題は，政策的現実を説明するうえでも，また，現実

的な政策目標を設定し，フィージブルな必要充足を遂行するうえでも有益であろう。だが，社会政策には，「必要の論理」に立ち，潜在的な需要の掘り起こしとともに，新規の資源開発や資源化を行うことも期待されている。その意味で，社会政策のあり方を考えていくには，「必要の論理」と「資源の論理」の双方に目を向けることが求められるといえる。

しかしながら，社会政策における必要充足が，理論上は「必要の論理」と「資源の論理」の双方に目配り可能であるとしても，実際には主として「資源の論理」に依拠して必要が認知されやすいことも否めない。というのも，当事者の必要解釈も，専門家の必要判断も，既存資源にかんする情報や知識をもとになされる傾向がみられるためである。しかし「資源の論理」が突出すると，「資源にあわせた必要の充足」や「資源がないから必要も充たせない」といった転倒した事態を招いてしまうおそれもある。

もし「必要の論理」にもとづいて，潜在的な行政需要の掘り起こし（必要の顕在化）や資源開発を行っていくことが重要であるとするなら，既存資源の情報や知識の提供不足を克服することはもとより，現実にしばられることなく「何が・なぜ必要か」について，丁寧な分析・議論・対話（上述の「必要解釈の政治」）を積み重ねていくことが求められよう。

II ── 社会政策研究の基本コンセプト④
：供給空間論

1　社会的市場というコンセプト

社会政策研究が「社会行政論 social administration」と呼ばれていた1960年代ころのイギリスでは，社会政策の資源供給空間は，経済的市場の「外部」にある（非市場である）という見方が広く共有されていた。そのような見方を確固たるものにしたのは，ティトマスとそのフォロワーたちであった。ティトマスは，経済的市場の道徳的弊害と産業化の物質的弊害に対して「社会的なもの」（たとえば人々のつながりや絆などであり，ティトマス自身は「贈与関係」と呼んだ）を保全・培養する空間として，社会的市場とそこでの諸活動を位置づけた。

社会的市場での必要充足理由として，ティトマスは「社会的費用」という観

点を強調した。社会的費用とは，産業化の影響によって社会全体が被りうる集合的なコスト（損失・犠牲・費用）をいう［Alcock et.al., 2001：52-53］。それはとりわけ脆弱な人々や不利を被っている人々に集中し，不平等を拡大させていくとされる。こうしたコストのうち，公害や差別などのように，発生原因や責任主体を突き止めることが困難なものについては，国家の責任で，万人に利用可能な社会サービスを通じて「補償」する他はないとティトマスは主張した［Alcock et. al., 2001：120-121］。こうしたコストを償い，「社会的なもの」を保全・培養する方法は，「普遍主義」（後述）に立脚する社会サービスと，制度的・計画的な「再分配」（後述）であり，それらは社会統合に貢献すると目された［Alcock et. al., 2001：117］。

このようにティトマスは，この普遍主義的社会サービスと再分配による資源供給こそが社会行政論の主題であるとし，その供給空間を経済的市場と対比するかたちで「社会的市場」として概念化することを提案した［Alcock et. al., 2001：206］。だが，その後ティトマスは「社会的市場」ついて議論を深めることはなかった。このコンセプトは，主としてそのフォロワーたちによって継承され発展させられていった［坏 2008：84-85］。

この社会的市場について武川は，「経済的市場」の作動原理が貨幣的裏づけを伴う「需要」とそれにもとづく「交換」だとすれば，「社会的市場」の作動原理は貨幣的裏づけとは無関係な「必要」とそれにもとづく「贈与」であるとティトマスは考えた，と指摘している［大山・武川編 1991：8］。つまりティトマスは，社会政策を「経済的なもの」から切り離し，それを「社会的なもの」の保全・培養がなされる空間として概念化したということである。当時の日本における支配的な社会政策理解が「社会的なもの」を締め出し，「経済的なもの」（労働力の保全・培養）へと純化しようとしたのとは好対照といえる。

2　ポスト社会的市場論

このような二元論にもとづいて国家福祉供給を中心化するティトマスたちの理解は，福祉国家と市場経済（あるいは社会政策と経済政策）がともに支え合って成長することができた時代には，福祉の空間を意味づけ，学問的焦点を明確にするうえで適切な見方であった。しかし経済成長が終焉し，福祉と経済は相

容れない(福祉が経済成長を阻害する)という見方が強まっていくなかで,「社会的なものは不要だ」と考え福祉国家と社会政策を攻撃する側(新自由主義者)だけでなく,ピンカー(Robert Pinker)のように「経済的なものへと視野を広げよ」と主張しつつ福祉を防衛する側からも,この「経済的市場/社会的市場」という二元論的切り離しは疑問視されていった[Pinker 1971=1985:143]。

今日における資源の供給空間にかんする理論的な捉え方においては,「経済的空間と社会的空間」という軸に,あらたに「公共的空間と私的空間」(あるいは公共圏と親密圏)という軸が加わるようになっている。つまり,ジェンダーに敏感な社会政策や必要解釈のあり方を考えるには,女性の経済的境遇(職場での待遇や昇進の不利等)とともに,親密圏での境遇(不均等なケア役割等)にも目を向けなければならない,ということである(Chapter 10を参照)。

他方で,福祉の市場化や「福祉から就労へ」といった考え方が政策形成の場面で影響力をもつようになったことで,「市場社会」(市場が深く浸透した社会)における必要充足と資源供給のあり方が,社会政策研究における重要な課題となった。とくに「準市場 quasi-market」という考え方は,ポスト社会的市場論的コンセプトのひとつとして注目されてきた。準市場とは,社会サービス利用者の必要に,補助金やバウチャーなどによって貨幣的裏づけを与えて,社会サービス提供者の選択と提供者間の競争を促そうとするコンセプトである[Le Grand 2007]。イギリスでは保健医療や教育の分野で経営学的な発想とともに準市場が導入されたが,日本でも介護保険制度に準市場的な考え方が反映されている[駒村 1999]。

以上のような展開は,必要と資源を対応させるための経路や空間は本来多様であり,むしろ福祉国家の成長期における二元論的な国家福祉中心論のほうが特殊であった,という理解の広まりを物語っている。またそうした展開は,今日において,資源供給空間(経済的市場と社会的市場,公式・非公式の供給部門)どうしの相互浸透が,いっそう強まりつつあることを示唆している(グローバリゼーションに伴う社会政策の「空間」変容についてはChapter 5を参照)。

3 「福祉の社会的分業」というコンセプト

ティトマスに由来する二元論的な見方は,人々の福祉増進に関する経済的市

場のポテンシャルを不当に抑圧し，社会政策の捉え方を狭めていると批判されてきた。しかし，「福祉の社会的分業 social division of welfare」という見方を提示し，資源供給空間にかんする認識の幅を広げたのも，ティトマスその人であったことを決して忘れてはならない［Alcock et. al., 2001：59-70］。

この「福祉の社会的分業」とは，各種の税控除のような「財政福祉 fiscal welfare」と，企業が従業員に提供する福利厚生や企業年金のような「職域福祉 occupational welfare」といった，間接的でみえにくいかたちの便益供与も，公共部門の資源供給と機能的にみて等価であることを捉えようとするコンセプトである［武川 2009：37-39］。

たとえば税控除は，可処分所得を増加させるので，公共部門による給付と同じ働きをする。企業による福利厚生も同様である。ただし，税控除は税金を沢山支払う富裕層に恩恵をもたらすが，貧困・低所得層にはうまみがない（なお，貧困・低所得層にも富裕層が控除から受けるのと同等の恩恵をもたらそうとする「給付つき税額控除」が各国で導入されている）。また福利厚生も，大企業の正規社員の特権という性質が強い。そうしたこともあってティトマスは「財政福祉」と「職域福祉」には批判的であった。

体系的なティトマス研究書を著したライスマン（David Reisman）は，ティトマスのそうした態度は，彼の「市場個人主義嫌い」を反映したものであると指摘している［Reisman 2001:64］。結果として，ティトマスは，「財政福祉」や「職域福祉」という重大な発見に至りながらも，職業訓練・機会均等・参入禁止是正などの雇用（機会）政策や，価格統制・最低賃金・家計補助などの所得政策によって向上が期待される，経済主体の福祉（家計，売り手，買い手の「ミクロ経済福祉」）を，意図的に無視してしまった，とライスマンは批判している［Reisman 2001：243-67］。

いずれにしても，ティトマスが提起した「福祉の社会的分業」というコンセプトが，社会政策研究の幅を広げたことは確かである。そこから学びうる教訓は，資源の供給空間内部には様々な境界線が引かれており，それらはしばしば実体視ないし自明視されることで，守備範囲や縄張りのような機能を果たすが，視点や認識が転換されればその自明性は失われる，ということである。これと同じことは，上述の供給部門についても指摘できる。たとえば，各部門の役割

は国や時代によって変化するのであり，それがどのような変化であるのか，そして各部門がその変化にどう対応しているかを見定めることも，社会政策研究の課題なのである。

III ── 社会政策研究の基本コンセプト⑤
：供給方法論

1　普遍主義と選別主義

　社会行政論の時代から継承された，社会政策研究のコアともいえる伝統的関心は，「資源がどのように提供されているか」そして「資源をどのように必要に対応させるべきか」という問題関心にみいだせる。こうした問題について社会政策研究では，普遍主義（universalism）と選別主義（selectivism）というコンセプトを用いて議論と分析がなされてきた。

　普遍主義とは，平たくいえば，いつでもどこでも誰にでも社会政策プログラムが利用できることが望ましいとする考え方であり，選別主義と対をなしている。公的扶助（生活保護）のように，厳格な資力調査によって受給者を選別する給付は，スティグマ（恥辱）を与えやすい。スティグマが問題であるのは，それによってサービス利用が忌避され，必要な人に必要な資源を供給することが阻害されやすいためである。

　そしてこの選別主義とは，必要度の高い人々に資源供給を重点化することが望ましいとする考え方である。その背後には，相互扶助や自助努力がまずあり，それでも必要が満たせない場合にのみ給付・サービスを提供するという「残余的 residual」な資源供給観がある。これに対し普遍主義の考え方は，資力調査による選別をなくしたり，要件を緩和したりすることで，スティグマ付与の回避につながることを期待する。普遍主義の背後には，現代社会のしくみがもたらす様々な生活上のリスクを前提にすると，私的な自助努力だけでは多くの必要が充足困難となるため，社会政策プログラムが万人に利用可能なものになることは理にかなっているとする「制度的 institutional」な資源供給観がある。

　救貧法に起因する選別主義や資力調査への嫌悪が根強いイギリスの場合，普遍主義という発想は，希少資源の配分のあり方として提起されたというよりも，

そうした嫌悪に根ざした対抗的リアクションとして打ち出されてきたという面が強い［平岡 2003：238-245］。だが，特定の問題や必要に対して，効果的できめ細かな対応を図ろうとすれば，対象の分類・専門化・重点化がなされていくのは世の常である。

医療サービスが臓器や疾患ごとに専門分化しているように，個別的社会サービス（社会福祉サービス）においても，障害者，高齢者，ひとり親，失業者，ホームレスといった問題別カテゴリーにそった専門的施策が林立している。そうした対応を，専門分化や機能分化の帰結とみるにせよ，他者化を伴うオブジェクト（対象＝モノ）化とみるにせよ，結果として「人間の分類＝選別」がなされ続ける限り，そのリアクションとして，普遍主義的な考えがかたちを変えて提起されていくという仮説を立てることもできるだろう（たとえば，近年検討が進められているベーシックインカム論も，そのようなリアクションとして位置づけることができよう）。

2　配分と分配

この普遍主義や選別主義というコンセプトは，「希少な資源をどう供給すべきか／どのように供給されているか」という大枠を論評するのには適しているが，具体的な資源供給方法の評価や分析には不向きである。社会政策プログラムにおける資源供給の方法・過程を捉え，そのあり方を考えていくにあたっては，以下にみる「配給（割当）」のようなコンセプトを用いた緻密な分析がなされてきた。

資源が必要充足に至るプロセスは，①資源の調達・生産，②配分・分配，③利用・消費といった局面に分けられよう。ただし社会政策とかかわる資源提供には，このような商品プロダクトの一般図式をあてはめることができない場合もある。たとえば，教育・医療・介護をはじめとする対人サービスの多くは，資源の生産・分配・消費がシームレスに行われるともいえる。いずれにせよ，通常の意味での供給方法は，②の局面に限定される。

一見すると，この配分（allocation）と分配（distribution）は同じようにみえるが，配分は「資源を特定の用途や客体に振り分けること」を指し，分配は「配分された資源を給付やサービスとして実際に配ること」を指す，といった区別

もなしうる。資源を配りはじめる前に，まずは分ける（振り分ける・割りあてる）ことになるので，分析的にみれば，資源供給は「配分→分配」という順序で行われるといえる。

3　資源の配分方法：「配給」というコンセプト

　社会政策研究では，資源の配分が「配給 rationing」（「割当」とも訳される）というコンセプトを通して理解され分析されてきた。すでにみたように，経済的市場では，価格メカニズムによって需要と供給が自動調整されるのに対し，社会的市場では，必要と資源の「手動調整」がなされる。この手動調整のための様々な方法を総称するのが「配給」である［武川 2009：31］。

　配給について，武川は以下のように説明している［武川 2009：32-33］。配給には，予算配分のような「財政における配給」もあれば，多種多様な「サービスにおける配給」もある。後者の例は，受給資格の設定，待機者リストの作成，抽選の実施，利用料金の徴収，資力調査の厳格化などである。大規模な事故や災害などの非常時・緊急時になされる救急医療の「トリアージ」も，その一例といえる。このように，実際のサービスにおいては，基準や優先順位をはっきりと示したり，ある程度の負担を覚悟してでもサービスを利用したい人を識別したりすることで，必要と資源の調整が図られているのである。

　またこれら「公式」の配給方法だけでなく，手続きの意図的な遅延，申請忌避をねらった不当な窓口対応，情報提供の制限などの「非公式」な方法もある。また，希少資源の配給には，資源への接近を制限しようとする「制限的戦略」，給付水準を下げ多くの人の必要に応じようとする「希釈化戦略」，供給を中断し他の人々の利用機会を広げようとする「中止」といった所作がみられるが，いずれも不十分な必要充足を帰結しやすいとされる。

　武川は，この配給というコンセプトには，現実の雑多な方法に共通性（たとえば資源供給に際して必要との調整を行うこと）をみいだして，その視点のもとで比較可能になった配給方法の適否をふるい分けたり，ある方法の回避が他の方法に波及することに目を向けさせたりする意義があると指摘している［武川 2009：33］。

4　資源の分配方法：経済的市場と社会的市場での分配

　このような配分＝配給された資源の分配方法（配り方）は，それが「どこで」なされるかによって違いをみせる。経済的市場の領域では，労働（勤務時間・職務内容等）に応じて賃金が支払われ，これを元手に資源（商品）の等価交換がなされる。そして，供給（生産者による生産・販売）と需要（消費者の選好や購買力に応じた選択・購入）が価格メカニズムによって自動調整されることで，希少な資源の効率的な配分と分配がなされる。社会政策とかかわる民間営利部門のサービスは，公費による助成や補助がなされることもあるにせよ，資源の分配方法は経済的市場一般と変わらない。

　これに対して非市場＝社会的市場の領域では，第一に，公共部門の場合は，資源の分配方法として，社会保険や社会扶助という制度技術（詳細はChapter 3）が用いられる。このように公共部門では，受給資格を有する人々の必要を，これら制度的な方法によって充たしているわけだが，そこでの所得の分配は，通常「再分配」と呼ばれる。そう呼ばれるのは，経済的市場において分配（一次分配）された所得の一部を，公共部門が税や社会保険料として徴収し，受給要件をみたした者に制度を通じて「再び」分配（二次分配）するためである。この所得再分配には，「垂直的再分配」（富裕層から低所得層への再分配）と「水平的再分配」（同一階層間や世代間，あるいは就労時と非就労時等などの異時間間での再分配）などの種類がみられる。

　第二に，民間非営利部門の場合は，公共部門の給付メニューになっていないサービスの先駆的な開発や提供，公共部門から委託されたサービスの実施，偏在する社会資源のコーディネートといった様々な方法により，各部門のすきまをカバーするようなかたちで資源分配がなされる。そこでは，不特定多数の人々からの寄付金や公費助成による資源の配分を受けて，それらを原資とした資源分配がなされているともいえる。

　第三に，非公式部門の場合は，家族成員や親族の必要が，全人格的配慮や献身的世話，つまり「ケア」という資源の供給方法によって充足される。扶養される家族成員に配分される資源（稼得者の賃金）は「家計」としてやりくりされ，家事・育児・介護などのケア提供（現物給付）や，他の成員への小遣い（現金給付）などのかたちで分配されるといえる。

5　むすび：資源供給の実在レベルとメタレベル

　以上のような資源供給方法（必要充足方法）にかんする議論は，社会行政論以来の社会政策研究のコアをなす古典的関心とされてきた。それらが社会政策研究の古典的関心とされているのは，社会政策という発想そのものが，歴史的に形成された「資源供給方法」だからであるといえよう。したがって，社会政策プログラム（公共部門の国家福祉供給）という限定をはずせば，諸種雑多な資源とその供給主体や供給方法が，社会政策研究の視界に入ってくることになる。実際，社会政策研究は，ここまでみてきたように，実在的な資源供給主体の広がりや多元化について寛容であり，どの主体のいかなる資源供給方法に焦点をあてるかという問題に煩わされることはほとんどないようにみえる。ティトマス的な公共部門へのこだわりは，既に過去のものとなっているともいえる。

　その一方で，近年における資源供給にかんする研究では，議論のレベルが一段上がり（つまり議論のオーダーが高次化し），資源供給のあり方をめぐるメタ理論的な考察が展開されるようになっている。

　具体的にいえば，「医療資源や介護資源を公正に配分するにはどうするか」や「NPOへの公正な助成を行うにはどうするか」という問いだけでなく，そもそも「公正な配分の基準とは何か」「どの公正理論に依拠することが妥当か」「公正と効率は両立するか」「公正さとは何か」という抽象度が高く，より原理的な問いが立てられるようになった，ということである。

　この「公正さ」をはじめ，資源配分の考え方を左右する規範的な価値基準（自由，平等など）についての合意が成り立ちにくい社会では，ファーストオーダーの素朴な議論（いかなる政策的介入によって平等を達成するか）が失効し，セカンドオーダーの複雑な問い（どの平等か，誰の・何の平等か）が立てられ応じられていくのはむしろ当然といえよう。それでも，資源供給のあり方を考えるうえで，ここで述べたような経験的事態の概念化に主眼をおいた古典的なコンセプトを踏まえることの意義が失われるわけではない。実在レベルの経験的議論があってはじめて，メタレベルの規範的議論が成立する（あるいは意義をもつ）からである。

　このようなメタレベル議論は，福祉国家の「危機」後の研究潮流のもとで展開されるようになった。20世紀後半以降になると，これまで「あたりまえ」の

こととされていた事柄（長期安定雇用，性別役割分業，国民国家，ケインズ主義的需要管理，ナイト＝献身的な調停者としての公務員など）が，ことごとく自明性や説得力を失っていった。そうしたなかで，批判的かつ建設的な社会政策の立案と研究のための足場を確保するには，あらたなコンセプトの導入や，様々な規範的視座どうしの対話が不可欠になったのである。

コラム　社会政策研究におけるメタレベルの議論

　メタレベルの議論とは，「XをYにするにはどうするか」ではなく，「『XをYにするにはどうするか』という問題がいつ・どこで・どのように・なぜ設定され，それにはどういう意味や効果があるのか」，そして「Yにするとはどういうことか」や「Yとは何か」をあらためて問題にすることをいう。議論の仕方を議論し，問題化を問題化する，ということである。だが実践を志向する者からみれば，それは倒錯や躊躇にしかみえないだろう。「ホームレスを救援しなければならない」と考えて活動している人々が，「『ホームレスを救援しなければならない』という問題設定は近代主義的な賃労働重視の自立観と定住規範に依拠している」などという議論を理解したとしても，自身の活動が以前よりも円滑に実施できるようになるわけではない。それでも，自分たちの実践が何をしているかについて理解と洞察が深まり，活動の仕方に何らかの変化がもたらされることもあろう。メタレベルの議論を反映した近年の理論的展開については，コラム「社会政策研究の現代的コンセプト」で紹介したリスターやフィッツパトリックの研究に適切な整理がなされている。

【参考文献】

- 坏洋一(2009)「必要と資源」精神保健福祉士・社会福祉士養成基礎セミナー編集委員会編『社会福祉原論——現代社会と福祉』へるす出版, 第4章
- Alcock, P., Glennerster, H., Oakley, A. and Sinfield, A. eds. (2001) *Welfare and Wellbeing : Richard Titmuss's Contribution to Social Policy*, Bristol : Policy Press
- Bevaeridge, W. (1942) *Social Insurance and Allied Services*, London : HMSO Cmd. 6404. (=山田雄三監訳(1969)『ベヴァリジ報告——社会保険および関連サービス』至誠堂)
- Loney, M., Boswell, D. and Clarke, J. eds. (1983) *Social Policy and Social Welfare*, Buckingham : Open University Press. (編訳=大山博・武川正吾・平岡公一(1994)『イギリス社会政策論の新潮流——福祉国家の危機を超えて』法律文化社)
- Dean, H. (2010) *Understanding Human Need*, Bristol : Policy Press
- 平岡公一(2003)『イギリスの社会福祉と政策研究——イギリスモデルの持続と変化』ミネルヴァ書房
- 岩田正美(1991)「ニードと資源」大山博・武川正吾編『社会政策と社会行政——新たな福祉の理論の展開をめざして』法律文化社, 第3章
- 駒村康平(1999)「介護保険, 社会福祉基礎構造改革と準市場原理」『季刊社会保障研究』Vol. 35 No. 3, pp. 276-84
- 京極高宣(2007)『社会保障と日本経済——「社会市場」の理論と実証』慶應義塾大学出版会
- Le Grand, J. (2007) *The Other Invisible Hand : Delivering Public Services through Choice and Competition*, New Jersey : Princeton University Press
- Pinker, R. (1971) *Social Theory and Social Policy*, London : Heinemann. (=岡田藤太郎・柏野健三訳(1985)『社会福祉学原理』黎明書房)
- Reisman, D. (2001) *Richard Titmuss : Welfare and Society, second edition*, London : Palgrave
- 坂田周一(2007)『改訂版 社会福祉政策』有斐閣
- 佐藤仁編(2008)『資源を見る眼——現場からの分配論』東信堂
- Spicker, P. (1995) *Social Policy : Themes and Approaches*, Prentice Hall (=武川正吾・上村康裕・森川美絵訳(2001)『社会政策講義』有斐閣)
- Spicker, P. (2000) *The Welfare State : A General Theory*, London : SAGE. (=阿部実・坏洋一・金子充訳(2004)『福祉国家の一般理論——福祉哲学論考』勁草書房)
- Spicker, P. (2007) *The Idea of Poverty*, Polity Press. (=坏洋一監訳(2008)『貧困の概念——理解と応答のために』生活書院)
- 武川正吾(2009)『社会政策の社会学』ミネルヴァ書房

［坏　洋一］

Chapter 3 社会政策プログラムの概要(1)
❖ 雇用保障と所得保障

0 ── はじめに

　本章と次章では，社会政策プログラムの概要を整理する。まずⅠでは，社会政策プログラムの分類のしかたについて考察し，本章における分野設定の考え方を述べる。Ⅱでは雇用保障の分野を，Ⅲでは所得保障の分野を解説する。本章と次章における個別分野の解説は，①保障の目的，②保障の手段・方法，③日本の具体的な制度の概要，④主な論点，という共通のフォーマットで構成される。各保障分野でいま何が問われているかを確認し，社会政策のあり方を考える材料にしてもらうことが本章と次章のねらいである。

Ⅰ ── 総　説

1　社会政策プログラムの分野

　Chapter 1 でもみたように，社会政策研究では，多種多様なプログラムが議論の対象とされる。では，それらはどのような種類に分けることができるだろうか。イギリスの大学生向けテキストには，所得維持，雇用，保健医療，学校教育，生涯学習・訓練，住宅，社会的ケア（社会福祉サービス），刑事司法といった社会サービスがあげられている［Alcock et al. 2008］。次に日本のテキストをみてみよう。伝統的な社会政策研究の枠組をふまえながら，主題領域を広げようとするテキストに玉井・大森編［2000］がある。同書では「雇用」（労働基準，労働市場，企業社会），「社会保障」（年金，医療，貧困線と公的扶助），「生活」（家族的責任，住宅，社会サービスと市民社会）という分け方が示されている。また

Chapter 1 でもとりあげた武川によるテキストでは,社会政策を「秩序政策」「経済政策」とならぶ公共政策と位置づけ,「雇用政策」「所得保障政策」「保健・医療政策」「対人社会サービス政策」「住宅政策」「教育政策」が社会政策の範囲に含められている［武川 2001 : 151-155］。これらは社会政策プログラムの「分野」を捉えるための目安となるだろう。

実際に政策を担当している側の捉え方に目を向けてみよう。厚生労働省のホームページには,政策分野として「健康・医療」(健康,食品,医療,医療保険,医薬品・医療機器),「子ども・子育て」(子ども・子育て支援,職場における子育て支援),「福祉・介護」(障害者福祉,生活保護・福祉一般,介護・高齢者福祉),「雇用・労働」(雇用,職業能力開発,労働基準,雇用均等,パート・派遣・有期雇用,労使関係),「年金」(年金・日本年金機構関係),「他分野の取り組み」(国際関係,研究事業,社会保障全般,戦没者遺族等への援護) があげられている (2011年6月時点)。また,住宅政策を担当する国土交通省のホームページには,国土計画,都市・地域整備,住宅／建築,交通などが,教育政策を担当する文部科学省のホームページには,学校教育,科学技術・学術,スポーツ,文化などが政策分野としてあげられている。

このように各省庁の示す「公式」の分野設定は,自分たちが所管する事業を分類・整理したものであるのに対し,上記のテキストに示された分野は,省庁の違いとは無関係に目的や役割の違いによってプログラムを分類したものとなっていることがわかる。

2 本書での分類

本書における分類は,社会政策プログラムを「雇用」「所得」「健康」「自立」という4つの「保障目的」に分けて捉えようとするものである。決して体系的な分け方ではないが,管轄省庁の分類をなぞることに終始するものでもない。本書の分類にかんする基本的な考え方を述べておく。

雇用・所得・健康の保障は,人々の福祉増進にとって基礎的な条件であり,ほとんどの先進国ではこれらを目的とした制度が整備されている。その意味で雇用・所得・健康は,社会政策プログラムの基本をなす分野といえる。教育や住宅も同様であるが,本書ではこれらを「自立保障」に含めて捉えている。

雇用・所得・健康は，あくまで大多数の人々（それらが保障されれば「自立」が期待できる人々）に共通する必要の充足やリスクへの対処によって，福祉増進をはかる保障分野である。これに対して，「自立」することに特別な支援が必要な人々をターゲットとした保障分野もある。そうした分野は，日本では通常「社会福祉」と呼ばれ，社会保障のなかに位置づけられる。しかし，この「社会福祉」という表記ではいったい何を保障するのかがはっきりせず，また，狭義と広義の区別をはじめ概念上の混乱もみられるので，本書では「自立保障」というカテゴリーを設定することにした（もちろん「自立」概念も錯綜している）。この「自立保障」には，雇用・所得・健康の画一的な保障だけでは「自立」が難しい事態に応じるための様々な手だてが位置づけられる。その意味で，「自立保障」は「その他」のような残余カテゴリーとみなされるかもしれないが，積極的な設定理由もある。この点についてはChapter 4 で述べる。

Ⅱ ── 雇用保障

1 失業と雇用保障

▶失業という困難

　失業は職と収入だけではなく，「働くこと」からえられる様々な便益，機会，人間関係を失うことでもある。職を失うことや職に就けないでいることは，人々から自信と誇りを奪い，場合によっては精神面での健康に害を及ぼすことすらある。また失業は，家族を養い，納税し，社会保険料を拠出するという責任や義務を果たしにくくさせてしまう。そのような状態におかれることは，「完全な市民」でなくなることに等しいと受け取られやすい。先進諸国では，賃労働に従事していることが「完全な市民」であることの証とされ，社会に「包摂 inclusion」される基本的な条件とみなされることが多い。それゆえ，第二次世界大戦後の先進工業諸国では，「完全雇用」の追求が，社会をまとめあげようとする統治において，中心的な目標とされてきたのである。

▶ 雇用の柔軟化と不安定化

　1970年代以降，先進各国はおしなべて脱工業化を遂げていく。そして1980年代から90年代にかけて，経済社会のグローバル化も急速に進んだ。その結果，雇用を取り巻く状況は大きく変化していった。それは，正規雇用を中心とする比較的安定した雇用形態から，多様で柔軟な雇用形態への変化であり，業態でいえば，製造業におけるハードなモノづくりから，サービス産業や情報通信産業などソフトな産業への転換であった。こうした脱工業化の進展に伴い，単純・低技能のマニュアル労働と，専門的で高度な技能・知識を要する労働への二極化も進んでいった［佐藤編 2010：37］。そして雇用の柔軟化と不安定化は今日まで続くトレンドとなっている。

　こうして「完全雇用」という理想がいっそう現実味を失い，雇用を通じた社会統合が期待できなくなると，各国では新しい統治のあり方が模索されるようになった。近年では社会統合のあり方として「社会的包摂 social inclusion」というコンセプトが注目されている。それは，長期失業，若年無業，孤立無援（無縁）状態をはじめとする多様な非包摂状況を総称する「社会的排除 social exclusion」というコンセプトと表裏の関係にある［Byrne 2005=2010；岩田 2008］。

▶ 就労支援の展開

　新しい社会統合のあり方が模索されるなかで，各国政府は労働市場への参加を，社会的包摂政策の軸に据えてきた。そして「ワークフェア」（就労による福祉）や「アクティベーション」（積極的労働市場政策）という考え方のもと，長期失業者・若年無業者・ひとり親などの被排除者に対して，就労支援に向けた取り組みが進められてきた。

　こうした取り組みは「完全雇用」を目指すというより，不完全な雇用を前提にしたプラグマティックな対応であるといえるが，むしろ，こうしたワークフェアを基調とする雇用政策そのものが，柔軟かつ不安定な雇用（ポスト工業資本主義）を可能にしていると指摘する者もいる［Byrne 2005=2010：207-210］。脱工業化を遂げた社会では，資源としての雇用の希少性が総体として増大したとい

うよりも，希少な雇用はますます希少になる一方で，資源としての有用性が低い雇用が増大している。いっそう希少になった高賃金・高技能の安定した雇用と，いっそう希少性が薄れた低賃金・低技能の不安定な雇用という，労働市場における二極化の流れを受け，各国の社会政策担当者は難しい舵取りを迫られている。

2　雇用保障の方法

▶ 労働市場の規制

　政府が雇用という資源を人々に保障する方法としては，労働市場に対する規制がまずあげられる。企業が従業員を簡単に解雇できないよう規制すれば，失業は生じにくくなる。また，雇用保障とは，単に雇用を増やすだけではなく，良質な雇用を保障することであるとすれば，適切な労働条件（賃金・労働時間・労働環境など），そして失業時の求職支援も，雇用保障に含まれることになる。なお，そうした「働くことのセキュリティ」をねらいとした規制（労働時間や最低賃金などのルール）は，労働保護立法にはじまる最古参の社会政策プログラムでもある。

▶ 雇用創出策としての助成・規制・規制緩和

　政府による雇用創出の方法には，各種の経済政策によるマクロな景気対策はもとより，財政出動による公共事業の実施や公共部門での直接雇用などがある。補助金や高率の関税によって特定の国内産業を保護・育成することも，同様の効果がある。また，求人増加をねらって政府が企業に働きかけるという方法もある。たとえば，助成（雇用者数や退職者の継続雇用に応じた報酬など）や規制（雇用率の提示と強制）を行ったり，逆に規制緩和（解雇等にかんする規制を緩めて企業があらたに人を雇いやすくする）を行ったりするといった方法である。こうした経済（産業・財政・金融）政策が雇用創出にとって果たす役割は大きい。さらに，失業状態にある人々に対する求職・再就職支援の方法としては，求人情報の提供をはじめとする相談支援体制の充実などがある。さらに近年では，失業者・求職者に対する所得保障給付の受給条件として，教育・訓練プログラムへの参

加や求職活動を義務づけるという方法も用いられている (本書108, 128頁を参照)。

▶ 雇用保障政策の課題

　以上を一般化すれば,雇う側（労働需要サイド）と雇われる側（労働供給サイド）の双方の意欲（雇おうとする／雇われようとするインセンティブ）を刺激したり,双方の力（雇用側の体力や被雇用側の能力）を促進したりすることが,雇用保障政策の主要な方法になっているといえる。そのとき,企業側の利害と働く側の利害を,どのように調整するかが政策運営に問われていく。

　基本的に企業側は,従業員の能力開発コストはおさえつつ,優秀な人材（即戦力）を少なく雇い,できるだけ低い賃金で大量の仕事を能率的にこなしてほしいと考える。反対に,働く側は,企業や政府による能力開発支援に期待する一方で,多くの人を雇い続けてもらい,できるだけ賃金は高く,仕事の量や時間は少なくしてほしいと考える。この真っ向から対立する利害を調整すると同時に,経済や社会の動向を見据えつつ,人々の雇用の安定化を図ることが,雇用保障政策の中心的な課題であるといえよう。

3　日本における雇用保障の制度

　日本における雇用保障の要となる制度は,労働条件を規制し被用者を保護するための制度と,失業・求職時における被用者の生活や再就職を支援するための制度に大別できる。

▶ 労働者の保護制度

　労働条件の公的規制は,日本国憲法第27条が規定する勤労の権利を基礎にした「労働基準法」「最低賃金法」「労働安全衛生法」にもとづいて行われている。労働にかかわる法律は一般に「労働法」と総称されるが,労働法にはこれら以外にも,労働組合法,労働関係調整法,雇用保険法,労災保険法,健康保険法,厚生年金法,職業安定法,労働者派遣法,障害者雇用促進法,男女雇用機会均等法,育児・介護休業法など様々な法律が含まれる。これらの労働法は,働くことのセキュリティをねらいとして,雇い・雇われる者どうしの「ゲーム」にかんする基本ルールを設定するものである。もしこのルールが守られなかった

り，不公正なものであったりすれば，立場の弱い雇われる側（労働力の売り手）にとって不利なゲームとなり，個々人の勤労権や生存権が脅かされるだけでなく，経済全体の活力が低下するおそれもある。以下，雇用保障にかかわる主な労働法の概要を整理する。

〇労働基準法

労働基準法は，いわゆる「労働三法」のひとつであり，雇用期間，労働時間，休憩，休日，残業，退職，解雇などにかんする基本ルールを定めている。このルールは，正社員だけでなく，雇用されて働くすべての者（パート，アルバイト，派遣，請負等）に適用される。いくつかの規定を確認すると，休憩時間については，使用者は労働時間が6時間を超える場合には少なくとも45分，8時間を超える場合には少なくとも1時間の休憩時間を，労働時間の途中に与えなければならない，としている（第34条）。解雇については，合理的理由を欠き，社会通念上相当であると認められない場合は権利の濫用とみなす，としている（第18条の2）。また，解雇する場合，少なくとも30日以上前に予告するか，30日分以上の平均賃金を支払わなければならない，としている（第20条）。

〇最低賃金法

最低賃金法は，国が賃金の最低限度を定め，使用者はそれ以上の賃金を支払わねばならないと定めている。同法の最低賃金は，地域別と職業別の2種類がある。なお最低賃金の対象となる賃金は，実際に支払われる給与のすべてではなく，給与全体から，賞与，結婚手当等の臨時の賃金，時間外勤務手当等の所定外給与，そして通勤手当などを差し引いた基本的な賃金がその対象となる。

〇労働安全衛生法

労働安全衛生法は，労働基準法と相まって，労働災害の防止に関する総合的計画的な対策を推進することにより，職場における労働者の安全と健康を確保するとともに，快適な職場環境の形成を促進することを目的としている。同法にもとづき，使用者・事業主には，安全管理者を置いたり，労働者の健康障害の防止措置を講じたり，健康診断等により労働者の健康の保持・増進を行ったりすることが求められている。

▶ **失業者・求職者の支援制度**

被用者の特別な事情に着目した社会保険制度として，日本には「労働者災害

補償保険」と「雇用保険」がある。被用者であるがゆえに発生するリスク（労働災害，失業）に備える両制度をあわせて「労働保険」と呼ぶこともある。

〇雇用保険制度

　雇用保険制度では，失業とは働く意思と能力がありながら就業できない状態と定義される。失業には，自分の都合で退職する「自発的失業」と，リストラや倒産など会社の都合によって失業する「非自発的失業」がある。これらに備え，求職活動や雇用継続を支援するのが雇用保険の目的である。

　雇用保険の主な役割は求職時の所得保障にある。そのため，仕事を探していなければ給付の対象にはならない。雇用保険の保険者は国であり，ほとんどの事業所は雇用保険が適用され，そこで働く労働者は強制的に被保険者となる。自営業者は対象とならず，公務員も身分が安定しているという理由で原則適用外となる。週20時間以上働いており，半年以上雇用される見込みがあれば，パート労働者も適用となる。保険料は労使が折半する。派遣労働者の場合も，派遣会社との折半となる。雇用安定と能力開発の事業にあてられる費用は全額会社負担となる。

　就職や雇用継続という目的を達成するための給付に，①就職促進給付，②教育訓練給付，③雇用継続給付がある。このうち③には，高年齢雇用継続給付，育児休業給付，介護休業給付がある。高年齢雇用継続給付は，60歳定年後に再雇用される場合に，給料が下げられても働き続けてもらうために，給料をバックアップするための給付である。年金は65歳支給が原則だが，まだ60歳定年の企業もあるため，経過的措置として実施されている。育児休業給付は，1歳（保育所を利用できない場合は1歳6ヶ月）未満の子を養育するために，育児休業を取得した被保険者に対する給付であり，介護休業給付は，要介護状態となった家族のために介護休業を取得した被保険者に対する給付である。

　雇用保険制度は，こうした給付の他に，被用者の職業安定のため，雇用安定事業と能力開発事業を行っている。その多くは事業主に対する助成金として実施されている。雇用安定事業は，事業主による雇用の維持・拡大の努力を支援する事業であり，従業員を解雇せず一時休職させる事業主，解雇した社員に再就職の援助を行う事業主，高齢者の延長雇用を行う事業主等に対して助成がなされる。能力開発事業は，教育訓練を行う事業主への助成や，公共職業訓練を行う事業である。

〇労働者災害補償保険制度

　労災保険は，政府が保険者となって，労働災害に被災した被用者に生活

費や医療費等を保障する制度であり，健康保障と雇用保障を横断する位置にある。その特徴は，給付のための費用が，事業主の拠出する保険料によって大部分まかなわれ，被用者自身は保険料を負担しないところにある。そうなっている理由は，労災保険が，通勤も含む「業務上」のけがや病気（労働災害）によって医療サービスを受けたり，長期間会社を休まなくてはならなくなったりした場合，その責任は被用者本人ではなく，あくまで雇い主にあると考えられているからである（労働基準法第75条）。

このような考え方に立ち，労災保険給付は，医療費や生活の「保障」ではなく，事業主が被用者に危険な仕事をさせてしまった償い（補償）として提供されてきた。そのため労働者災害「補償」保険という名称になっているのである。

給付には，①療養補償給付（労災病院や労災指定病院での治療が原則で，通勤災害のみ200円の一部負担がある），②休業補償給付（60％相当の賃金を1年半支給），③傷病補償年金（1年半経過後も治癒しない場合に支給），④障害補償給付（8～14級の障害に一時金を支給），⑤遺族補償給付（遺族に支給），⑥葬祭料（葬祭を行う者に支給），⑦介護補償給付（③または④を受給する要介護者に支給）がある。その他，社会復帰促進等事業も実施している。通勤災害への保険給付も，業務災害の場合と同様に7種類ある（療養給付，休業給付，障害給付，遺族給付，葬祭給付，傷病年金，介護給付）。

4　雇用保障の論点

▶ 雇用保障政策の対立軸

先進諸国では，雇用保障のあり方をめぐって，政府による労働市場の規制や雇用・求職支援を重視する考え方と，そうした政府の規制・介入を廃して市場メカニズムに委ねることを重視する考え方があり，両者が政策的な対立軸を形成している。その一方で，雇用＝賃労働中心の経済社会のあり方を疑問視する立場など，「規制か市場か」という旧来の対立軸には収まらない考え方も注目されるようになっている。ヴィッカスタフは，近年における雇用保障政策の考え方を，①規制緩和・新自由主義アプローチ，②規制・社会民主主義アプローチ，③革新的な代替案，の3つに分類している［Vickerstaff 2003：146-149］。

▶ 規制緩和・新自由主義アプローチ

　これはアメリカで主流のアプローチであり，労働市場の規制（各種の雇用保護，最低賃金制度，労働組合の法的支援など）が賃金の硬直化を招いているせいで，賃金の低い諸外国に対する競争力が削がれていることや，福祉国家における寛大な給付が失業者に依存文化をもたらしていることを，失業の増加や長期化の要因とみなして問題化する。そしてその解決策としては，規制緩和による賃金水準の適正化，低賃金部門の創出・拡大，失業給付や公的扶助の削減，受給者への求職活動や職業訓練の義務化などを主張する。

▶ 規制・社会民主主義アプローチ

　これはヨーロッパで主流のアプローチであり，失業は個人的な問題というよりも構造的な問題であるとして，雇用において不利な立場にある人々への政府の対応を正当化する。そして，不当解雇や長時間労働などから被用者を保護する労働市場規制と，不利な立場にある人々への公的給付の双方を重視する。その典型はスウェーデンにみられ，公共部門を中心とした積極的な雇用創出と普遍的な給付システムを一体化させながら，継続的な教育訓練により人々の就労機会を促進している。だが，同じ社民アプローチでも，ドイツやフランスなどの大陸ヨーロッパ諸国では，違った方法が用いられる。それは，規制によって強く保護された雇用に就く人々と，稼ぎ手の賃金や公的給付に依存する人々とを分断する方法である。いずれの方法にせよ，社民アプローチは費用がかさむため，①の立場をとる勢力から圧力が加えられているが，社民的な立場を支持する人々は，規制緩和のコスト（貧困の増大，不平等の拡大）は高すぎると考えている。近年このアプローチでは，教育訓練による被雇用能力の促進に力が入れられている。

▶ 革新的代替案

　これは，「規制か市場か」という支配的な雇用政策論議とは一線を画した様々な考え方を総称するものである。革新的な立場の人々が支持する改革案は，しばしば反国家的で自助的なアプローチである点で共通する。こうした考え方は，

経済成長と完全雇用という旧来のビジョンから脱却し、ワークシェアリングや仕事の再定義を図ること（完全雇用から「完全従事社会」への転換）を求める。そして、報われる仕事や、シティズンシップおよび社会的包摂の基礎となる仕事を、賃労働に限定することなく、コミュニティ活動やボランタリーな仕事へと広げ、これらを通じた社会への参加と貢献を正当に評価すべきだとする。また、このアプローチには、許容可能な水準を下回るすべての者に、普遍的な最低保証所得（ベーシックインカム）を提供すべきだとする考え方も含まれる。

▶「働くこと」のあり方

これらヴィッカスタフがまとめた3つのアプローチには、現代社会における雇用保障政策のあり方に関する根本的な論点が集約されている。雇用を増やすためには、労働市場の自由な秩序に委ねるべきか。それとも政府による労働市場の規制と失業者への教育訓練に期待すべきか。あるいは雇用（賃労働）を脱中心化して、多様な仕事（役割遂行）や社会活動が雇用と同等に報われるようにすべきか［福士 2009］。また、この点とのかかわりで、働き方の転換（ワークシェアリング、ワークライフバランス）と環境保護との両立をはかり、生産／成長主義から脱却すべきであるとの議論も注目される［広井編 2008］。いま私たちには、雇用保障をめぐる様々な改革論の主張内容を見定めながら、「働くこと」のあり方について根本的な考え直しと熟慮を重ねていくことが求められているのである。

Ⅲ ← 所得保障

1 所得と購買力

生活にはお金が必要である。なぜなら、私たちは生活を営むうえでお金が必要不可欠な社会に暮らしているからである。私たちの社会では、購買力こそが実質的な「生きる力」であるとすらいえる。購買力というパワーの源は多様である。子細にみれば、相続・扶養・資産運用・節税・ギャンブル・贈与など、その獲得ルートは多岐にわたる。「現金移転」は稼働収入とならぶ主要な購買力獲得ルートである。現金移転には、ここで検討する所得保障給付のほかに、

Chapter 2 でも触れた財政福祉や職域福祉もある。また，これらも現金移転に含めるのであれば，夫の可処分所得に対する主婦の無償労働による間接的な増加分も考慮してよいはずだとの意見もある［Fitzpatric 2003：334-335］。

ともあれ，常識という名の固定観念のもとでは，購買力は労働の対価として獲得するものとみなされる。だが，私たちはいつでも・いつまでも働き続けられるわけではない。誰でも歳をとるし，病気やけがのために稼ぎ手が働けなくなることもある。前節でみたように，被用者は失業するかもしれないし，自営業者なら商売が破綻するかもしれない。思わぬ大きな支出が必要になるときもある。その結果，資産形成やマネープランに失敗することもある。

このように，本人あるいは稼ぎ手の休職・失業・退職・死亡などにより，生活を維持するための購買力が不足するときがある。そうした場合に備えて，様々なリスクに直面しうる人々が，個々の状況や利害を超えて，互いの購買力を維持しあうよう仕向ける社会的な取り組みを「所得保障」または「所得維持 income maintenance」という。

2　所得保障の方法

▶所得保障の方法

所得保障にはいくつかの方法がある。生活費の不足や生活の破綻を事前に「予防」しあうための方法を「社会保険」といい，様々な要因によって生活が破綻し貧困・低所得に陥ってしまったときに事後的な「救済」を図る方法を「公的扶助」という。社会保険と公的扶助の中間的な方法に「社会手当」がある。なお，公的扶助と社会手当をあわせて「社会扶助」と呼ぶこともある。保険・手当・扶助の特徴は表3-1のように整理できる。以下，社会保険方式と公的扶助方式の特徴について解説する。なお，上述した財政福祉や企業福祉なども，購買力を維持・補填する重要な方法であるがここでは扱わない。

▶社会保険方式

社会保険は，老齢・疾病・障害・稼ぎ手の失業や死亡などによって，収入が減少したり途絶えたりすること（あるいは介護や医療の費用が必要な状態になるこ

表3-1 所得保障の方法

		社会保険	社会手当	公的扶助
要件	負担	事前の拠出あり（配偶者等の家族は免除となる場合が多い）	事前の拠出なし（公費中心だが事業主負担がなされる場合もある）	事前の拠出なし（公費でまかなわれる）
	収入	問われない	所得制限（インカムテスト）がなされる場合もある	所得とともに資力が問われる（ミーンズテスト）
対象		被保険者	一定の要件（障害や育児中などのカテゴリー）に該当する者	貧困者（労働能力が問われる場合もある）
給付水準		従前所得に比例する水準または均一水準	均一的／標準的な水準	最低生活水準（基準に達するまでの不足分を補足）
給付期間		有期も無期もある（長期給付は年金，短期給付は一時金などとよばれる）	おおむね有期	貧困である限り継続という意味で大多数の国で無期（期限付きの国もある）
開始条件		あらかじめ定められたリスク＝社会保険事故の発生	あらかじめ定められた条件・カテゴリーに合致	ミーンズテストによる貧困の認定
機能		防貧	防貧	救貧

出典：阿部［2000］：4-6；一圓［2005］：50-55；佐口・土田［2003］：14-15を参照し筆者が作成

と）など，多くの人々に共通に生じうるリスクや事態を「保険事故」として設定し，社会連帯という考え方のもとで互いに支えあう（貢献＝拠出しあう）保障方式である。民間の保険と異なり，強制加入が一般的である。給付の財源については，保険料だけでまかなう場合もあれば，租税・事業主負担と保険料をくみあわせてまかなう場合もある。国によっては労働者の組合が運営している例もみられるが，国や地方自治体などの公共団体が運営主体（保険者）となる。社会保険方式は，日本を含む多くの国で，所得保障だけでなく，雇用保障や健康保障など，分野を横断して用いられている。

▶ 公的扶助方式

公的扶助とは，事前の拠出なしに，資力調査（ミーンズテスト）によって公式に「貧困」と認定された人々に，主として現金給付を行い，最低生活の維持をはかる保障方式である。日本における公的扶助を用いた所得保障制度は「生活保護」と呼ばれる。資力調査による認定が要件とされるのは，原則的にいえば，生活の困窮度を確認し，どのような給付がどれだけ必要かを個別に調べるため

である。だが，厳格な資力調査への嫌悪や，扶助が必要な者すらも抱く扶助受給への差別意識のため，公的扶助にはスティグマ（恥の意識）が伴いやすい。そうした要因のために，必要な人が申請を手控える結果，「漏給」が生じることもある。また，虚偽の申請等による「不正受給」，収入や資産を隠して受給する「濫給」，給付の方が稼働収入より高額である場合に就労自立を躊躇してしまう「貧困の罠」などが問題視されている。

3 日本における所得保障の制度

▶ 公的年金制度

日本の公的年金制度は，1961年の「国民皆年金」達成，1985年の基礎年金導入による制度体系の再編といったふたつの大改革を経て今日に至っている。『保険と年金の動向』（2010・2011年版，財団法人厚生統計協会）には，日本の年金制度として，①国民年金，②厚生年金保険，③共済組合（国家公務金共済組合，地方公務員共済組合，私立学校教職員共済），④企業年金および国民年金基金，⑤その他の年金制度（戦傷病者戦没者遺族等援護法による年金，地方議会議員共済会，石炭鉱業年金基金，農業者年金基金，特別障害給付金）があげられている。ここでは①②③の概要について解説する（各種データは厚労省年金局年金財政ホームページを参照した）。

公的年金制度は「二階建て」（厚生年金基金等を含めれば三階建て）のしくみになっており，全国民を対象とする国民年金（基礎年金）が一階部分にあたる。国民年金の被保険者は，要件を充たすことで自動的に被保険者となる「強制加入被保険者」と，自らの意思で加入する「任意加入被保険者」に分けられる。強制加入被保険者は3種類に分けられ，第1号は自営業者・無業者等，第2号は被用者保険（厚生年金や共済組合）の加入者，第3号は第2号被保険者の配偶者とされる。それぞれの人数は，第1号2,001万人，第2号3,895万人，第3号1,044万人となっている（2009年3月末）。

一般被用者のための厚生年金や，公務員・私立学校教職員のための共済年金は，退職後などにそれまで支払った保険料に見合った給付（所得比例給付）を行う制度であり，これらが二階部分になる。自営業者のためにも，二階部分に

相当する国民年金基金があるが,加入は任意となっている。

基礎年金の給付には,老齢基礎年金,障害基礎年金,遺族基礎年金がある。このうち老齢基礎年金は,原則として,受給資格期間（保険料納付済期間,保険料免除期間,合算対象期間の3つを合計した期間）が25年以上ある者が65歳に達したときに支給される。満額の年金額は,40年間の保険料納付を条件に支給され,未納や免除の期間があれば,それに応じて減額される。また,毎年度の基礎年金給付費は,保険料と国庫負担によってまかなわれる。主な給付額（繰上げ・繰下げを除いた平均月額）は,老齢基礎年金が5.8万円,厚生老齢年金（基礎年金を含む）が16.4万円となっている（2009年3月末）。

▶ 社会手当制度

ここでは代表的な社会手当制度として「子ども手当」（旧・児童手当）と「児童扶養手当」をとりあげる。2010年4月より子ども手当に移行した「児童手当」は,家庭生活の安定と児童の健全育成を目的に,養育者に対して支給されていた。児童手当には所得制限があり,4人世帯で574万円（被用者・公務員などは「特例給付」として所得制限は646万円）とされていたが,「子ども手当」制度では,この所得制限が撤廃され,先進各国の家族手当と同様,普遍主義的な給付となった。しかし2012年度からは児童手当が復活し,再び所得制限が設けられることになった。国民的関心が高く「政争の具」とも化している子ども手当は,普遍主義と選別主義の関係や,次世代育成の公的責任と私的責任のあり方,といった論点を考える格好の材料といえよう。

児童扶養手当は,ひとり親世帯に対して支給される無拠出給付である。全額支給の場合,子ども1人の世帯は4万1550円（2011年4月より）となるが,子ども2人の世帯はこれに5千円が加算され,第3子以降は1人あたり3千円が加算される。段階的な所得制限があり,受給期間が5年以上だと最大で半額まで減額されるが,親が就業ないし求職活動中などの要件を充たせば全額支給される。

▶ 公的扶助制度（生活保護）

日本の公的扶助制度（生活保護）は,様々な原因によって貧困状態に陥った

とき，その原因を問わず，支援が必要であると認定された人々に対して，最低生活保障と自立の助長をはかっている。

　生活保護制度の基本原理は，1）国家責任の原理：生存権を国家が保障すること，2）無差別平等の原理：すべての国民が要件を充たしている限り無差別平等に保護受給権を保障すること，3）最低生活保障の原理：保障される水準は健康で文化的な生活水準であること，4）保護の補足性の原理：保護を受給するには，資産・能力・その他の活用，扶養義務者の扶養や他法が定める扶助の優先が要件であること，の4つである。4）は，丸裸にならなければ保護を受けさせないという趣旨ではない。最低生活の維持と自立助長に必要な範囲で，資産保有や預貯金は認められる。なお，保護の要否判定のために行われる資力調査は，この保護の補足性の原理にもとづいている。

　生活保護制度は，以上の基本原理を前提にしたうえで，次のような実施原則（制度運営の基本ルール）を定めている。それは，1）申請保護の原則：保護は急迫の場合を除いて要保護者や家族・同居親族等の申請に基づいて開始する，2）基準及び程度の原則：要保護者の最低生活費を厚生労働大臣の定める基準にそって算出し，そこから「収入」（預貯金や親族の援助などを含む）を差し引いた額を保護費として支給する，3）必要即応の原則：保護は要保護者の年齢・性別・健康状態等からみて，実際の必要を考慮して行う，4）世帯単位の原則：保護の要否程度は，原則として世帯（事情によっては個人）を単位として行う，の4つである。

　生活保護制度における保護（扶助）の種類には，生活扶助，教育扶助，住宅扶助，医療扶助，出産扶助，生業扶助，葬祭扶助，介護扶助の8種類があり，このうち医療扶助と介護扶助は現物給付，その他は現金給付を原則とする。これらの保護は，自宅で行うこと（居宅保護）が原則だが，事情によっては施設での保護もなされる。法定の保護施設には，1）救護施設：日常生活が難しい要保護者に生活扶助を行う施設，2）更生施設：養護や生活指導が必要な要保護者に生活扶助を行う施設，3）医療保護施設：医療を必要とする要保護者に医療を提供する施設，4）授産施設：就労や技能習得に必要な機会や便宜を提供し自立助長をはかる施設，5）宿所提供施設：住居のない要保護者に住宅扶助を行う施設，の5つがある。

4　所得保障の論点

▶ 持続可能性

　近年における所得保障をめぐる政策論議では，基礎年金の財源問題（税方式か社会保険方式か）を中心に，持続可能な年金財政のあり方が問われている。しかし，制度の持続可能性に関して問われるべき論点は，財源問題には集約されえないし，されてはならない。学術的議論においては，年金制度のあり方について，私的な備えと公的保障（個人責任と社会連帯）の関係，社会保険と社会扶助の関係，年金保険の公平性（負担と給付，世代内，世代間）が問われている。生活保護のあり方については，濫給・漏給の適正化，貧困の罠や給付依存を是

コラム　生活保護制度のあり方をめぐる議論

　近年，生活保護制度は，その本来の機能を十分に果たせなくなっている。これまで，事実上，「働けない人々」だけをターゲットとして最低生活保障と自立助長を図ってきた生活保護制度は，「働きたいのに働けない人々」（長期失業者，退職者，ひとり親，障害者）や「働いているのに暮らせない人々」（いわゆるワーキングプア）など，「働ける／働けない」あるいは「自立／依存」の二分法に収まらない人々の増大・再発見を前にして，ある種の機能不全を生じさせている。こうした事態を受け，2004年に社会保障審議会福祉部会「生活保護制度の在り方に関する専門委員会」は報告書をまとめ，「自立支援プログラム」の策定など，制度改革の方向性を打ち出した。そのポイントは，生活保護制度が目的としている「自立支援」とは，①就労による経済的自立のための支援（就労自立支援）だけでなく，②それぞれの被保護者の能力やその抱える問題等に応じ，身体や精神の健康を回復・維持し，自分で自分の健康・生活管理を行うなど日常生活において自立した生活を送るための支援（日常生活自立支援）や，③社会的なつながりを回復・維持するなど社会生活における自立の支援（社会生活自立支援）をも含む，とした点にある。同委員会報告のねらいは，生活保護を「入りやすく出やすい」制度とし，労働市場やコミュニティから排除されている人々の社会的包摂を図るための手だてとすることで，その役割を受動的な「セーフティネット」から能動的な「トランポリン」へと転換させようとしていることにあるといってよい。このように，近年では生活保護制度における「自立」解釈の幅が広がりをみせるようになっている。

正するための労働意欲の助長,などが問われている。このように,論点は豊富であるものの,所得保障のミニマム水準をどう設定するかという根本的な論点は,残念ながら財源論議の陰に隠れがちになっている。

　所得保障制度の持続可能性を真剣に考えるならば,社会保険中心の制度設計が時代状況に合わなくなっていること,あるいは,少なくても日本では社会保険方式のポテンシャルが充分に生かし切れていないことを,きちんと見据える必要がある。埋橋・連合総研編[2010]は,こうした様々な論点が交錯する所得保障について,雇用保障のあり方とあわせて,時代状況を見据えた制度設計にかんする周到な議論を行っている。同書の診断と処方を紹介しておきたい(以下は日本社会福祉学会『社会福祉学』51巻4号に掲載した書評を加筆訂正したものである)。

▶ 埋橋らによる診断と処方

　埋橋らは「ディーセント・ソサイエティ(人間らしい品格ある社会)」という社会像を提示し,その実現のために,4層の体系的な「ソーシャル・セーフティネット」を提起する。その体系化にあたっては「参加保障」と「社会連帯」という理念が掲げられる。この場合の「参加」とは,労働市場への参加にとどまらず,適用範囲を拡大した各種社会保険への加入をはじめ,生活の維持向上に必要な制度を利用したり,利用者自身が制度の改革・運営に関与したりすることを意味する。また「社会連帯」は,国民としての連帯を広く意味する一方で,とくに労働者どうしの連帯が強調される。ただし,労働者といっても,雇用形態の多様化・流動化をふまえ,正規労働者に限らず,非正規労働者や長期失業者(学卒無業者も含む)さらには公務員も加え,労働市場に参加する可能性のあるすべての人々の連帯が企図される。

　埋橋らによる政策提言の趣旨は,生活を脅かす各種のリスクを,複層のネットで漏れなく受け止めつつ,人々を「メインストリーム」(勤労所得を基本にそれを社会保障給付が補足・底上げしながら営まれる日々の生活)に戻すことのできる仕組みを整えるべきだ,という主張にまとめることができる。逆にいえば,日本の現行ネットは漏れが顕著であり,失業等のリスクや社会的排除に見舞われた多くの人々(ワーキングプア,長期失業者,ひとり親,学卒無業者など)が「メイ

ンストリーム」に戻れないしくみになっている，というのが同書の診断である。こうした診断に基づく処方箋が，4層のネットを通じた包摂や人々の能動化・参加支援であり，仕組みを整えるための改革として，社会保険の適用範囲拡大（「参加保障型社会保険」）や「給付つき税額控除」等が提案される。

　日本における所得と雇用のセーフティネットの現状にかんする同書の診断と，これをふまえた処方箋（提言）の概要は表3-2のようにまとめられる。興味深いのは，こうしたハードウェアとしてのセーフティネットがいくら重層的に整備されたとしても，ソフトウェアとしての給付やサービスが，それを必要とする人々にきちんと届かなければ意味をなさない，といった観点から，ユー

> ### コラム　ミニマムとは何か／何のミニマムか
>
> 　日本では公的年金について「給付と負担」の関係（その公平性とバランス）が政策上の論点として取り上げられることが多いが，負担を求められる市民各層にとっては，自身の負担に値する「給付水準」のあり方こそが切実な問題となろう。基礎年金や生活保護の給付水準を考えるとき，最賃や税制などともあわせた「ミニマム」（最小限・最低限）の解釈が問われてくる［駒村編 2010］。だが，具体的にいくらであれば「ミニマム」なのか，といった問いに正解はなく，決断と合意があるだけであるともいいうる。ともあれ「ミニマム・スタンダード」のあり方を考えるうえでは，経済的必要以外の必要と，所得保障給付以外の資源との関係を，広く視野に収めることが重要であろう。つまり，公的扶助や基礎年金の「ミニマム」を考えるには，あくまで国民・市民にふさわしい「社会的な必要／資源のミニマム」をまず考えなければならない，ということである。もしそのことを無視し「貧困者はどの程度の資金で暮らせるか／暮らしているか」という観点で「ミニマム」を捉えれば，根強いネガティブな発想（保護受給者は年金生活者やワーキングプアよりも低い生活水準であることが望ましいとする劣等処遇原則など）を助長するおそれがあり，場合によっては，貧しい人々が状況によって強いられる節約努力や我慢そして諦め（適応的選好形成）までもが「ミニマム」に反映されかねない。「所得のミニマムはいくらか」に話を限定する前に，そもそも「自分たちのミニマム」はどうあってほしいか，そして「何のミニマムか」について多角的な議論や複眼的な分析が求められる。もし，社会生活そのものの「ミニマム」（ナショナル／ソーシャル／ヒューマン・ミニマム）を設定し，そのなかでの「所得ミニマム」を考えるべきだとするなら，「ミニマム」への問いは，市場と福祉の関係をはじめ，所得保障のあり方を超えた根源的な問いとなるだろう。

表 3-2 埋橋・連合総研編［2010］による診断と処方箋

診断（現状の問題点）		処方箋（具体的な政策提言）
労働市場の不十分な規制 ◇主要先進国と比して低水準の最低賃金（停滞傾向にある産業別最低賃金） ◇質量ともに問題の多い職業紹介と職業訓練 ◇立法趣旨を逸脱した雇用形態の多様化・柔軟化（派遣労働の濫用と労働条件の悪化）	第1層	労働市場を規制する仕組みやルールの整備 ①最低賃金の引き上げ：生計費を参照する地域別最低賃金の拡充，労働組合による産業別最低賃金の活用，分野限定型の最低賃金の策定 ②ハローワークの機能強化：アウトリーチ型（「手を伸ばす」）雇用支援事業の積極展開，雇用支援業務の統合（ワンストップセンター化），コンサルティング機能強化 ③雇用形態の適正化：登録型派遣，製造業派遣の原則禁止，直接雇用の促進，請負会社の専門化支援，有期雇用の原則禁止
国民皆保険皆年金の空洞化 ◇非正規・短時間労働者等，社会保険から排除される層の増大 ◇無保険者や受診抑制者の存在 ◇国際的にみて加入率・受給率の低い雇用保険 ◇無年金者や未納・未加入者の増大	第2層	参加保障型社会保険への改革：労働市場参加者への例外なき適用，応能負担保険料，社会保障番号の付与，未届出事業所の把握 ①医療保険の改革：被用者保険の保険者一元化，被用者保険と国保の保険料率統一化 ②雇用保険の改革：求職者・職業訓練中の失業者・新卒者を含む雇用労働者への完全適用，個別的な再就職支援プログラム ③年金保険の改革：最低生活保障年金と組み合わせた所得比例年金への一元化（「所得比例国民年金」案）
この層は不備／不在 ◇社会保険と公的扶助の間の広すぎる隙間に置かれ公的支援の及ばない人々（ひとり親，困窮する自営業者等）の存在 ◇持ち家誘導を基調とする住宅政策の限界 ◇ワーキングプア対策の不備	第3層	新たなセーフティネットの導入：社会保険と社会扶助の狭間にあってその恩恵を享受できない層（主にワーキングプア）に対応 ①求職者就労支援制度：求職者に対する就労支援手当と就労支援プログラムの創設 ②医療費軽減制度：低所得者の医療費自己負担分の軽減 ③家賃補助制度：住宅手当の導入 ④給付つき税額控除：低賃金労働者への恒常的生活保障として，税控除の恩恵に与れない層に対し控除相当分を給付
生活保護における所得保障機能と社会福祉機能の不整合 ◇社会福祉的課題を抱える層（稼働能力層と非稼働能力層のグレーゾーン・谷間）に対する支援体制の不備	第4層	生活保護の社会福祉的機能の強化：上記改革により生保への依存度が低下した（＝さらなる残余化が進んだ）結果として浮上する層（稼働能力層と非稼働能力層の谷間）に対応 ①ケースワーカーの専門性向上：個別性が強く分類不可能な課題を抱えた処遇困難ケースに対応できる専門性の担保（専門職養成，専門職採用）

出典：埋橋・連合総研編［2010］をもとに筆者が作成

ザーインターフェイスとして「手を伸ばす」かたちのサービスや相談援助（地域における相談援助のネットワーク化，コミュニティ・ソーシャルワーク）の意義が強調されている点である。

以上のように埋橋らの診断と処方は，所得保障と雇用保障のあり方をめぐって，いま何が問題であるかを確認し，どういう改革が望まれるかを考えるうえで，非常に示唆に富む内容となっている。同書の問題提起を手がかりに議論の輪を広げ，損得勘定に終始しがちな目先の議論に終止符を打つことが望まれる。

【参考文献】

- 阿部實（2000）『改訂版　公的扶助論』川島書店
- Byrne, D.（2006）*Social Exclusion, 2nd edition*. Berkshire : Open University Press.（＝深井英喜・梶村泰久訳（2010）『社会的排除とは何か』こぶし書房）
- Fitzpatric, T.（2003）'Cash transfers' Baldock, J., Manning, N. Vickerstaff, S. eds. *Social Policy, second edition*, Oxford : Oxford University Press
- 福士正博（2009）『完全従事社会の可能性』日本経済評論社
- 広井良典編（2008）『「環境と福祉」の統合』有斐閣
- 一圓光彌（2005）『社会保障論　第6版』誠信書房
- 岩田正美（2008）『社会的排除——参加の欠如・不確かな帰属』有斐閣
- 駒村康平編（2010）『最低所得保障』岩波書店
- 佐口卓・土田武史（2003）『社会保障概説　第4版』光生館
- 佐藤俊樹編（2010）『労働——働くことの自由と制度』岩波書店
- 武川正吾（2001）『福祉社会——社会政策とその考え方』有斐閣
- 玉井金五・大森真紀編（2000）『新版　社会政策を学ぶ人のために』世界思想社
- 埋橋孝文・連合総研編（2010）『参加と連帯のセーフティネット——人間らしい品格ある社会への提言』ミネルヴァ書房
- Vickerstaff, S.（2003）'Work and welfare' Baldock, J., Manning, N. Vickerstaff, S. eds. *Social Policy, second edition*, Oxford: Oxford University Press

［圷　洋一］

Chapter 4 社会政策プログラムの概要(2)
❖ 健康保障と自立保障

0 ── はじめに

　本章では前章に引き続き，社会政策プログラムの概要と論点を示していく。Ⅰでは健康保障，Ⅱでは自立保障について解説する。この健康保障も自立保障も，独特な用語であるので説明が必要であろう。前者は，一般に医療保障（医療保険），保健サービス（公衆衛生）などと呼ばれる制度的な取り組みを一括して捉えるためのカテゴリーである。健康の増進や病からの快復にかかわる諸制度を，この健康保障という枠のもとで整理していく。後者は，「社会福祉」と呼ばれる政策領域を起点にして，社会政策プログラムの広がりと結びつきを視野に収めるためのカテゴリーである。現代社会では「自立」が強く求められているが，それは「自立」が難しくなっていることの裏返しでもある。「自立」は特定の・特殊な人々だけの課題ではなく，社会政策プログラム全体にかかわる課題になっていることを明らかにしていく。それゆえⅡは，社会政策プログラムに関する解説全体のまとめと展望として読むこともできる。

Ⅰ ── 健康保障

1　健康の多面性
　前章でも指摘したように，私たちが暮らしている社会では，働いて生活費を稼ぎ，稼いだお金で商品を購入し，自身と家族の必要や需要を充たすことが基本とされている。そのためには心身の健康が欠かせないのはいうまでもない。そして健康は，それ自体として価値をもつ。ドイヤ（Len Doyal）とゴフ（Ian

Gough)は,「健康 physical health」と「自律 personal autonomy」が人間の基本的必要であると指摘している［Doyal & Gough 1992：56］。つまり,健康であることには,働いて購買力を高めるという目的のための手段という面（手段的＝インストルメンタルな価値）もあるが,それ自体として追及される面（目的的＝コンサマトリーな価値）もある,ということである［武川 2001：199］。

　また,私たちの健康は,主観的な側面と客観的な側面とともに,私的な側面と社会的な側面をもつ。主観的には健康であっても客観的（生理学的・医学的）には病気や不健康であるとされる場合もあれば,その逆もある。また,私的な生活習慣・生活管理・健康法によって健康が保たれる場合もあれば,社会制度によって健康の維持・増進と病気やけがからの快復が図られる場合もある。

　健康保障は,こうした多面的な健康の全域にかかわる社会政策プログラムを包括する保障分野である。政府は,様々な方法を用いて健康保障に取り組んでいる。その理由は,健康が人々の権利であるためでもあり,また,国民の健康が国力の源だからでもあるといえる。次にそうした健康保障の方法について解説する。

2　健康保障の方法

▶ 基盤的方法としての公衆衛生・環境対策

　健康は,個人の私的な努力だけでは達成できない。むしろそれ以上に,個人をとりまく生活・社会環境の保全や整備が重要である。個人がどれだけ健康であろうと心がけても,上下水道やゴミ・し尿処理をはじめとする衛生設備や,感染症予防,食品衛生,労働衛生などの保健対策が整っていなければ,健康を維持することは難しい。大気汚染・水質汚濁・騒音・悪臭等を防ぐ手だても同様である。こうした「公衆衛生」や「環境対策」のためのインフラを整備することが,政府による健康保障の基盤的な方法である。これらのインフラは,個々人の社会生活や安定的な経済活動にとって不可欠であり,万人の利用に開かれた資源（公共財）となっている。

▶ 医療供給システムとアクセスの保障

　しかし，これらの基盤的なプログラムがいくら整備されようとも，私たちは病気やけがからは自由になれない。病気やけがの治療は健康保障の要であり，医療供給のシステム整備とアクセス確保は，個々人に対する健康保障の中心を占めている。医療供給システムでは，人（医師・看護師等の医療スタッフ），物（病院・医療機器・医薬品など），金（人件費・運営費・施設整備費など），情報（医学的知識・診断や意志決定のための情報）といった資源の生産と供給がなされる。こうしたシステムを構築し作動させるには，専門スタッフの養成や研究開発，そしてそのための財源確保が必要となる。

　だが，医療供給システムがいくら整備されても，人々がアクセスできなければ意味をなさない。医療資源へのアクセスを円滑にするには，医療費の保障，医療資源の適正配置，医療情報の提供などが不可欠となる。医療費保障の方法には，社会保険や公費負担，民間保険商品の購入・契約とそれに対する税制上の優遇措置などがある。医療資源の適正配置には，医療計画（人材の養成・配属や医療設備の整備等にかんする目標設定と実行手順の明確化）という方法がある。医療情報の提供には行政や医療機関の広報誌やインターネット等の媒体が用いられる。

▶ 医療費保障と社会的ケア

　医療資源へのアクセスにとって軸となる方法は，医療費の保障である。医療費保障は，患者の医療費負担をカバーするという目的とともに，医療供給システムの運営費・人件費をカバーするという目的をもつ。医療費保障のしくみは，国によって異なっているが，先進諸国では，社会保険方式と公費負担方式のいずれか，あるいは両者の組み合わせが用いられている。

　また，人々の健康保障においては，社会的ケア（高齢者や被障害者等への長期ケア＝介護・介助・リハビリ等）も欠かせない。社会的ケアの提供にかんしては，医療と一体化させる方法もあれば，医療と連携させつつ別立ての社会サービスとして提供する方法もある。社会的ケアの費用保障の方法も，医療費と同様，社会保険方式と公費負担方式に大別される。日本・オランダ・ドイツでは社会

保険方式で高齢者の長期ケアを保障している。

3　日本における健康保障の制度

▶ 健康保障制度の全体像

　日本における健康保障制度の全容は，『国民衛生の動向』（2010・2011年版，財団法人厚生統計協会）によって知ることができる。その第3編は「保健と医療の動向」と題され，健康保障にかんする主要な取り組みの現状が記されている。列挙すれば，生活習慣病と健康増進対策，保健対策（母子保健，障害児・者対策，精神保健，歯科保健など），感染症対策（HIV・エイズ，結核，予防接種など），疾病対策（がん対策，難病，腎疾患など），医療対策（医療計画，在宅医療，医療関係者，医療施設など）となる。

　また，同第3編以降には，健康保障制度が分野ごとに網羅されている。あげられている分野を列挙すれば，①医療保険・介護保険，②薬事（医薬品等の規制や安全対策など），③生活環境（上下水道，食品安全行政，化学物質の安全対策，生活衛生関連行政など），④労働衛生（労働衛生管理，健康診断，職場のメンタルヘルス対策，災害補償など），⑤環境保健（公害健康被害の補償・予防，化学物質対策，大気汚染等の環境保全対策，廃棄物対策など），⑥学校保健（学校保健，学校給食，特別支援教育など）となっている。こうした多種多様な健康保障制度のうち，以下では，医療と介護の費用保障の要をなす①をとりあげて解説する。

▶ 医療保険制度

　日本の医療保険制度は職業ごとに分立している。一般被用者とその家族のための医療保険は「健康保険」であり，大企業被用者のための「組合管掌健康保険」（組合けんぽ）と，中小企業被用者のための「全国健康保険協会管掌健康保険」（協会けんぽ）がある。また，市区町村単位で運営される自営業者とその家族そして無業者のための医療保険を「国民健康保険」という。医師や土建業などの同業種が国民健康保険組合を結成して国保を運営しているケースもある。この健康保険と国民健康保険が大多数の国民をカバーしている。その他，各種の共済制度や船員保険が医療保険を実施している。

医療に対する必要度や需要が大きい高齢者（75歳以上）については，これらとは別立ての制度によって医療費を保障している（ただし財政調整面では各医療保険と水面下で深くリンクしている）。それは「後期高齢者医療制度」と呼ばれる。その運営は都道府県の後期高齢者医療広域連合が行っている。今後，この制度は改革されることになっている。

社会保険診療における医療サービスの料金や回数は，政府（中央社会保険医療協議会）が決定している。これを「診療報酬制度」という。また，ほとんどの医療サービスには保険がきくが，美容整形や先端医療など保険のきかない（私費診療となる）医療もある。保険がきかない医療を受けるとき，通常なら保険がきく部分（入院，検査など）も保険がきかなくなり，全額自己負担となる。この保険診療と私費診療の併用を認めないルールを「混合診療の禁止」という。これには差額ベッド（個室入院）のような例外もある。近年，混合診療を全面解禁すべきかどうかが議論となっている。

患者本人には3割（子ども等2割）の窓口負担が課せられる。病気の長期化などのために，この自己負担部分が高額になってしまった場合には，公的な補助のしくみ（上限の設定）が用意されている。これを「高額療養費制度」という。

医療保険とは別に，難病患者・身体障害者・精神障害者・知的障害者・原子爆弾被爆者などに対する医療のように，特別な目的を有し，国が全額ないし一部をカバーする制度もある。これらは社会扶助方式による医療であり，「公費負担医療」と総称される。生活保護制度の医療扶助も公費負担医療に含まれる。

▶ 介護保険制度

介護保険は，高齢者介護の社会化を図るための制度であり，健康保障と自立保障の双方にまたがる性質を有している。保険者は市町村と特別区であり，被保険者の資格管理，保険料徴収，認定，給付，保健福祉事業，市町村介護保険計画策定などを行っている。被保険者は「第1号被保険者」（市町村の区域内に住所を有する65歳以上の者）と「第2号被保険者」（市町村の区域内に住所を有する40歳以上65歳未満の医療保険加入者）に大別される。

給付には①介護給付，②予防給付，③市町村特別給付がある。①は要介護者に対する法定給付であり，居宅サービスと施設サービスがある。②は要支援者

に対する法定給付であり，認知症高齢者のグループホーム利用以外は，介護給付と同様の居宅サービスが提供されるが，施設サービスはない。③は要介護者・要支援者に対する市町村の独自給付であり，条例で内容を定めることで追加的（上乗せ・横出し）サービスを実施できる。

　要介護者とは，要介護状態にある第1号被保険者，特定疾病（加齢に伴う疾病）が原因で同状態にある第2号被保険者をさす。要支援者とは，要介護状態となるおそれがある状態にある第1号被保険者，特定疾病が原因で同状態にある第2号被保険者をさす。

　医療保険と異なり，介護保険では，サービスを利用するには，市町村に申請し認定されねばならない。市町村は「介護認定審査会」を設置し「要介護・要支援認定」を行う。そのプロセスは，①認定の申請→②認定調査等の実施→③審査判定→④審査および判定の結果の通知→⑤市町村による認定（決定）→⑥認定の更新，となる。

　要介護や要支援として認定された被保険者がサービスを受ける場合には，「介護サービス計画」（ケアプラン）の作成が求められる。その作成は「介護支援専門員」（ケアマネジャー）に依頼することができる。在宅では居宅サービス計画が，施設では施設サービス計画が作成される。介護予防サービスについては，「地域包括支援センター」が介護予防サービス計画を作成する。居宅サービスを受ける場合，要介護度に応じて給付限度額が定められている。

　利用者はサービス費用の1割を自己負担するが，一定額を超える場合には「高額介護サービス費」が支給される。これにより，介護サービスの利用者自己負担に上限が設けられることになるが，2008年より医療費の窓口負担とあわせるかたちで上限が定められている（高額医療・高額介護合算制度）。介護サービスを提供した事業者は，保険者から支払いを受けることで，サービスは現物給付化される。介護給付費請求に関する審査と支払いは，各都道府県の国民健康保険団体連合会が保険者から委託を受けて行っている。

4　健康保障の論点

▶ 医療費の増大と良質かつ公平な医療サービス

　まず医療（費）保障にかかわる論点をとりあげる。日本を含む先進各国に共通の論点は、国家財政が逼迫するなかで、人口高齢化に伴う医療費の高騰・増大と、良質な医療の公平な保障という難しい課題にどう対処するかにある。もちろん医療費増大の要因は高齢化だけではない。人々の健康意識の高まりは、医療費削減につながる面もあるが、医療に対する要求水準や需要を高めもする。と同時に、日進月歩の進化を遂げる医療技術は、医療に対する人々の期待値をいっそう高めている。このふたつの連動する趨勢は、高齢化とならぶ医療費増大要因となっている［池上 2005：219］。こうしたなか、質の高い医療への公平なアクセスの確保を図りつつ、希少な医療資源の効率配分や需要・供給両面での抑制を行うという困難な課題にどう対処するかが、先進各国で問われているのである。

▶ 日本の医療の特徴と問題点

　府川は、西欧諸国における医療改革の動向をふまえ、日本の医療システムと医療保険制度の特徴や問題点を、次のように整理している［府川 2005a：56］。日本の医療システムは、皆保険の達成もあり、アクセスの公平性という点では優れているものの、被用者・自営業者間および世代間の負担格差など、負担の公平性という点で問題を抱えている。また、医療費の対GDP比は小さく、マクロな効率性は優れているものの、平均在院日数は長く、ミクロの効率性には問題がある。他方、日本の医療保険制度は、①過剰な病床、②医療費の地域格差、③医療の質の保証の欠如（患者の立場が弱いため）、④病院・医師の機能未分化、⑤診療報酬支払制度に内在するインセンティブ問題（出来高払いの弊害等）、⑥患者側のモラル・ハザード、⑦医療機関側の非価格競争による悪循環、といった問題を抱えている。ただし府川は、たしかに日本の医療保障は以上のような問題があるとはいえ「根底からシステムを変えなければならない程パフォーマンスが悪いわけではない」とも指摘している［府川 2005b：142］。これらの問題を解決し、世界にも希な「国民皆保険」体制を、いかに守り育てていくかが問

われている。

▶「医療崩壊」報道の虚実

　その一方で，あたかも日本の医療が「崩壊寸前」であるかのような報道も目立ち，医療のあり方をめぐる世論に一定の影響を与えている。池上は，産科・小児科医の減少，医療事故，救急医療（救急患者のたらい回し），看護師不足，自治体病院閉鎖といった近年における「医療崩壊」報道の虚実を検証している［池上 2010］。そして，そうした報道のほとんどが，市民に偏った印象を与える傾向があることを証拠に基づいて解説している。たとえば，産科・小児科医の減少については，①産科医師数の減少はみられるものの分娩数も減っており医師1人あたりの負担は増えていない，②産科・産婦人科の医療機関数は減少しているが，それは利便性より安全性（問題のある分娩に複数の医師がフォローする体制）を重視した結果である，③小児救急や新生児を扱う小児科医は増えていないが，小児科医自体は増えている，と指摘している［池上 2010：120-122］。こうした医療報道にかんする市民のメディア・リテラシーをどう強化するかも重要な論点といえるだろう。

▶ 健康格差

　社会政策上，きわめて深刻な論点に「健康格差」がある。「健康」は個人の問題と考えられやすく，自己責任とみなされやすい。また各自のライフスタイルや嗜好に応じた健康状態の多様性を，自由の代償とみる向きもある。だが「健康格差」として問われているのは，一言でいえば，不健康と貧困・社会的排除との循環であり，「死亡を含む健康に関するリスクが社会的に不利な集団・階層において系統的に高まっている」ことや，「社会経済的な地位の低い人ほど身体的・精神的な健康のリスクが高い」ことなのである［斉藤・近藤 2010：153-156］。そして「健康格差」が「問題」なのは，それが基本的人権にかかわるものであり，また社会的公正に反しているということもあるが，何よりそれが個人的要因だけでは説明できない格差だからである［斉藤・近藤 2010：160-163］。日本では実態解明の途についたばかりであり，今後，科学的な把握と議論をふまえた社会政策による横断的対応が求められている。

II ←── 自立保障

1　自立の捉え方

▶ 自立と依存

　私たちの社会は相互依存によって成り立ち，程度の差はあれ，誰もが何か／誰かに「依存」して暮らしている。にもかかわらず，貧困状態に陥った人々が生活保護を長期に受け続ける場合など，特定の依存状態だけが問題視され，そうした人々の「自立」が過度に強調されている［堅田・山森 2006］。大切なことは「いかなる依存がなぜ問題視されているのか」そして支援すべきとされているのが「誰の何からの自立なのか」という点を曖昧にしないことであろう。

　日本を含む先進諸国では，「私的な依存」（家族の扶養やケア）が期待できない人々に，その代替物が生活保護や社会福祉サービスのようなかたちで提供されてきた。それは見方を変えれば，「公的な依存の保障」がなされてきたともいいうる。このことは，私的なものであれ公的なものであれ，ある種の依存は不可避であり，それは「自立」の対極にあるというよりも，むしろ「自立の条件」であることを暗示する。しかし「自立／依存」の二分法にこだわりすぎると，「自立の条件としての依存」と「依存一般」との区別が取り去られ，「依存」はすべてネガティブな状態であり「自立」だけが望ましいという硬直的な発想に陥りやすくなる。それゆえ私たちは発想を転換して，自立と依存に連続性を見いだし，「自立のための依存」が人と社会の常態であることを認めていく必要がある［古川編 2007：16］。

▶ 自立保障というカテゴリーについて

　本章の冒頭に述べたように，自立保障とは「社会福祉」と呼ばれる政策領域を起点にして，社会政策プログラムの広がりと結びつきを視野に収めるためのカテゴリーである。それは「社会福祉」の単なるいい換えではなく，雇用・所得・健康の保障とともに，それら以外の様々な社会政策プログラム（たとえば住宅や教育など）を，横断的なかたちで捉えようとするカテゴリーなのである。

この自立保障というカテゴリーを設定した理由と背景については,別途「補論」として詳述した。

2 自立保障の方法

▶ 自立の基盤としての家庭・教育・住宅

個々人が一人前になること(成長・社会化・参加・包摂)を支える「自立のための依存」の基盤は,通常,家族／家庭に求められる。ここまで述べてきた雇用・所得・健康の各保障制度は,家族関係や家庭生活(一言でいえば「ホーム」)の形成・維持・安定にとって基本条件となっている。

ホームの形成・維持・安定には,住宅(ハウス／ハウジング)の保障が不可欠である。それゆえ,住生活基本法は,「住生活の安定の確保及び向上の促進に関する施策の推進は,住宅が国民の健康で文化的な生活にとって不可欠な基盤であることにかんがみ,低額所得者,被災者,高齢者,子どもを育成する家庭その他住宅の確保に特に配慮を要する者の居住の安定の確保が図られることを

コラム　自立と依存

一般に「自立」とは,一人前になることをいう。子どもから大人になること,生徒・学生から社会人になること,家族に扶養されている状態から脱して経済的に独立することなどが,自立の日常的な意味であるといえよう。その対義語は「依存」である。依存対象は様々であり,薬物・アルコール・カフェイン・ギャンブル・買い物・ネットなど特定の事物への依存(中毒)ばかりでなく,恋人や親への依存・共依存といった人間関係の依存もある。こうした諸種の依存は,本人の心の弱さや甘えが原因であるとみなされ,道徳的な非難や不当な差別を被ることも多い。その一方で,私たちが社会のなかで相互に依存しあっていることも明白である。幼少時の子どもは親に依存せざるをえず,老年期の親が子どもに依存することもある。扶養家族は稼ぎ手に,稼ぎ手である被用者は企業に依存している。企業は企業で,資金調達において銀行に依存することもあれば,経済活動のインフラ整備や経営再建に関して政府に依存することもある。しばしば企業どうしは取引先や同業他社と,もちつもたれつの関係にある。国家どうしですら経済や軍事の面で互いに依存している。ここからは自立と依存の境界が相対的であることがわかるはずである。

旨として，行われなければならない」(第6条)と規定しているのである。

　また，個々人の成長や社会化にとっては，教育の保障が欠かせない。このことは，「義務教育として行われる普通教育は，各個人の有する能力を伸ばしつつ社会において自立的に生きる基礎を培い，また，国家及び社会の形成者として必要とされる基本的な資質を養うことを目的として行われるものとする」という教育基本法（第5条第2項）の趣旨からも明白である。くわえて，現在の知識集約型の経済においては，経済的自立に欠かせない人的資本の形成にかんして，これまで以上に教育への期待が高まっていることを見過ごしてはならない。

　先進各国では，雇用・所得・健康とならんで，こうした教育と住宅の保障が社会政策プログラムの柱とされてきた。教育と住宅という資源は，市場においても供給されるが，それらは医療と同じく公共的な性質を有しているため，完全に市場にゆだねられることはないのである。

▶ 自立保障の方法としての「社会福祉」

　他方で，これまで自立保障にとって中心的な方法とされてきたのは，「社会福祉サービス」（イギリスでは個別的社会サービス，社会的ケア）と呼ばれる一連の取り組みである。先進各国では，雇用・所得・健康などの画一的な保障だけでは，基本的な必要の充足が難しい事態に対応するために，そうした多種多様なサービスが提供されている。

　この「社会福祉サービス」と呼ばれる自立保障の方法の特徴は，①雇用・所得・健康といった一般施策による必要充足機能を促進させるために個別的な対応を図っていることと，②こうした一般施策では充足しきれない特別な必要や需要に応じること，に大別できる。

　①の典型は，各種の社会政策プログラムと個々人とを架橋する活動である。福祉事務所などの相談窓口機関での対応や，病院の医療ソーシャルワーカーによる患者の生活相談・退院・社会復帰等の支援などがこれに該当する。つまり，制度と個々人とのインターフェイスにおいて，資源供給をパーソナライズする（制度・資源を個々人の必要にあわせる）ことをさす。

　②は，特別な必要を充たすために追加的資源を提供したり，多種多様な資源を総動員したりして，必要充足・資源供給の範囲を拡大することを意味する。

社会福祉サービスは，個々人の状況や特性に応じた社会生活や日常生活の支援を行うために，自宅・施設・地域等において，専門職による対応や専門設備の利用，その他の社会的資源の動員・開発・連携を図っている。たとえば，生活上の障害を被っている人々に対しては，各種手当や年金の受給，施設や公営住宅等への入居，福祉作業所への通勤，移動サービスの手配，リハビリテーションの利用など，広範囲に及ぶ資源を一体的に利用できるよう支援がなされる。

ただし，社会福祉制度のもとでの個別的対応や必要充足範囲拡大は，あくまで選別的な性質を帯びていることに注意しなければならない。つまり，私たちは，諸状況の査定を受け，「障害者」「要介護者」「被虐待者」「要保護者」等としてカテゴライズされ，社会福祉制度の公式な「利用者」となることではじめて，個別的対応が図られ，各種資源へのアクセスが保障される，ということである。こうした選別的な自立保障の方法であることが，社会福祉サービスを特徴づけている。この点については4で立ち返る。次に，日本における自立保障の要である社会福祉制度について，その現状を確認する。

3　日本における自立保障の制度

▶ 社会保障の一分野としての社会福祉制度

日本国憲法第25条1項は「すべて国民は，健康で文化的な最低限度の生活を営む権利を有する」と生存権を掲げ，その第2項は「国は，すべての生活部面について，社会福祉，社会保障及び公衆衛生の向上及び増進に努めなければならない」と謳っている。この規定を受けるかたちで「社会福祉」は，所得保障，医療保障，公衆衛生とならぶ社会保障制度の一分野として位置づけられてきた。社会保障制度審議会による1950年の「社会保障制度に関する勧告」は，「社会福祉とは，国家扶助の適用をうけている者，身体障害者，児童，その他援護育成を要する者が，自立してその能力を発揮できるよう，必要な生活指導，更生補導その他の援護育成を行うことをいうのである」と規定した。

社会福祉の供給体制は，未曾有の高度経済成長を遂げた1960年代にその骨格（福祉六法体制）が形成された。1980年代になると，脱施設化，在宅・地域でのサービス供給，ノーマライゼーションの推進などの新たな潮流を受け，旧来の枠組

を改めようとする改革が本格化していった。そして1990年代における「社会福祉基礎構造改革」と，その集大成である社会福祉法の成立（2000年）によって改革の総仕上げがなされた。

▶ 社会福祉基礎構造改革と社会福祉法の概要

　この社会福祉基礎構造改革とは，戦後の混乱期から1960年代にかけて形成された社会福祉の基礎構造を，人々の意識・生活様式・人口構造等の変化にあわせて，新しい構造へと転換させようとする法改正のことをいう。改革前の旧構造は，「措置制度」に象徴される行政主導の温情的で干渉的なサービス供給を基調としており，一方的な保護や施設収容を中心とした非民主的処遇によって特徴づけられていた。これに対し，社会福祉法には「個人の尊厳」「自立支援」「参加」「利用者の意向の尊重」「利用者の立場」といった文言が記されている。ここからは基礎構造改革がもたらそうとする新構造が，社会福祉サービスの利用者を一人の「個人」（消費者あるいは市民）として尊重しようとする理念に貫かれていることがわかる。

▶ 社会福祉制度の概要

　社会福祉法は，社会福祉事業（国が責任をもって実施する社会福祉サービス）の目的や役割などの基本事項を定めた総論的な法律である。これに対し，各論的な法律には，生活保護法，児童福祉法，身体障害者福祉法，母子及び寡婦福祉法（1981年に母子福祉法から名称変更），老人福祉法，知的障害者福祉法（1998年に精神薄弱者福祉法から名称変更）がある。これらサービスの具体的内容を記した６つの法律は「福祉六法」と呼ばれる。その他，社会福祉にかかわる法律は多岐に及ぶ。

　日本における社会福祉制度の概要は，『国民の福祉の動向』（2010・1011年版，財団法人厚生統計協会）によって知ることができる。そこに記された分野と主な施策を列挙すれば，①「次世代育成支援・児童家庭福祉」（少子化対策，児童の健全育成施策，子ども手当，児童虐待などの要保護児童対策，母子家庭等支援施策，DV防止対策），②「障害者福祉」（障害者自立支援法，障害者に対する社会手当），③「高齢者福祉」（在宅・施設等の老人福祉施策，介護保険，高齢者保健医療），④「公

的扶助等」(生活保護, 生活福祉資金貸付制度, 住宅手当緊急特別措置事業), ⑤「地域福祉等」(日常生活自立支援事業, 地域福祉計画, 消費生活協同組合, 災害援助, ホームレス対策, ひきこもり対策), ⑥「戦傷病者戦没者等の援護」(戦傷病者と戦没者遺族への年金等, 中国等からの帰国者の援護), ⑦「社会福祉を支える基盤」(福祉事務所などの行政組織, 社会福祉士・介護福祉士などの従事者・担い手, 社会福祉施設, 社会福祉法人やNPO法人などの民間活動主体), となっている。

コラム　社会福祉制度と自立支援

多種多様な社会福祉制度に期待されている役割や, 実際に果たしている役割は様々であるが, なかでも「自立」の支援は特別な位置を占めている。それが法律名にもなっている障害者自立支援法やホームレス自立支援特措法はもとより, 生活保護法第1条（自立の助長）, 児童福祉法第44条（児童自立支援施設）, 母子及び寡婦福祉法第4条（母子世帯の母親の自立への努力）, 介護保険法第1条（能力に応じ自立した日常生活）, そして社会福祉法第3条などの規定から, 社会福祉制度にとって自立支援が中心的な役割であることは明白である。また, 本文でとりあげた社会保障制度審議会の定義にもあるように, 自立支援は最も古くから強調されてきた役割でもある。では, 具体的に自立支援とはいかなる活動を指すのであろうか。要介護高齢者に訪問入浴サービスを提供することも, 障害を被っている人々に作業所などで就労の支援を行うことも, 家や家族を失って路上等での暮らしを余儀なくされている人々に居所を手配することも, すべて「自立支援」活動といいうる。実際のところ自立支援は, 個別施策の目的や利用する人々の状態に応じた様々な活動を指し示しており, 具体的に示せば示すほど, 共通性よりも差異がきわだつことになる。だが, 大部分の人々に可能かつ当然とされる事柄（成長・社会化・参加・包摂など）が妨げられている状態を「依存」とみたて, そこから脱することを「自立」と呼んでいるという点に共通点がみいだせる。その意味で「依存」は「社会的排除」と密接に関連しており, 依存状態をもたらす複合的要因を捉えた動態的プロセスが社会的排除であるといえる。

4 自立保障の論点

▶ 脆弱化した個々人の自立保障

　他の分野と同様，自立保障にかんしても個別具体的な論点は枚挙にいとまがない。主要なものを整理すれば，①多様化した働き方や暮らし方を支える保育サービスや子育て支援，②増大する介護需要への対応，③社会的な障害を被る人々の社会参加と日常生活の支援などのあり方があげられよう。ここでは，こうした個別の論点を含みうるいっそう大きな論点をとりあげたい。それは，社会政策プログラム全体のなかでの自立保障そして社会福祉サービスの位置づけにかかわる根本的な論点である。

　脱工業化を遂げた現代社会では，個々人の「自立」を阻む障壁が重層化・多様化・個人化しており，所得保障や健康保障といった保障分野ごとの断片的で画一的な支援だけでは，長期失業・学卒無業を含む個々人の多様な生活課題に対し，適切に応じることが難しくなっている。では，脆弱化した個々人の「自立」を支援するにはどうすればよいのだろうか。ここで，上述した社会福祉的な自立保障の方法にみられる特徴（①資源供給のパーソナライズ，②資源供給範囲の拡大）を，どのように発展させていくかという論点が浮上する。

▶ 社会福祉のL字型構造

　この論点を考えるにあたって，社会福祉学の牽引者の一人である古川による「社会福祉のL字型構造」論を導きの糸としてみたい。かねてより古川は，様々な角度から社会福祉の位置や性格を論じてきたが，近年では社会政策プログラム（一般生活支援施策）と関連づけながら，社会福祉の構造を図4-1のような「L字型」として捉える独特の説明モデルを練り上げている［古川編 2007：8：同 2008：7-9］。

　古川によれば，社会福祉は，他の一般生活支援施策と並列関係にある部分（L字の縦棒部分）と，それらを代替・補完・補強する部分（L字の横棒部分）の双方から成り立つと解釈される。その縦棒部分は，社会福祉に特有の施策である保育・介護サービス等を含み，横棒部分は，所得保障制度を補完・代替する生活保護事業や，雇用・就労政策を補完・代替する福祉（保護）雇用などを含んで

図 4 - 1　社会福祉のL字型構造

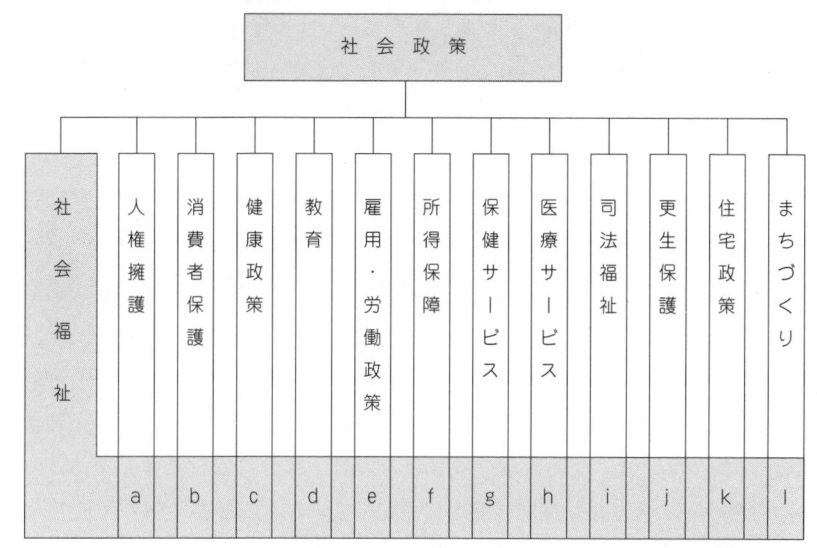

```
                        社 会 政 策
    ┌────┬────┬────┬────┬────┬────┬────┬────┬────┬────┬────┐
    │社  │人権│消費│健康│教育│雇用│所得│保健│医療│司法│更生│住宅│まち│
    │会  │擁護│者保│政策│    │・労│保障│サー│サー│福祉│保護│政策│づく│
    │福  │    │護  │    │    │働政│    │ビス│ビス│    │    │    │り  │
    │祉  │    │    │    │    │策  │    │    │    │    │    │    │    │
    │    │ a  │ b  │ c  │ d  │ e  │ f  │ g  │ h  │ i  │ j  │ k  │ l  │
    └────┴────┴────┴────┴────┴────┴────┴────┴────┴────┴────┴────┴────┘
```

出典：古川［2008］：3，図1-1。a〜lの例示は割愛した。

いるとされる。

　また古川は，社会福祉の特徴を，脆弱な状態にある人々の複雑多様な必要に個別的に対応する施策であるという点と，利用者の必要に応じるために一般生活支援施策の動員を含めた包括的・総合的な対応が要請されるという2点にみいだしている［古川 2007：12］。このふたつの特徴は，上述した①資源供給のパーソナライズと，②資源供給範囲の拡大とほぼ重なる。しかし，古川の説明モデルにおけるL字の横棒部分での対応は，あくまで「社会福祉の利用者」にとっての①と②にとどまると想定されていることに注意しなければならない。

▶ L字型からC字型へ：ユーザーインターフェイス部分のてこ入れ

　この①と②を，社会福祉の利用者に限定することなく，「自立のための依存」を阻まれた個々人への対応全般にも拡大していくというイメージを，図4-1に反映させるとするなら，社会政策と個別分野との境目に，もう一本の横棒が引かれ，全体は「C字型」を描くことになる。

　このあらたに追加される上側の横棒部分は，各種の社会政策プログラムにお

けるユーザーインターフェイス（以下ＵＩと表記）全域を表している。そこにおいて制度と個々人とを媒介し，資源供給をパーソナライズする担い手は，「ソーシャルワーカー」として括られる従事者だけでなく，消費生活専門相談員，学校教職員，ハローワーク職員，家裁調査官，保護観察官，行政窓口職員，ＮＰＯ職員など，多種多様な対人業務の担い手が想定される。

　人と制度（必要と資源）を結びつける過程にかかわる各種の担い手は，それぞれの持ち場において，「リスクの個人化」や「個人の脆弱化」という現代的趨勢（補論を参照）とその帰結に,何らかのかたちでかかわっているはずである。だとすれば，これらのＵＩワーカーたちは，互いの専門・職務・関心を超え，「社会政策プログラムの実施者」として，ＵＩ部分の「てこ入れ」に，共通の関心をみいだしうるように思われる。所得保障の論点のところでも述べたが，埋橋・連合総研［2010］は，社会政策プログラムのＵＩ部分における「手を伸ばす」かたちのサービスや相談援助の意義を強調している。このようなアウトリーチ型のアグレッシブな対応が，ＵＩ部分の「てこ入れ」に求められよう。

　以上のように，社会政策プログラムのＵＩ全域を視野に収めた資源供給のパーソナライズという主題を打ち立てていくことは，現代における脆弱化した個々人に対する自立支援のあり方を考えるうえで有意義であると思われる。社会福祉学は，個々人と社会制度とを媒介し,資源供給をパーソナライズしていく過程と方法をめぐる議論の蓄積にかんしては一日の長がある。社会福祉学において培われてきた知見を，各種ＵＩワーカーと共有していくことが期待される。

　今日では，多層化・多様化・個人化した自立阻害要因（あるいは社会的排除要因）と対峙し，脆弱化した個々人の状況に見合った多元的・総合的な自立の支援を展開していくことが急務となっている。そうした要請に応えるには，社会福祉学が，自らの伝統的主題（社会的少数派に対する選別的で専門的な支援）に閉塞することなく，率先して社会政策プログラムのＵＩ全域にまたがる主題領域を含み込み，Ｌ字型からＣ字型の構造へと議論を広げていくことが望まれる。そのような議論の広がりは，地域福祉計画や次世代育成支援対策によって切り開かれようとしている領域・制度間の連携や総合化への動きを，いっそう内実のあるものとしていくうえでも欠かせないはずである。

補 論 ──「自立保障」カテゴリーの設定理由

　以下，補論というかたちで，本章が「自立保障」というカテゴリーを設定した理由および背景について述べておきたい。それは，①現代社会ではあらためて「自立」が明示的な保障対象として浮上してきたこと，②とくに住宅や教育の保障が自立の基盤として要請され注目されてきたこと，③「社会福祉」そのものが地域福祉計画や少子化・次世代育成対策を軸に社会政策プログラムを横断するようになっていること，の3点である。以下，順番に説明していく。

1　「自立」の再浮上

　生活自助原則に貫かれる近代社会では，私的所有やプライバシーといった自由主義的観念が，人間を独立した個人や人格として表象することともあいまって，「自立」の価値を尊ぶ人間観や社会観が広く深く浸透している。にもかかわらず，今日あらためて「自立」が社会政策の課題として再浮上するようになっている。それはどうしてだろうか。

▶ 西欧社会における「依存文化」非難

　西欧社会では，アンダークラス論にみられるように「依存文化 dependency culture」や「福祉たかり屋 scrouger」あるいは社会制度への「ただ乗り free riding」に対する道徳的非難が非常に根強い。そうした非難を受けるかたちで，長期失業者や貧困者等の支援のあり方にかんして「能動的 active」「積極的 positive」という形容詞や，「リスクをとる risk taking」「責任 responsibility」といった表現が，1990年代以降におけるアングロサクソン諸国の社会政策論議で強調されてきた。その典型は，「不足を自主性に，病気を健康に，無知を（一生涯にわたる）教育に，惨めを幸福に，そして怠惰をイニシアチブに」置き換える「社会投資国家」を標榜するギデンズ（Anthony Giddens）の「積極的福祉 positive welfare」論にみられる [Giddens 1998＝1999：213]。これらの語彙は，日本における「自立」と相同的な位置を占めているといえる。

▶ 脆弱性の強まりと個人に対する要求水準の高まり

　こうした先進各国における「自立」の再浮上の背景をなす要因としては，(a)社会的な「脆弱性 vulnerability」の強まりと，(b)個人の能力に対する社会的な要求水準の高まりという，ふたつの連動する趨勢が指摘できる。
　(a)は，高齢化・長寿化の進展に伴い，加齢によって心身の機能が低下した人々が増加していることに加え，個々人を様々なアクシデントやリスクそして必要不充足状態から防護しつつ，その社会化や主体化を支えてきた家族・企業・共同体といった帰属先の包摂力（保護力や育成力）が，相対的に弱まったことを意味している。とりわけ，Chapter 3の2で述べたように，雇用の柔軟化によって，正規社員ベースの企業福祉や社会保障から排除され，先の見通しが立てにくい不安定な暮らしを余儀なくされる人々（長期失業者，若年無業者，非正規雇用者等）の存在がクローズアップされるようになった。
　(b)は，企業に（再）雇用されたり，他者との関係を構築・維持・更新したり，消費者として賢い選択や決定を行ったりするうえで，個々人に期待される能力が，かつてないほど多様化・高度化したことを意味している。社会生活において強く要請され，いっそう重要度を増すようになった能力としては，対人コミュニケーション能力，学習能力，感情管理能力，主体的問題解決能力，情報処理能力，生活管理能力などがあげられる。

▶ リスク社会と個人化

　これらの趨勢は，「リスク社会」と呼ばれる事態とも密接にからんでいる。ドイツの社会学者ウルリヒ・ベックは，近代化のプロセスが，「富を分配する社会」状況に加えて，あらたに「リスクを分配する社会」状況を生じさせてきた，と指摘する［Beck 1986=1998：26］。そしてリスク社会は，「社会的，政治的，経済的，個人的リスクが，工業社会における監視や保安のための諸制度から次第に身をかわす傾向にあるような，そうした近代社会の発達段階を示している」という［Beck,et.al. 1994=1997：16］。
　かみ砕いていえば，リスク社会とは，環境問題のように，メカニズムや影響が複雑でみえにくく，専門家の判断も分かれ，責任の所在を突き止めたり，発

生を予防・制御したりすることが著しく困難なリスクが増大していく現代社会の諸相を捉えようとする概念である。そうしたリスクの管理や処理は，専門家や組織には手に負えないものとなっていく。その結果，リスクへの対処が集合的・制度的な次元をすり抜けて，ますます個人に委ねられていくことになる [Kemshall 2001：36]。つまり，リスクとその対応が個人化・私化した現代社会では，個人にいっそう多くのことが求められるようになっている，ということである。しかし，その一方で，当の個人の成長・社会化・参加・包摂を支える「自立のための依存」の基盤がゆらいでいる（あるいは基盤自体の不平等化が加速している）のである。

2　自立の基盤としての住宅と教育

こうしたなかで，住宅と教育の保障を，あらためて「自立のための依存」の基盤として捉え直していくことが期待されている。とりわけ，脆弱化した個々人の状態にみあったディーセントな居住を確保するための住宅（費）保障や，不利を被っている人々のための教育訓練や学び直しを支える生涯教育・高等教育のあり方が問われるようになっている。

▶ 自立の基盤としての住宅

近年の日本社会では，「ハウジングプア」とも呼ばれる居住の必要度が高い人々（ネットカフェ難民やホームレス等）の存在が人々の関心を集めている。この間，政府は2006年には「住生活基本法」を，2007年には「住宅セーフティネット法」を制定した。しかしながら，中間層の持ち家支援を基調とする住宅政策に大きな変化はみられず，ハウジングプアへの一連の対応は，残余的な内容にとどまっている。

このような状況について，国交省主導の住宅政策のあり方を抜本的に見直すべきだと主張する専門家も多い [平山 2009；本間 2009]。また，住宅政策を経済政策（成長・景気刺激策）の一環としてではなく，あくまで社会政策として捉え，先進各国と同様に多様な住宅喪失リスクに対処するための「家賃補助制度」を日本でも創設すべきだとの提言もなされている [埋橋・連合総研編 2010]。

▶ 自立の基盤としての教育

　他方で，教育については，学校教育法に規定する「就学援助」受給世帯の急増など，低所得世帯への教育費支援が課題となっている。高校の実質無償化や奨学金の充実によって教育機会の確保が進められようとしているが，家庭の経済状況ともかかわる学童・生徒の「インセンティブ・ディバイド」（学習意欲の格差）のような難しい課題も指摘されている［苅谷 2001］。教育費の負担面でいっそう深刻なのは，持ち家に次いで「人生で二番目に高い買い物」といえる大学進学費用であり，所得格差が広がるなかでその支援のあり方が問われている［小林 2008］。

　また，上述のように，近年では個人に期待される「能力」が多様化・高度化しているが，これは日本社会が情報社会・知識経済へとシフトしたことの結果でもある。今日の「ハイパー・メリトクラシー」社会（認知能力が直に評価に晒される社会）における地位の獲得に不可欠な「ポスト近代型能力」の陶冶には，幼少時からの家庭環境が決め手となり，その形成にかんして既存の学校教育は限界を抱えているとの指摘もある［本田 2006：258］。

　このように，家庭で育まれる文化資本や各種認知能力のありようが，知識経済における雇用・地位・所得はいうに及ばず，中・高等教育や卒後の教育訓練・学び直しでの達成度自体を左右することが知られるようになった。そして教育保障は，個々人の自立（社会化・主体化・参加・包摂）を支え，機会均等化をはかる基盤と目されているのである。就学前教育の充実を含め，形成・陶冶すべき「能力」の質的変化にどう応じていくかが問われている。

　こうしたなか，あらためて教育政策が「社会政策」の課題として再発見されつつある［社会政策学会編 2007：53］。以上のような現代社会の趨勢を受け，日本においても教育政策そして住宅政策を，あらためて「自立」の基盤となる社会政策プログラムとして捉え返していくことが求められはじめているのである。

3　社会福祉の横断的拡充

　厚労省は「社会福祉」の横断的拡充を図ってきた。社会福祉基礎構造改革によって，社会福祉法に「地域福祉の推進」が明確に位置づけられ，地方自治体

に「地域福祉計画」の策定が求められるようになった。同計画の策定方針を述べた社会保障審議会福祉部会の報告書(「市町村地域福祉計画および都道府県地域福祉支援計画策定指針の在り方について:一人ひとりの地域住民への訴え」)には,「地域福祉推進の基本目標」がかかげられている。そこでは「生活関連分野との連携」が謳われ,「地域福祉の範囲として,福祉・保健・医療の一体的な運営はもとより,教育,就労,住宅,交通,環境,まちづくりなどの生活関連分野との連携が必要となる」と指摘されている。

また,近年における少子化・次世代育成支援対策でも,社会政策プログラムを横断した取り組みが目指されている。2010年1月に出された「子ども・子育てビジョン」では,若年世代に対する就労・生活・自立に向けた「人生前半の社会保障」の強化や「仕事と生活の調和」を図るために,教育機会の確保,非正規雇用対策,ひとり親家庭支援,子育てに適した住宅・居住環境の整備などをかかげられている。

戦後における社会福祉は,いわゆる「弱者対策」としての社会的少数派への救済・保護施策から,こうした少子高齢化の進展に伴って,保育や介護を社会サービスとして提供する一般対策へと発展を遂げてきた。このような展開は,社会福祉の「普遍化」「一般化」などと表現されるが,実際に「一般化」したのは保育や介護の施策だけであったことも確かである。だが,近年における社会福祉の横断的拡充に向けた動きは,より実質的な社会福祉の「普遍化」「一般化」を印象づける。それは「普遍化」「一般化」の第二ステージの到来を告げるものであり,個々人の脆弱化やリスクの個人化により,少数派と多数派を隔ててきた境界がゆらいだことの帰結であるともいえるであろう。

以上の3つの趨勢を背景に,本章では「自立保障」というカテゴリーを設定した。

【参考文献】

・Beck, U. (1986) *Risikogesellschaft : Auf dem Weg in eine andere Moderne*, Suhrkamp. (=東・伊藤美登里訳 (1998)『危険社会——新しい近代への道』法政大学出版局)
・Beck, U., Giddens, A. and Lash S. (1994) *Reflexive Modernization: Politics, Tradition and Aesthetics in the Modern Social Order*, Polity. (=松尾他訳 (1997)

『再帰的近代化——近現代における政治，伝統，美的原理』而立書房）
- Doyal, L. and Gough, I., *A Theory of Human Need*, Guilford Press, 1991
- 府川哲夫（2005a）「医療システム改革——西ヨーロッパ諸国の潮流」国立社会保障・人口問題研究所編『社会保障制度改革——日本と諸外国の選択』東京大学出版会，第 2 章
- 府川哲夫（2005b）「社会保障制度の行方——日本への含意」国立社会保障・人口問題研究所編『社会保障制度改革——日本と諸外国の選択』東京大学出版会，第 5 章
- 古川孝順編（2007）『生活支援の社会福祉学』有斐閣
- 古川孝順（2008）『社会福祉研究の新地平』有斐閣
- Giddens, A. (1998) *The Third Way : The Renewal of Social Democracy*, Polity.（＝佐和隆光訳『第三の道——効率と公正の新たな同盟』日本経済新聞社，1999年）
- 平山洋介（2009）『住宅政策のどこが問題か』光文社新書
- 本田由紀（2005）『多元化する「能力」と日本社会——ハイパー・メリトクラシー化のなかで』NTT出版
- 本間義人（2009）『居住の貧困』岩波新書
- 堀勝洋編（2004）『社会保障読本　第 3 版』東洋経済新報社
- 池上直己（2005）「社会保障給付のサービスパッケージ」国立社会保障・人口問題研究所編『社会保障制度改革——日本と諸外国の選択』東京大学出版会，第 8 章
- 池上直己（2010）『医療問題　第 4 版』日本経済新聞出版社
- 苅谷剛彦（2001）『階層化日本と教育危機——不平等再生産から意欲格差社会へ』有信堂高文社
- 堅田香緒里・山森亮（2006）「分類の拒否——「自立支援」ではなく，ベーシック・インカムを」『現代思想』第34巻14号，pp. 86-99
- Kemshall, H. (2002) *Risk, Social Policy and Welfare*, Open University Press
- 小林雅之（2008）『進学格差——深刻化する教育費負担』ちくま新書
- 斉藤雅茂・近藤克則（2010）「社会的排除と健康格差」藤村正之編『福祉・医療における排除の多層性』明石書店
- 社会政策学会編（2007）『格差社会への視座——貧困と教育機会』社会政策学会誌第17号，法律文化社
- 武川正吾（2001）『福祉社会——社会政策とその考え方』有斐閣
- 武川正吾（2007）『連帯と承認——グローバル化と個人化のなかの福祉国家』東京大学出版会
- 埋橋孝文・連合総研編（2010）『参加と連帯のセーフティネット——人間らしい品格ある社会への提言』ミネルヴァ書房

[圷　洋一]

Chapter 5 社会政策の空間(1)
❖ 国民国家を超えて

0 ── はじめに

　本章では，社会政策をより広い視野から眺めるために，社会科学全体の近年の展開を確認する。時間という概念を中心としてきた社会科学の基本的な発想が相対化され，空間を視野に組み込むのが近年の傾向であるので，その論理について考えてみたい。こうした展開のなかに位置づけたときに，社会政策の現在のあり方もより明確になってくるだろう。

　まずは，なぜこれまで時間概念が重視されてきたのかを明らかにするために，従来の社会理論における時間概念の論理と実際の社会で時間概念が重視された事情を確認する。それは世界各地がひとつの到達点に向けて時間の経過のなかで発展していくという論理であり，世界的な経済成長や民主化の発展物語であった。その後，最近の空間概念の復権について，社会理論と実際の社会状況の両面から確認する。空間概念をもとにした社会政策研究が実際にどのような具体的分析を行うかについては，以降の章で示される。

I ── 時間から空間へ①

1　社会科学における時間の優位

　近年，社会科学において「空間」概念が注目されている。もちろん，その一分野である社会政策研究においても状況は同様である。どちらかといえば，これまで空間は脇へ置かれ，対を成す概念である「時間」概念が社会科学の主役

だった。そのため，その反動という意味もあるだろう。また，近年の技術的進歩が世界を狭くしてあたらしい空間の結びつきが生まれ，そのためのあらたな思想が要請されているということもあるだろう。これらの点について順次述べていきたい。

　まずは，最初の点である。社会科学においては，社会体制を擁護する視点でも批判する視点でも，時間の経過が何らかの問題解決を用意するという見解においては一致してきた。たとえば，社会体制を擁護する側には，アメリカの産業社会学者H．ウィレンスキー（Harold L. Wilensky）がいる。彼は，社会政策を貧困対策などを中心とした部分的なサービスにとどまる「残余的」なものと，より多くの人が利用する普遍的なサービスを提供する「制度的」なものに分け，産業化の進展とともに各国の政策は後者に収斂していくという福祉国家収斂説を唱えた［Wilensky 1975=1985］。すなわち，国家ごとの空間編成には初期条件の違いがあったとしても，時間が進むにつれてどの空間の制度も同じような体制を整えていくという主張である。こうした考え方のもとでは，空間ごとの違いは一時的なものにすぎず，時間が進展するとともにその違いは解消されていくと考えられることになるだろう。ウィレンスキーの主張のような，時間の経過があらゆる社会を発展させ，ひとつの先進的な経済・政治・社会・文化体制にまとまっていく（収斂していく）とする主張は，より大きくは産業化社会論と呼ばれている。

　一方の社会体制への批判的な視点にしても同じである。マルクス主義の窮乏化論は有名である。この議論では，現代社会の特徴である資本主義は，世界のどの空間においても次のようなプロセスをたどり，その矛盾が解消されると考えられていた。①資本主義的生産様式では，生産手段が蓄積され，労働生産性は増大傾向を示す。その過程における熾烈な競争のなかで，支配階級であるブルジョワジーのもとに富が集積し，被支配階級である労働者は収奪され貧困化していく（窮乏化の法則）。その結果，②社会はブルジョワジーと労働者階級に両極分解し，その他の階級はどちらかに吸収される。ふたつだけになった階級は利害が対立するから，次第に緊張関係が増大し，ついには社会革命が導かれる。③社会革命においては圧倒的多数勢力である労働者階級がブルジョワジーに勝利するので，労働者階級だけが勝ち残ることになる。すなわち，労働者階

級しか存在しなくなるので，階級（分裂の）なき社会，搾取なき社会である社会主義社会が訪れる。このようなプロセスは法則であり，やがてどこにでも訪れるのだから，地域的な差異はほとんど問題なく，現在存在する違いも「時間」（歴史）の展開によって解消されるだろうと考えられていた。マルクスの批判者であるポパーによると，マルクスの『資本論』に書かれていたのは①だけであり，②と③は素描にすぎないとされる［Popper 1950=1980：130］。しかし，マルクスの信奉者たちには，②や③も同じくリアリティをもつものと考えられていた。

　このように，これまでの社会科学においては，現在の社会体制に対してどちらの視点をとるにせよ，時間こそが概念の女王であり，空間は場面ごとの誤差を説明することはあるものの，基本的には脇に押しやられていた。

2　時間が重視される社会的事情

　これはふたつ目の点とも関連する。近年まで社会は世界のどの地域であろうともひとつ方向へと発展している途上であり，それぞれの発展段階のどこかにいるものだと考えるのに十分な社会情勢があり，理論を現実から支えていた。こうした認識を用意した情勢として次の点が考えられるだろう。①基本的な生活基盤が先進国まで含めて世界中で整備されていなかった，②国民国家というそれぞれの国々が自己完結したしくみに様々な活動が制限されていた，③第二次世界大戦中の帝国主義秩序を引き継ぐ先進国中心の世界システムが存続していた，④技術基盤がアナログであり世界を結びつける情報技術がまだ発達していなかった，といった4点である。以下順に説明していこう。

　まずは，①基本的な生活基盤が先進国まで含めて世界中で整備されていなかったということがある。第二次世界大戦終結後，先進国も含めて世界中が戦後の荒廃からの復興に取り掛かり，生活基盤の再生が図られることになった。その後再生はおおむね成功し，1973年のオイルショックのころまでは先進各国は高度成長期のなかで，生活を支える経済基盤を拡充していった。この時期までは，生活の改善は大きく，生活必需品とされる基本物資を先進国の人々が手に入れていく過程でもあった。それこそ，戦争直後の社会福祉の課題は「貧困からの解放」であった。こうした時代は，世界各地に空間的個性があるとはい

え，白黒テレビ・洗濯機・冷蔵庫の次はカラーテレビ，自動車，クーラーを手に入れるといったように，どの地域の人々も求めるものがある程度決まっており，決められた豊かさを求める進路は誰の目にも明らかであった。

社会保障を中心とした社会政策に関係する制度にしても事情は同じである。医療保険，労災保険，年金保険などなど基本的な社会保障制度が整備されておらず，国ごとの個性があるとはいえ，これらの制度の土台となるものをまずは導入していかなければならないという点では世界は一致していた。大方の先進国では，戦前から労働者のための保障制度は存在していたものの，保障対象が全国民である普遍的な制度はなかった。当初作られた制度は，後の基準ではどれほど制限的なものであろうとも，とりあえず一通りを整備することが必要であったという点では空間を超えて一致点があったのである。

たとえば，戦後社会保障体制の世界的規範ともいわれたイギリスのベヴァリジ報告が提唱した体制も，ナショナル・ミニマムすなわち最低限の保障を基準としており[1]，後の社会保障の展開から考えれば生活保障を必要以上に制限している。均一拠出均一給付がこの報告書の理念であったが，ここで示された金額では生活保障のためにはあまりにも少なすぎる。とはいえ，社会保障には抵抗が強い自由主義的規範が支配的であった当時としては，これでも画期的なことだった。とりあえずのものではあるものの，普遍性をもった社会保障体制を構築したために，世界がそれに追随する路線が形成された。

こうした点はそのまま②の論点につながる。基本的社会基盤の整備は，高度成長期である1970年代初頭までは，一国のなかである程度完結したかたちで行われていた。それぞれの国々では，国境線の内側のみを対象として経済や社会制度が改良されていったため，国外の事情をあまり考えずとも自己完結した成長の物語を描くことができたのである。

そのため，一国内の財政的・金融的措置により経済を調整し，制度を国内の政治的合意の範囲で整備することで，各種社会保障制度を整備していくことが可能であった。ここでの基本的なしくみは先進国では各国で共通して利用可能であったし，発展途上国では将来のモデルとして理想とされていた。このしくみとは，先に記したベヴァリッジ報告の理念が一部に含まれる「ケインズ＝ベヴァリジ型福祉国家」と呼ばれるものである。すなわち，1936年に出版された

ケインズの『雇用・利子および貨幣の一般理論』に従った完全雇用政策と，1942年に提出された『社会保険および関連サービス』（ベヴァリジ報告）における社会保障構想とが結合したしくみであり，完全雇用政策を社会保障の面からバックアップしていこうとする福祉国家体制のことである。第二次世界大戦後，世界中で，こうした福祉国家体制を範例に，経済成長と社会保障が車の両輪として，全世界で等しく時間の経過とともに生活者の状況をたえず改善していくと信じられていた。

さらに，話は③の論点に引き継がれる。国内で完結した成長の物語の前提には，第二次世界大戦中の帝国主義秩序を引き継ぐ先進国中心の「世界システム」があった。先進国同士の関係は相互不干渉のウェストファリア体制であり，それに旧植民地諸国をはじめとした発展途上国を巻き込んだシステムであった。

ウェストファリア体制とは，国民国家（nation states）同士が相互不干渉の関係をとり結び，それぞれの国境線の内側では絶対的な主権を維持するという国際体制のことである。ここでの国民国家とは，領土をもち，国家の一員であるという国民意識をもった国民がおり，他からの干渉を一切退ける決定権という意味の主権をもった国家体制のことである。

国家というだけならば以前から存在していた。古くは，ギリシアの都市国家（ポリス）やローマの帝国（インペリウム）もそうであったし，中世の封建国家もそうであった。しかしながら，これらの国家は領土の境界は定かではなく，内部に独立した勢力を抱えていたために領民に一体感はなく，主権も分裂していた。たとえば中世ヨーロッパでは，同じ領土のなかで王権と教会権が拮抗し，税も領主に納めるものと教会に納める十分の一税が分裂していた。また，わが国においても江戸時代の幕藩体制は小さな国（藩）の集まりではあるが，それぞれの小さな国のなかにも幕府や朝廷の影響力が及んでいた。

しかしながら，近代において次のふたつのできごとにより，上記の条件を備えた国民国家が形成されることになった。対外的には，三十年戦争の講和条約である1648年のウェストファリア条約において相互不干渉の原則が確立し，国際関係の主体としての国家が確立する。対内的には，1789年から1799年のフランス革命によって絶対王政国家が打倒され，市民革命を担ったメンバーとしての一体感をもった国民意識が形成されることにより，国民国家が確立される。

国民国家の条件整備としては，このフランス革命が大きな役割を果たすが，その国家体制の枠組みはウェストファリア条約によってできあがっていたため，以降の国家体制は「ウェストファリア体制」と呼ばれることになる。その後，1970年代までは（政治学的には現在までずっとということになるが，社会的な意味合いを重視するとこの時期を期限とすることになる），基本的にこの枠組みとしくみは変わらずに存続した。
　先進諸国は，この体制により相互の独立を保ち，国内と国外を分離して，内部を均質なものとして時間軸のなかで発展させていくという空間の整備が続けられていくことになった。
　とはいえ，このウェストファリア体制は先進国間の関係のことであり，発展途上国との関係を含めて考えると，話はもう少し複雑になる。
　国民国家体制のなかで先進諸国が発展できたのは，旧植民地諸国を中心とした発展途上国がケインズ＝ベヴァリジ型福祉国家を発達させるような段階に達していなかったという事情もあった。発展途上国は先進国を追いかけ始めた段階と位置づけられており，この段階では豊かさを手にするプロセスが本当に始まっていたとはいえない。ただ単に，先進国の動向が発展の方向性を予示しているように映っていたというだけのことにすぎない。もちろん，これは時間軸という仮構を前提とした幻想であった。
　発展途上国は，戦前の帝国主義体制のなかで植民地とされたことから解放された直後であり，政情が不安定であったし，社会主義体制の国々も多く，経済発展から取り残されていた。こうした状況では，発展途上国は先進国中心の世界経済体制にうまく利用され，先進国が時間の経過とともに発展していくための資源を提供するふみ台のような役割を担わされることになった。I. ウォーラーステイン（Immanuel Wallerstein）によれば，世界は中心と周辺に分かれており，周辺の経済的価値が中央に吸い寄せられているとされた［Wallerstein 1974=1981］。たとえば，周辺地域は原料を生産し中央の諸国で加工生産が行われるが，当然加工生産により大きな富がもたらされる。周辺も本来発展していくはずであるが，生産するのは原料や食料のようなものを単品生産するだけなので技術が発展せず，従属的な位置から抜け出せない低開発の状態にとどまり続けることになる。こうした先進国と発展途上国との関係は「世界システム」

と呼ばれている。

　国民国家のなかに閉じた発展と調整は，④の論点が支えていた。規格が標準化され単調な外観をもつ自動車であるT型フォードを代表とする初期の工業生産品は，大量生産と労働者の熟練を要した生産様式が特徴であった[2]。この場合，生産地は先進国の工業地帯に限られ，産業に従事する労働者も先進国の労働者階級が中心であった。そのため，生産設備を所有する企業（資本家）も国内の労働者の労働環境に配慮しなければ生産が立ち行かなかった。こうした条件下であれば，労働者は虐げられ搾取されているとしても，ストライキをはじめとした生活改善の手段を多くもつことができたのである。また，工業生産品を販売する市場も先進国のなかに限られたため，企業も国内の労働者の待遇をある程度保障して，消費者として自らの商品を購入することができるだけの賃金を支払わなければならなかった[3]。こうした生産体制とそれに付随する消費体制は「フォーディズム」と呼ばれている。この体制のもとでなら，労働者も時間の経過とともに展開する発展の物語を共有することができたのである。

　付け加えておくならば，こうしたフォーディズムの生産体制では，男性は生涯の長い期間にわたって継続的に企業に勤めることが可能であったし，また生産体制上そのことが求められた。一方，女性はそうした男性の勤務体系を支えるために家庭に閉じ込められ，主婦を始めとした家事を行う役割（子孫を残し夫の鋭気を蓄える労働という意味から「再生産労働」とも呼ばれる）を押しつけられることにもなった。こうした男性は労働，女性は家事という性別役割分業体制のことは「家父長制」（patriarchy）と呼ばれている。

　以上のように時間概念優位の状況は理論からも現実からもリアリティが付与され支持されていた。これを地理学者E．W．ソジャ（Edward W. Soja）は，「歴史主義」と名づけ[4]，「地理的ないしは空間的想像力を精力的に覆い隠し周縁化する，社会生活と社会理論の行き過ぎた歴史的コンテクスト化」[Soja 1989=2003：20]であったと嘆いている。

3　時間概念への従来の批判

　とはいえ，歴史主義にはこれまでもまったく批判がなかったわけではない。こうした批判の代表例として，カール・ポパー（Karl R. Popper）の主張をみて

みることにしよう。

　歴史主義のなかでも歴史法則主義（historicism）とは歴史の展開のなかに法則性を求める視点のことである。この考え方のもとでは，歴史（＝時間）があまりにも強調され，歴史の展開とその到達点は法則によって宿命的に決定されていると考えられる。先にあげたマルクス主義の最も急進的なものがその典型である。

　たしかに，こうした歴史法則は批判理論と批判理論から導かれる実際の社会運動には魅力的である。批判のためには,現状と比較する参照軸が必要となる。そのときに，将来達成されることになっている目標があらかじめ用意されていることは好都合である。その目標を示すことで説得力が生まれるし，達成されることは規定事実なのであるから現状においてどういう行動をなすべきかを教えてくれるからである[5]。

　とはいえ，この歴史法則主義にはそもそも無理があった。ポパーの次の指摘のように，人間の主体性（ここでは合理性という言葉で表現されている）をあまりに都合よく矮小化してとらえていたからである。歴史法則主義は，理性・合理性，現状を改変するための想像力といった人間の主体性を認めないわけではないが，それはあくまであらかじめ定められた最終目標[6]に到達するまでのプロセスにだけ関係するものであり，その最終目標がどのようなものであるかということまでは人間の実践力では変えられないのだと考えられた。とはいえ，人間が主体的に目標を設定できないと説明する方法などない。ポパーは次のように指摘している。

　　そのような見解（＝歴史法則主義）は，社会的・政治的な奇跡を信じることに等しい，ということになるであろう。なぜなら，その種の見解は，より合理的な世界を人為的にもたらす能力が，人間の理性にあることを否定するからである［Popper 1957=1961：82］。

　このように，奇跡のような歴史法則を設定し，そこまでの流れを必然的な時の流れと考えて，「時間」概念がことさら強調されたのであった。この歴史法則主義において，時間の特権性が社会科学のなかで認められるようになった。

　歴史法則主義は，産業革命直後の合理主義・人間中心主義，技術開発が進む

なかで培われた科学中心主義，戦後においても先進国の多くが体験した高度成長期の進歩主義・産業発展論といった社会が発展していく状況を説明する様々な思想が中心であった時代には，危うい部分を多く抱えながらも説得力をもっていた。とはいえ，ポパーが指摘するように，それは人間の主体性を覆い隠すことによって成り立っていた思想傾向にすぎない。

その他にも歴史主義に対する批判はいくつか存在していた。たとえば，一世を風靡した構造主義の主張は明らかに空間的な思考法であった[7]。

II ── 時間から空間へ②
：収斂理論・発展段階論への批判

1　空間の復権

時間概念には力があったが，思想的には，1980年代に入りポスト・モダンの時代が宣言されるころには，この力も次第に色あせ，現代では過去の遺物のようになってしまった。政治状況的には，経済成長が実感された1960年代をすぎ，1970年代のインフレと低成長のころには早くも色あせた。

そもそも経済成長を行い生活が改善されること自体が自明の価値ではなくなってしまった。たとえば，社会批判を行うにも，労働者の権利を擁護する場合と地球環境の保護を主張する場合では主張が背反することがあるといった事態が意識されるようになってきた。前者は経済成長を進めて雇用を守ろうということになるし，後者は経済成長を鈍化させて地球に負担をかけないようにしようといったことになる，といった対立点が生じてしまうことがあるのは否めない。従来は豊かさが一定程度の段階まで達成されていなかったので，それ以外の論点は脇へ追いやられていた。もちろん，宮本憲一が『社会資本論』のなかで公害・環境問題を労働者のあらたな困窮の原因として告発したように，経済成長の生み出す生活のひずみを告発することはあったが，経済成長自体を否定するものではなかった。しかしながら，その状況は変わってしまったのである。

以降には，時間概念が支配していた時代の説明で用いた論法と同じく，まずは理論的な空間概念の復権について述べた後，時代状況が空間概念を求めるようになった事情について説明していくことにしよう。

2　福祉レジーム論による批判：学問的批判

　産業社会論的視点にしても批判的な視点にしても，時間の経過とともに一定の方向へと社会が進化していくという考え方は，社会政策の理論的展開のなかで批判にさらされることになる。その代表的なものは，エスピン＝アンデルセン（Gosta Esping-Andersen）の「福祉レジーム」もしくは「資本主義レジーム」論であろう。

　時間を強調する視点によれば，目標はどの地域＝空間でも共通なのだから，地域ごとの到達段階の違いはあるにせよ，世界の経済・政治体制は単一のものである。しかしながら，エスピン＝アンデルセンは，独自の分析により，同じ資本主義とはいえ地域によってその内容と歴史は異なっており，大きくは3つのレジーム（体制）に分けられるのではないかと唱えた。3つが併存するということは，それまでのように時間の経過とともにひとつに収斂するという主張とは一致しないし，ましてや法則的にひとつの目標に向けて社会が発展していくという考え方とは異なっている。

　資本主義の世界とはいえ，すべての財が市場によって供給されているわけではない。労働者の生活とはいえ，すべてが賃金で賄われている訳ではなく，怪我をすれば医療保険・扶助からの給付で生活が維持されるであろうし，学校に通えばその学費は奨学金や訓練給付等によって補助される。子どもができれば児童手当・子ども手当を始めとした各種支援金が生活資金の少なくない部分を占めるようになるだろう。また，社会サービスのすべてが有料というわけではない。保育所は所得に応じて月謝が変わってくるだろうし，老人サークルの運営費は公費によって賄われているかもしれない。このように，資本主義世界においても，市場から購入するという手段以外の方法でかなりの生活資材・サービス（財）が提供されている。エスピン＝アンデルセンは，市場以外で財が提供されることを，労働力の販売だけに頼らなくても暮らしていける度合いが高まるという意味で「脱商品化」と呼んでいる。

　とはいえ，国によって地域によって，市場以外の部分が占める割合，すなわち脱商品化の程度は大きく異なる。福祉国家の公共セクターによるものであれ，NPOなどの準公的な民間非営利セクター（福祉社会）によるものであれ，脱商品化はその地域の生活を大きく変えるものである。すなわち，地域という空間

ごとに資本主義のあり方がまったく異なっているという主張につながり，時間が収斂を招くという従来の説に対して有力な反論となるのである。

資本主義の内実を大きく変える福祉国家・福祉社会のあり方ではあるが，従来の研究は各国の財政支出の増加を追いかけていくことによって，産業化を始めとした社会の展開に応じて福祉国家の充実度を確認するという手法が採られていた。典型的な主張は，産業化が進むのに比例して，福祉国家の財政支出も増加するというものである。

とはいえ，財政支出が増加するから福祉が充実するとはいい切れない。福祉が充実するということは，社会はより公正に必要が充足されている社会であるということだからである。同じ資本主義といいながら，社会の公正の程度によって，生活のあり方は大きく変わってくるだろう。そのため，エスピン＝アンデルセンは，分析の対象として，福祉給付と受給者の労働上の身分などの地位がどのように関連しているかを考察しなければならないと考えた。社会によってその程度は大きく異なるから，福祉給付が平等ではなく地位に応じて給付されている社会を「階層化」が進んだ社会として，資本主義分類の指標のひとつとした。この点でも，居住する地域（＝空間）によって，その空間の資本主義がその生活のありようを大きく変えるのである。やはり，資本主義は空間的に分断されているといってもよいだろう。

エスピン＝アンデルセンは『福祉資本主義の三つの世界』[Esping-Andersen 1990=2001]で，福祉国家の類型論を展開した。今説明した，市場の外部で生活を保障する手立てがどれだけ手厚いものとなっているかで示される「脱商品化」指標と，福祉が平等に行き渡っているかどうかを表現するために設定した階層の不平等を指し示す「階層化」指標によって，資本主義・福祉国家を3つのレジームに分類したのである。

まずは，「自由主義レジーム」である。このレジームは，市場の活性化を重視し，伝統的で自由主義的な労働倫理を維持しようと，市場での商品購入を促すために脱商品化は最低限にとどめられる。また，福祉受給者をミーンズ・テストなどにより厳しく制限するため，受給者たちの間では平等ではあるが，その他の階層とは大きく差が開き，通常の市民の間では市場での福祉の購入が求められるために，階層化も大きくなる。このレジームに属する典型的な国には，

アメリカ，カナダ，オーストラリアなどのアングロサクソン諸国があげられている。

次に，「保守主義・コーポラティズムレジーム」である。このレジームの国々は，歴史的遺制が解消せず，職業的な地位によって大きな格差が残っている。福祉受給のための権利も職業に付随して付与される。同業者組合の伝統をもつことが多いこのレジームの国々は，組合が設立した共済制度（職業組合が作る社会保険制度）が充実しているので，福祉国家による普遍的な給付はあまり発達しなかった。こうした国々には，封建的社会制度（パターナリズム）や国家主義の伝統の気風が強いとも指摘される。そのため，福祉給付が比較的充実しているものの，職業的な地位による階層差が大きい。すなわち，脱商品化が進んでいるが，階層化が進んでいる国々である。このレジームに属する典型的な国には，オーストリア，フランス，ドイツ，イタリアなどの大陸ヨーロッパ諸国があげられている。

最後は，「社会民主主義レジーム」である。このレジームの国々は，社会民主主義政党が社会改革を主導してきた結果，普遍主義的社会保障と社会権の確立が十分に進んでいる。すなわち，脱商品化が進み，階層化も比較的解消されているのである。これらの国々は，最低限の必要を基準とするのではなく，中産階級にも福祉給付が行き渡るような普遍的な社会保障制度が整備されているのが特徴である。このレジームに属する典型的な国には，スウェーデンやデンマークといった北欧諸国があげられている。

時間を重視する収斂モデルが考えていたように単に財政支出が増大したからといって社会が公正になったとはいえない。増えた支出がどのように利用されるかを考えなければ，社会や経済の成長が福祉の増進につながったとは結論できないだろう。こうした質の違いを考慮すると，資本主義は空間的に分裂しており単一のものではないという姿がみえてくるだろう。

とはいえ，エスピン＝アンデルセンの福祉国家・資本主義レジーム論にも批判がないことはない。たとえば，B. ジェソップ（Bob Jessop）は，福祉レジーム論は様々な地域の分類法のひとつにすぎず，資本主義が3つに分けられるというのは大げさであるとしている［Jessop 2002＝2005：90-99］。このように，資本主義経済体制は地域を超えてひとつであるとこだわり続ける見方も存在す

る。ジェソップは，地域を超えるグローバリゼーションは，世界をひとつにする新しい体制のひとつであり，世界はひとつに収斂することの証拠であるとしている。

表5-1　エスピン＝アンデルセンの国家論：福祉国家の類型論

	自由主義モデル	保守主義モデル	社会民主主義モデル
	アメリカ，カナダ	ドイツ，オーストリア	スウェーデン
脱商品化	×	○	○
階層化	○	○	×

※エスピン＝アンデルセンは，『福祉資本主義の三つの世界』の日本語版に向けての序文で，日本は保守主義型と自由主義型の混合形態だとした。

3　空間からの排除：社会的排除と新しいシティズンシップ論

とはいえ，グローバリゼーションは，時間ではなく空間的な見方を必要とする側面を持っている。グローバリゼーションと社会政策の関係について詳しくはChapter 6で展開するので，ここでは空間が注目されるようになった変化について概略だけを説明することにしたい。

サスキア・サッセンは，グローバリゼーションの時代では，巨大企業が集まるグローバルシティには，①グローバルに企業を展開するために事業を統合する本社機能が集中するため，②戦略拠点になるこのグローバルシティには膨大なインフラが整備されるようになるから，③グローバルシティには清掃したり建設事業を行ったりする肉体労働者や旧来からのサービス産業が逆説的に集まるようになる，という [Sassen 1998=2004：39-40]。そのため，グローバルシティは，情報化社会という華やかな表向きのイメージには一見つかわしくない人々を呼び寄せることになる。低賃金であれ仕事があるため，移民や母子家庭や若者のなかの不安定就労を余儀なくされる人々も集まることになるのである。

こうした人々の姿は，多国籍企業の国際展開を眺めていてもみえてこない。グローバルシティという具体的な「場所」（place）での生活のありようを観察することによってはじめて，こうした人々がグローバリゼーションの時代においてどのような影響を受けてどういう状況に置かれているのかがみえてくるのである。歴史的な時間の軸ではなく，ここでも空間が注目されることになる。ちなみに，最近の傾向では，国民国家による統治や多国籍企業の活動等などの

制度・形式的な空間ではなく,対面的で具体的な生活空間を特別に「場所」(place/locale)と呼んで区別することが多いようである。

具体的な場所に注目すれば,現代において生活上の困難を抱える人々が,国民国家のなかには自らの身の置き場所を失い孤立している状況もみえてくる。移民は移民先の国の言葉がわからない,母子家庭の母は地域からの地縁的育児支援を受けられない,不安定就労の若者は職業訓練の機会をもてず能力を伸ばすための支援とのつながりを欠いている,などといった状況に陥り,孤立しているのである。従来,生活困難の第一の理由は,国民国家の秩序のなかで一応は安定した身分をもつ労働者として生活をしてはいるが,十分な所得が得られず貧困化するというものであった。しかしながら,現在はその手前で,国民国家秩序のなかで安定した地位を手に入れることすらできずに,社会から切り離されてしまうという困難が待ち受けている。社会から隔離された人々は,国民国家の空間に入っていけず,「社会的排除」(social exclusion)の状況にあると呼ばれている。

では,なにゆえ現代は社会的排除の状態に陥る人々が多くなったのだろうか。様々な説明がなされるであろうが,空間理論の説明はそのうち有力なもののひとつである。G. デランティ(Gerard Delanty)は,近代と近代後の世界(モダニティとポスト・モダニティ[8])では,空間の機能が変わったと分析している[Delanty 2000=2004：198-199]。国民国家が建設される過程にあった近代は,時間と空間を伝統的な結びつきから引き離し,人間の主体的行為(agency)を強めて合理的な姿に組み替えていった。前近代の農耕民は農作物の育つサイクルに合わせた生活歴と農耕地に限定された領域での生活を余儀なくされていた。しかし,産業化が伴う近代には,人々は時計の時間を使って自由に予定を組みかえたり,仕事のある都市に集まったりといったように時間や空間を自由に使えるようになっていった。もちろん,こうした生活は,工場制労働のスケジュールによる制約など様々な制限のある生活であったが,近代(前期近代)までは人々は自分たちの身の回りの環境をある程度自分で制御することができた。たとえば,労働者は資本家に過酷な労働を迫られたであろうが,ストライキなどの闘争によって労働条件を改善することができたように,誰が敵でどこに訴えていけばよいのかは人びとの生活世界のなかで明瞭だったのである。国民国家

の空間のなかで労働者はメンバーとして認められ,権利が確保されていたからである。

　しかしながら,近代後の時代(ポスト・モダニティ)もしくは後期近代の時代(ハイ・モダニティ)には,時間と空間は再び姿を変える。その特徴は「時間と空間の圧縮」(time-space compression)である。D. ハーベイ(David Harvey)は,現代は「空間的障壁を克服しながら,生活のペースを加速化することによって特徴づけられてきた」[Harvey 1990=1999：308]ためにこの言葉を使うのだとい

コラム　コミュニティ

　コミュニティという言葉の基本的な意味は,人と人との関係性が維持されている集団全般というものなので,文脈によって多種多様に用いられることがある。社会政策の領域においては,福祉国家という法規範によって運営される中立的・技術的な組織体と区別してこの言葉が用いられることが多い。ロブソンが『福祉国家と福祉社会』で,福祉国家の成熟は必ずしも福祉社会,すなわちコミュニティの福利にはつながらない場合があると指摘したときには,福祉国家の現状を批判するために人々の生活空間を国家とは別に設定する目的で用いられた。パトナムが『孤独なボーリング』のなかで人々の福祉の向上のためには社会関係資本(人と人のつながりがそれぞれの人の資産のような役割を果たすこと)が重要であると述べた時,福祉の充実のためには,国家と個人の関係ではなく,むしろ日常生活での人と人との関係の場であるコミュニティの充実こそが重要であると指摘していた。

　とはいえ,この言葉は,国家と同一視されることもある。1997年にイギリスで政権を取った労働党の首班であったブレアは,国家というコミュニティへの帰属意識に訴えて福祉制度の向上を図ろうとする政権戦略を取った。これは,国家は人と人とのつながりから構成されるものであり,従来のように中立的な顔のない制度の集まりではなくなったということを強調するためにコミュニティという言葉を用いたのである。

　さらに,コミュニティは,その種類においても多種多様である。たとえば,人が生まれ育った土着的関係を重視する郷土愛を中心とした保守的なコミュニティ,次世代の価値観を達成するために選択的に作られるネット上の関係等のラディカルなコミュニティ,様々な社会運動の基盤となった市民社会型コミュニティなどがある。内容だけを見れば,それぞれが相反する性質を持つ集合体であり,こうした多様性がコミュニティという言葉を理解しづらいものにしている。

う。すなわち，時間は瞬間的なものになり，空間はかなりの遠方でも近隣であるかのように結びつけられることを示している。とりわけ，空間を遠近自由に編成することが強い影響をもつ。こうした空間は「フローの空間」(space of flows)と呼ばれている。フローの空間の時代には，資本は国民国家の空間的障壁から逃げ出し，労働者の要求がうるさくない地域や賃金の安価な地域の空間へ工場を移し，より効率的な生産を目指すことができるようになる。一方で，労働者は消費者としては世界で生産された商品を手にする利点を確保するが，国民国家の旧来の空間のなかに取り残されることになる。結果として，労働や経済はもちろんのこと，政治・地域社会の繋がり・文化などからも排除されてしまう者が出現することになるのである。

とはいえ，希望がなくなったわけではない。やはり，空間の問題には空間的な思想から解答がみつかるのである。まずは，「討議空間」を構成する政治的運動に向けての理論である。H. アーレント（Hannah Arendt）は，生存するためだけに行われる「労働」からは解放された政治的「活動」が展開される討議空間（アゴラ）を構築することを提唱した [Arendt 1958=1994]。J. ハーバーマス（Jürgen Habermas）は，生産性を高めることばかりを追求する戦略的行為ではなく，人々に密接な空間である生活世界で市民が自らの生活を話し合いながら構築していくコミュニケーション的行為を充実させることで人々は疎外状況から救い出されるとした [Habermas 1981=1985, 1986, 1987]。一番有力なのは，シティズンシップの組み換えの議論である。近代後・後期近代の社会的排除とシティズンシップのこうした理論的説明についてより詳しくはChapter 6で説明しよう。

4 空間が重視される社会的情勢

最後に，先に時間が重視された時代の社会的情勢について記したので，あらたに空間が重視されるようになった時代の社会的情勢についても解説しておこう。詳しくは，次章以降のそれぞれの地域の社会政策についての解説と，グローバリゼーションにまつわるそれらの変容にかんする解説に譲るとして，ここでは先にあげた①から④の時間が重視される社会的情勢の条件（本章Ⅰ-2を参照）に対応して，空間が重視される社会的情勢へとどのような変化をとげたのかに

ついてを述べていきたい。

　まずは①に対応して，社会が豊かになったという変化を指摘することができるだろう。それに合わせて，社会政策においても課題が変わってくる。社会政策だけに注目するわけではないが，A．ギデンズ（Anthony Giddens）は，基本的な生活基盤を形成する時代の政策形成を「解放の政治」と呼んだ。それに対して，一定の生活基盤ができあがった後に，それぞれの個人ごと，地域ごとに個別に生活のありようを個性的に作り上げていく段階を「ライフ・スタイルの

コラム　ローカリティ

　社会政策のあり方を考える場合に地域性を考慮しない訳にはいかないのは当然であるが，これがなかなか難しい。たとえば，少子化問題の解消を議論する時に保育所が足りないとマスコミは騒いでいるが，これは全国で均質的におこっている現象であろうか。たとえば，厚生労働省の発表した2010年4月1日現在の都道府県別待機児童数の統計では，東京・神奈川を中心とした大都市圏（それに沖縄）では順番を待っている児童が相変わらず多数報告されているが，待機児童数ゼロの県も10県ほどある。子育ての問題といえば，保育所の確保を最優先させる傾向があるが，これはもしかしたら東京を中心とした大都市の問題を全国の問題として押しつけているだけで，それぞれの地域の事情は考慮していないのかもしれない。

　とはいえ，中央集権ではなく地方分権が重視される流れは，もはや押しとどめることができない。本文にも述べられたように，1980年代半ばほどまでは，福祉国家を完成させるために中央が基準を定めて，国土全体をその水準にまで引き上げ均一化していく中央集権的な政策手法が求められていた。しかしながら，そうした手法の象徴であった全国総合開発計画も1987年の第4次でとん挫し，1998年の第5次では名称も「21世紀の国土のグランドデザイン」と改め，むしろ中央集権を脱して地方が自立することが求められた。1999年の地方分権一括法により機関委任事務が廃止され事務権限の多くが地方に移管され，その後のいわゆる三位一体の改革で財源の地方分権も模索されている。また，地方自治の足腰を強くする目的で（必ずしもうまくいってないが）市町村合併が推進され（平成の大合併），その先には道州制の議論も進んでいる。地方それぞれが独自の判断で生活を構想し，社会政策を実施していくのが当然となる時代は目の前である。

【参照URL】
http://www.mhlw.go.jp/stf/houdou/2r9852000000nvsj-img/2r9852000000nvzg.pdf

政治」と呼んだ［Giddens 1991=2005］。解放の政治が用意した一方向に発展していくという物語が通用しなくなった結果，社会政策は空間ごとの個性を重視しなくてはならなくなったのである。

　もちろん，これは②で述べた福祉国家のあり方にも影響する。「ケインズ＝ベヴァリジ型福祉国家」は，生活が充実し社会が多様化すれば，従来の完全雇用を前提とした保障体制よりも一層手厚い保障内容が期待されるようになる。ところが，それでは財政規律が保たれず，社会保障制度自体の存続が危ういものとなってくる。国家のなかには，移民，離婚した家庭，独居高齢者，不安定雇用の若者などなど，様々な支援を必要とする人々の生活空間が形成され，従来の国民国家の均一な空間のなかには包摂されなくなったことは，社会的排除について説明した部分で述べたとおりである。こうした状況に対応した新しい国家のあり方が求められるようになる。財政規律という制約のなかで生活の支援を合理化しつつも，困難状況のそれぞれに対してはきめ細やかとなる「リスク管理型国家」である。

　また，③の先進国の成長を支えた世界システムもほころびをみせる。発展途上国は先進国に仕える資源供給地に甘んじることはなくなり，世界市場における先進国と対等のプレイヤーとして台頭してきている。

　これは，④で述べた技術基盤の変化が下支えした結果でもある。フォーディズムの時代とは異なり，生産技術が，熟練工を必要としないかたちで標準化されるようになり，生産設備の海外展開が可能になる。こうした時代には，労働運動などの伝統をもたない地域や賃金が相対的に低い地域に生産拠点を移転することによってコストを抑えるための「地域的流動性」が重視される。また，オートメーション化やマーケティングを発達させ「消費行動における急激な変容」［Harvey 1990=1999：199］を刺激して，かつての労働者階級の安定した雇用を基盤とした熟練には依存しない生産方式が中心となる。市場も必ずしも先進国だけではなくなるため，かつてのように国内の労働者の保護が必要ではなくなる。むしろ，海外に移転された生産設備と競争が迫られるために，先進国内の労働者の待遇も次々に切り詰められることになったのである。

　こうして，ウォーラーステインが批判したような世界システムは崩壊していく。先進国は国境の内側だけの成長の物語は描けなくなり，たえず生産性の高

さを発展途上国まで含めた世界のライバルと競わなければならなくなる。時間の経過するなかでの発展を追うのではなく、向こうの空間からこちらの空間へと利益を誘導する空間競争が重要になってくる。こうした諸国のあり方を、先に触れたジェソップは、「シュンペーター主義的競争国家」と呼んでいる。

　国境を超えるのは経済だけではない。1989年にベルリンの壁を人々が崩壊させたのは、東ドイツの人々が西側の情報に触れ彼我の生活の落差を認識していたからだといわれるが、今では同じことが世界中で起こっている。わが国は、女性の権利があまり尊重されていないと批判されるが、他国のフェミニストたちの基準と比べることでこのことが明らかになったのであろう。フィリピンのスモーキーマウンテンの人々の生活の悲惨さは、国際的な人権活動の目にとまり批判の対象とならざるをえない。発展途上国の生活が先進国と比べて劣悪であることももはや許されない。このように、情報は世界を駆け巡り、どの空間も世界とのつながりのもとにおかれることになる。

　一方で、グローバルなつながりをもったそれぞれの地域空間は、他の空間との共存のために自らのアイデンティティを一層鮮明にすることも求められる。こうして、グローバリゼーションが進むほど、地域の独自性を強く求める活動が行われるようになる。これは「グローカル」化と呼ばれている。

　以上のように、理論だけではなく、社会的現実もまた時間ではなく空間が重視される必然性を作りだしている。こうした理論的・現実的転回（方向性が大きく変わることを理論用語で転回〔turn〕と呼ぶことがある）を踏まえたうえで、社会政策の理論についても学習を進めていかなければならないだろう。

　とはいえ、先進国と発展途上国では置かれた位置づけがまだまだ大きく異なっている。よって、両者を分けたうえで、現代の社会政策がどのような展開をみせているのかを追いかけていくことにする。ただし、空間論的転回は逃してはならない論点であるので、次章では、この転回がもっとも明らかになるグローバリゼーションの問題についてとくにとりあげていきたい。

【註】
1）「強制保険によって最低生活の維持に必要とされる以上のものを与えることは、個人の責任にたいする無用の干渉というものである」［Beveridge 1942=1975：294］、とベヴァリジは述べている。

2）もちろん,ここでの熟練とは職人仕事のような高度な手仕事技術が要請されるものではない。むしろ近代工場制労働に耐えるほどの教育が施されているという意味合いである。そうした水準をクリアする労働力はこの時代には先進国にしか存在しなかった。
3）フォードはその従業員にT型フォードの購入が可能な生活を送ることができるように日給5ドルを保障していたことは有名な話である。
4）後に述べるポパーの「歴史法則主義」(historicism)とまったく同じ意味で使われている訳ではないが,問題意識は共有されている。
5）「われわれの願望や思い,またわれわれの夢や推理,恐怖,知識,関心,そしてエネルギー等が,すべて社会の発展における諸力であることを,《歴史主義》は十分に認めているのである。それは,人為によって何事ももたらすことができない,と教えているのではなくて,ただ次のことを予測するのである。すなわち,われわれの夢や,われわれの理性が構想することどもが,けっして計画どおりに実現されはしないであろう,ということである。そして歴史の主たる流れに適合した計画だけが,実現可能でありうるという。さてわれわれは,《歴史主義》者が理性的（合理的）なものであると認めるような活動がどの種のものかを,いまや了解することができるのだ。きたるべき諸変化に適合するような,そしてその諸変化の到来を助けるような活動だけが,［彼らにとって］合理的なのである。」[Popper 1957=1961:81]
6）何らかのかたちでのユートピアの実現。極端な視点ではいわゆるプロレタリアート独裁ということになるだろう。
7）ここで扱うレヴィ＝ストロースの構造主義ではないが,ソジャも構造主義が「空間を再主張するための二〇世紀のもっとも重要な方法論のひとつである」[Soja 1989=2003:24]と述べている。
8）時間優位の時代と空間優位の時代に対応するだろう。

【参考文献】

・Beveridge, W., (1942) *Social Insurance and Allied Services.* (＝山田雄三監訳 (1975)『ベヴァリジ報告――社会保険および関連サービス』至誠堂

・Delanty G., (2000) *Citieznship in a Global Age*, Open University Press（＝佐藤康行訳 (2004)『グローバル時代のシティズンシップ――新しい社会理論の地平』日本経済新聞社)

・Esping-Andersen,G., (1990) *The Three Worlds of Welfare Capitalism*, Basil Blackwell Ltd.（＝岡本憲夫・宮本太郎監訳 (2001)『福祉資本主義の三つの世界――比較福祉国家の理論と動態』ミネルヴァ書房)

・Giddens, A., (1991) *Modernity and Self-Identity Self and Society in the Late Modern Age*, Blackwell Publishing (＝秋吉美都・安藤太郎・筒井淳也訳 (2005)『モダニティと自己アイデンティティ――後期近代における自己と社会』ハーベスト社)

・Hannah, A., (1958) *The Human Condition*, University of Chicago Press (＝志水速雄訳 (1994)『人間の条件』ちくま学芸文庫)

・Habermas, J., (1981) *Theorie des kommunikativen Handelns* (*TkH*) Ⅰ・Ⅱ, Suhrkamp Verlag (＝河上倫逸他訳 (1985・1986・1987)『コミュニケイション的

行為の理論（上・中・下）』未來社）
- Harvey, D., (1990) *The Condition of Postmodernity*, Blackwell Publishers（＝吉原直樹監訳 (1999)『ポストモダニティの条件』青木書店）
- Jessop, B., (2002) *The Future of the Capitalist State*, Polity Press ＝（中谷義和監訳 (2005)『資本主義国家の未来』御茶の水書房）
- 宮本憲一, (1967)『社会資本論』有斐閣（ただし, ここでは1997年の復刊よりの引用）
- Popper, K. R. (1945) *The Open Society and Its Enemies*,（＝内田詔夫・小河原誠訳 (1980)『開かれた社会とその敵』未来社）
- Popper, K. R. (1957) *The Poverty of Historicism*, Routledge & Kegan Paul（＝久野収・市井三郎訳 (1961)『歴史主義の貧困——社会科学の方法と実践』中央公論社）
- Sassen, S., (1998) *Globalization and its Discontents*, The New Press（＝田淵太一・原田太津男・尹春志訳 (2004)『グローバル空間の政治経済学』岩波書店）
- Soja, E. W., (1989) *Postmodern Geographies: The Reassertion of Space in Critical Social Theory*, Verso（＝加藤政洋他訳 (2003)『ポストモダン地理学——批判的社会理論における空間の位相』青土社）
- Levi=Strauss, C., (1962) *La Pensée Sauvage*, Librairie Plon（＝大橋保夫訳 (1976)『野生の思考』みすず書房）
- Wallerstein, I., (1974) *The Modern World-System : Capitalist Agriculture and the Origins of the European World-economy in the Sixteenth Century*, Academic Press（＝川北稔訳 (1981)『近代世界システム 1——農業資本主義とヨーロッパ世界経済の成立』岩波書店）
- Wilensky, H. L., (1975) *The Welfare State and Equality : Structural and Ideological Roots of Public Expenditures*, Univ. of California Press（＝下平好博訳 (1985)『福祉国家と平等——公共支出の構造的・イデオロギー的起源』木鐸社）

［畑本　裕介］

Chapter 6 社会政策の空間(2)
❖ グローバルな社会政策

0 ── はじめに

　前章では，国民国家を前提として，その内部空間に閉じられた社会政策を等しく覆っていた時間の論理について考察した。とはいえ近年では，グローバリゼーションが国境線を超えた活動を活発化し，世界をひとつの空間の論理にまとめようと影響を及ぼすようになった。社会政策も例外ではなく，国境を超えた対応が迫られている。

　本章では，最初に，グローバリゼーションなる現象はいかなるものかについて詳しく解説する。その後，様々な論者の議論を参照しながら，社会政策ではこの現象にどのように対応することが目指されるのかを考えていきたい。それは，「対抗的対応」と「積極的対応」のふたつの方向にまとめられるだろう。また，グローバリゼーションとは異なるが，国境を超えた社会政策としてEUの社会政策についてもみていく。最後に，今後の方向性とあらたな動向について若干触れたい。

I ── 脱国民国家の時代

　Chapter 5 で説明したように，これまでの社会政策は国民国家が中心となって実施してきた。とはいえ，国民国家を超える資本や人の移動が活発になった現代では，国境線を超える活動の比重があまりにも高くなり，この枠組みではカバーできないリスクへの対処が必要とされるようになってきた。Chapter 5 の言葉で語るなら，国民国家に閉じ込められた時間に世界は収まりきらなくな

り，空間的要素が単一の時間を分断するようになったのである。

　脱国民国家という場合，ふたつの潮流が考えられる。ひとつは，国民国家の政治体制では統制できない何らかの要素が世界中を流動する事態である。何らかの要素とは，グローバル資本やトランスナショナルな社会運動などの経済や政治の世界的な動きがその代表例である。これは，「グローバリゼーション」と呼ばれている。もうひとつは，国民国家では，様々な社会問題に対応するには規模が適正でなくなったために，国家の再編成が行われる事態である。国民国家よりも大きな機関を創設する場合もあるし，国民国家よりも小さな圏域があらたに台頭してくる場合もある。大きな機関としては，国家同士が寄り集まってひとつの政府を形成しようとしているヨーロッパ連合（EU）が例としてあげられるだろう。小さな圏域としては，地方政府の再編があげられるだろう。わが国の道州制導入の議論や，イギリスの広域圏（region）導入の議論などがその例としてあげられるだろうし，地域の草の根コミュニティの再評価の動きなどももうひとつの例としてあげられるだろう。

　本章では，前者であるグローバリゼーションについて，主に扱うことにする。とはいえ，後者の動きは，前者の動向に対する社会政策上のあらたな対応策であるという側面ももつため，これについても後ほどみていきたい。

Ⅱ ── グローバリゼーションとは何か

1　グローバリゼーションとは

　グローバリゼーションとは，「『みなが同じ世界に住むようになった』という現状認識をいいあらわす」［Giddens 1999=2001：22］言葉である。ひとつの時間の物語を共有した近代社会（前期近代）が終わり，それぞれの地域であらたな代替案が模索され，多様な空間ごとの個性が前面に出てくるポスト・モダンもしくは後期近代と呼ばれる時代になった。こうした時代には，地域や個々人ごとに様々な生活のあり方が編みなおされていくことになる。こうした生活のあり方の編み直しのために，それぞれのアクターが主体的な構想をくり広げる行為のモニタリング能力のことを「再帰性」（reflexivity）と呼んでいる[1]。

　再帰性の高まりは，力強いダイナミズムを生み出し，様々な活動が国境線に

とらわれないようになる。そのため，多くの活動や制度が国境線を越え，土地から離れて，世界中で共通化されていく誘因が生み出されることになる。国民国家という人々に共有された均一空間の物語は崩壊し，世界が空間的な区分のない状態へと向かっていくのである。そういう意味では，「脱空間」の論理ともいえそうである。

　国内での物語の共有関係が次第に弱体化したため，各アクターは世界空間のなかでの影響関係に強くさらされるようになった。既存の空間を越えた影響関係が強化され，共有された時間軸をもつ物語はまだ存在しないものの，世界という統一された空間に人々が包摂されつつあると考えることもできる。そうした意味では，国家という狭い領域に限定されない空間の可能性が十分に活用される時代とも考えることができる。遠くの空間の作用にいまここの空間が影響されるようになったこの時代は，「世界」という空間の論理が強化されたあらたな「空間の時代」であるというのは確かであろう。

　一例として，福祉国家再編の現状に対するA．ギデンズ（Anthony Giddens）の次の分析をみてみよう。1990年代の後半には各国に社会民主主義政権が誕生したが，それぞれの国情に応じてその政権のスタンスは大きく異なり，すべて同じ社会民主主義政党の政権というわけにはいかないほどであった。ギデンズは，この時代の社会民主主義政権を4つに分類している [Giddens 2002：4]。イギリスのニュー・レイバーモデル，オランダの干拓地モデル，スウェーデンの改良福祉国家路線，フランスの国家統制主義路線である。しかし，市場経済に適応した改革主義的な傾向が4つのうちもっとも少ないとされるフランスでも，「伝統的な方針をそのままにしておく手段を発見したのかといえばそうではない」 [Giddens 2002：5]。1980年代にはケインズ主義的な経済政策は放棄されたし，ジョスパン政権の下でもいっそうの民営化が進められた。また，2002年時点でも失業率はイギリスよりも高い9％台であり，グローバリゼーションに対応して労働条件を改定することは必須のことであった [Giddens 2002：5]。とりわけ，フランスの若年失業率が高いのは有名であり，最近では2年までは理由を示さず解雇が可能な制度であるCPE（初期雇用計画）が提案されるなど[2]，労働条件への改変圧力は高まり続けている。

　市場の効率性をより重視するイギリスの労働党政権に対して，国家による介

入を重視し公正さに重きをなすフランスの社会党政権ではまったく対応が違っているようにもみえていた。若年者失業対策に対しても、イギリス労働党は教育・訓練を重視するサプライサイド(雇用供給)を重視したのに対して、フランス社会党は国家の資金で雇用ポストの創出を行う左派の伝統にのっとったデマンドサイド(雇用需要)を重視した政策をとったといわれている［白川 2005：64, 73］。

では、グローバリゼーションの影響があるにもかかわらず社会党は左派にとどまり、労働党は左翼的伝統を捨て去ったということだろうか。そうではなく、労働党も「左翼の伝統を放棄しているのではなく、あらゆる国が直面している構造変動に反応しているのである」［Giddens 2002：5］。むしろ、左派のもつ公正さの重視という価値観を守るためにも、あらたな時代のあらたな戦略を考え出したとも考えられる。イギリスでは、情報化した知識経済が中心となる時代には、教育訓練を公正に行うことこそが左派の伝統を守ると考えられたのである。

グローバリゼーションの時代には、いくら理想的ではあっても普遍性と永続性をもった制度など存在しない。よって、ある特定の国の制度を理想として設定し、グローバリゼーションの対立軸として打ち出すことは有効性が乏しいといえよう。先進地域のどの空間もグローバリゼーションというあらたな空間の論理の影響を受け、世界中相互に影響を及ぼしあう空間への対応を迫られていたという意味ではイギリスもフランスも同じなのである[3]。ただし、その対応法が各国の国情に応じてバリエーションがあったということにすぎない。

2　グローバリゼーションの分類①：懐疑論者とラディカルズ

こうしたグローバリゼーションに対してはふたつの視点が存在するようである。ギデンズによれば、それは「懐疑論者」(skeptics)と「ラディカルズ」(radicals)である。ラディカルズは、ギデンズの視点であり[4]、グローバリゼーションが現実であるのは当然として、経済のみならず政治・技術・文化にもその影響は及んでいると考える。しかし、懐疑論者によれば、グローバリゼーションと呼ばれる現象は戯言にすぎず、現在の経済社会はこれまで長年にわたり築き上げられてきたものと何ら変わるところはない[5]。そうであるのに、ことさらグローバリゼーションを強調する「世界観は、福祉国家の解体と財政支出の削減を企

図する,市場主義者のイデオロギーにほかならない。現に起きたことはなにかといえば,それは一世紀前の世界への逆もどりにすぎない」[Giddens 1999=2001：25],と考えられる[6]。ここでグローバリゼーションとあたかも同じもののように扱われた市場主義では,経済的強者が都合のよいように社会のあらゆる領域を再編し,資本の論理にすべてを従えていく。つまり,有無をいわさぬ社会の効率化・合理化への圧力が,日常生活から福祉国家の歴史が築き上げてきた諸制度までを単一の優勝劣敗の論理に統合しようと激変させていく。さらに,このグローバリゼーションなるものは,市場主義でもっとも勝者となりやすい欧米の論理の押し付けにすぎないと受け取られることすらある。

しかしながら,ギデンズの指摘によれば,ここでいわれるようにグローバリゼーションは単なる市場主義のいい換えではないし,「欧米支配と決めつけるべきではない」[Giddens 1999=2001：39]。この現象は決して先進国支配の一方向的な現象ではなく,「欧米諸国にとってもまた,他の地域同様,グローバリゼーションのおよぼす影響は不可抗力なのである」[Giddens 1999=2001：40]。欧米諸国が,それ以外の地域を支配しようと,自らの論理を意図的・計画的に押しつけることができるわけではないし,欧米諸国にも負の結果がもたらされることすらある。ギデンズは「逆植民地化」[7]をその事例としてとりあげている。

A. セン（Amartya Sen）もまた,グローバリゼーションが欧米からの一方向的な押し付けではないと主張している。センによれば,グローバリゼーションと,欧米支配をその他の地域に押しつける「帝国主義」は異なっている。かつて,十進法や印刷術が西洋に伝わり西洋文明の礎となったように,東洋の数学や科学やテクノロジーが西洋に影響するというグローバルな影響関係もこれまであたりまえに存在してきた。また,「現代の科学技術の多大な恩恵や,国際貿易や交流の安定した効率のよさ,あるいは開かれた社会で暮らすことの社会的および経済的利益」[Sen 2002=2006：53-54]は世界の貧しい地域の人々にも恩恵をもたらしている。センによれば,グローバリゼーション自体が悪者なのではなく,問題となっているのは,その恩恵をどう配分していくかというしくみができていないことである。グローバリゼーションという現象にやみくもに異を唱える愚には警鐘を鳴らし,問題の本質を見抜くよう提唱しているのである。

たしかに,欧米の論理の押しつけがまかり通り世界を席巻することもある。

しかし，先ほどのラディカルズがいうように，伝統を改革し，民主的な市民社会に合ったかたちに作り直していくために国境線を越えて世界中に民主主義が拡大する現象であるとグローバリゼーションを考えることもできる。

3　グローバリゼーションの分類②：ネグリ&ハートの分類

　グローバリゼーションに対する一方的な見方を避けるために，グローバリゼーションという言葉に込められた意味合いを整理する目的で，この言葉の使われ方の分類を紹介しておこう。

　グローバリゼーションの理論家として近年注目されている人物に，A. ネグリとM. ハート（Antonio Negri & Michael Hardt）がいる。彼らの〈帝国〉論とマルチチュード論はグローバルな秩序の理論的考察として抜きん出ている。

　彼らによると，グローバリゼーション理解の視点はふたつの軸をもとに分類されるようである。ひとつは「左派―右派」という軸であり，もうひとつは「反・グローバリゼーション―親・グローバリゼーション」という軸である[8]。この軸を交差させてできあがる4つの象限から，4つの視点が生まれることになる。それは，以下のものである。①自由主義的コスモポリタニズム（左派で親・グローバリゼーション），②社会民主主義（左派で反・グローバリゼーション），③合衆国のグローバル・ヘゲモニー論者／新保守主義者（右派で親・グローバリゼーション），④伝統的価値に立脚する保守主義（右派で反・グローバリゼーション），の4つである。

　①の自由主義的コスモポリタニズムは，左派的な価値観をもつものの，その力点は国民国家の抑圧からの人々の解放にある。よって，国家を超えた国際協調主義を賛美し，「国民国家の規制からの相対的自由が獲得される」［Hardt & Negri 2004b=2005b：82］としてグローバリゼーションを肯定的に捉える。

　②の社会民主主義は，グローバリゼーションという現象自体に懐疑的であり，グローバリゼーションという言葉（イデオロギー）に惑わされずに，既存の福祉国家を維持する努力をするように主張する。いわゆる，ギデンズのいう懐疑論者である。

表6-1 ネグリとハートによるグローバリゼーションの分類

	親・グローバリゼーション	反・グローバリゼーション
左派	①自由主義的コスモポリタニズム	②社会民主主義
右派	③合衆国のグローバル・ヘゲモニー論者／新保守主義	④伝統的価値観に立脚する保守主義

　③の合衆国のグローバル・ヘゲモニー論者，すなわち新保守主義者は，アメリカ合衆国の価値観・ライフスタイルこそが民主主義であると信じ，それをグローバルに展開するために介入していかなくてはならないと考えるから，親グローバリゼーションとなる。

　④の伝統的価値観に立脚する保守主義は，「伝統的価値観や社会制度（またはある種の者たちが「文明」と呼ぶもの）は保護されなければならず，増大するグローバル化の脅威から国益を守らなければならないという考え方」[Hardt & Negri 2004b=2005b：84]である。

　このようにグローバリゼーションという言葉には，非常に様々な意味合いが込められているため，ときには自らの主張を裏づけるために都合よく利用されるマジック・ワードとして濫用されやすい側面をもっている。よって，言葉の用法を明確にしておくことは重要であろう。グローバリゼーションを語る人々の視点によって，良い意味にもなるし，憎むべき意味合いが込められることもある。

Ⅲ ── グローバリゼーションにどう対応するか

　社会政策という視点からすると，グローバリゼーションは肯定的な面よりも否定的な面に注目が集まりやすい。国境線が意味をなくすと，「ケインズ＝ベヴァリッジ型」福祉国家による生活保障が減退し，生活が困窮の度を増すのは社会的弱者だからである。

　グローバリゼーションの負の側面に対しては，それに反対する運動を繰り広げるべきであると考える「対抗的対応」と，負の側面を受け入れたうえで，制度や人々の態度，社会の在り方を改革することで対応しようとする「積極的対応」が存在する。両者ともに一理あるので，双方の視点をみていこう。

1 グローバリゼーションへの対抗的対応

まずは前者の対抗的対応である。ネグリとハートは，グローバリゼーション理解のために先ほどの俯瞰図を描き出した後，すべての視点が欠いているポイントを発見する。それは，4つの視点いずれもが民主主義の危機に対して適切に対応していないということである。

まず第一に，現代の民主主義は国民国家の内部に閉じたものではなく地球全体に広がりをみせるものであるのに，どの視点も国民国家を議論の前提にしているということである。第二に，第一の理由から明らかなことであるが，民主主義の「価値を低めたり先延ばしにしたり」[Hardt & Negri 2004b=2005b：86] していることである。先進国と発展途上国で民主主義の価値が違ってはならないだろうし，一国内でも，格差をある程度容認しつつ問題の解決をお互いの良識にゆだねるような論法は真の対等な民主主義ではない。

つまり，4つのうちどの視点も様々な活動がグローバルな展開をみせる現代において要請される民主主義の概念を取り込めていないということになる。なるほど，①は国家を超えるようであるが，あくまでそれは既存の国家との対抗上のことにすぎない。②は国民国家＝福祉国家を前提にしている。③はアメリカという国家のヘゲモニーを前提にしている。④は伝統的国家を守ろうとするものである。このように，どの視点も，ネグリとハートがいう「全員による全員の統治という民主主義」[Hardt & Negri 2004b=2005b：87] を達成するには古い枠組みに囚われすぎている。

現代は，人々の活動がグローバル化しているからこそ，逆に様々な差異を抱える人々が連帯できるということでもある。それまではお互いにどんな意味でも接触の可能性すらなかった人々が国境を越えて触れ合うことができるし，お互いの利益をともにする共通の条件を抱えるようになるからである。グローバリゼーションは地球全体の人々の連帯を作り出すエンジンとなる可能性もあるのだ。

こうした状況にある現代の人々のイメージは顔のない人民ではないし大衆でもない。それはお互いに差異を解消しないままに連帯する「マルチチュード」である[9]。

> マルチチュードは，特異性同士が共有するものにもとづいて行動する，能動的な社会的主体である。マルチチュードは内的に異なる多数多様な社会的主体であり，その構成と行動は同一性や統一性（ましてや無差異性）ではなく，それが共有するものにもとづいているのだ［Hardt & Negri 2004a=2005a：172］。

　地球の人々が皆同じ統一された存在というのはおかしい。地域による差異はあるし，抱える問題状況は異なっている。またそれぞれの人々の個性もある。これをまとめて，統合されたプロレタリアートとか人民とか大衆といった単一の塊に解消してしまうのは現実的ではないし，グローバルな状況を真に理解したとはいえない。そのため，ネグリとハートは，マルチチュードという主体のあり方が新たな局面を切り開くと考えたのである。
　しかし，この主体は，法則的に自動的に生成するものではない。

> とはいえ私たちは……世界の状況が地域によってまったく異なり，またそれらの状況が権力と富のすさまじいまでの階層秩序によって分断されていることを痛いほど認識している。私たちの主張は，＜共＞にもとづく政治的プロジェクトが可能だということだ。いうまでもなくこの可能性は，実地に検証され現実化されなければならない［Hardt & Negri 2004b=2005b：72］。

　マルチチュードは歴史法則によって必然的に生成されるものではないかもしれない[10]。しかし，マルチチュードが生成される社会経済的条件が整ったので，政治的に人々に訴えかけて（動員して）あらたな運動と連帯へと人々を駆り立てることができる状況になったという彼らの主張は，あらたな時代を切り開くかもしれない。
　さらに，別の論者の論ずる対抗的な対応の可能性にも触れておきたい。対抗的な対応は，グローバリゼーションの負の側面をもたらした制度への改善要求に向かうこともある。その代表的なものはIMF（International Monetary Fund）への批判であろう[11]。
　IMFとは，加盟国が出資して基金を作り，通貨危機や経済危機を未然に防ぐためなど，必要なときはそこから外貨を借りることができるしくみである。しかし，貸し付けが行われる際には，借り手の国々にIMFは融資の条件として「構

造調整プログラム」を課すことがある。このプログラムは，融資への返済を確実なものにするために策定されるものであるため，借り手側の国々の人々の生活に大きな負担を強いることも多い。IMFを支持する先進諸国は，こうした体制は社会主義体制を打倒した資本主義体制のもたらす避けようのない帰結であると主張しているが，果たして正当な主張だろうか。

　グローバル化の主唱者たちは，これらの現象を新自由主義の勝利であるとともに，市場の諸力の勝利であるとみなしている。社会主義体制の失敗はしばしば，自由市場，民主主義，人権のもつさまざまな価値の収斂ないしは普遍化の現象であると解釈されている。経済のグローバル化は途方もない成長の機会をいたるところで創りだし，そうすることで南北の敵対関係を和らげるか消滅させると考えられている。それはゼロサム・ゲームではなく，『統合された競争的な世界市場の諸要求に合致するよう国内政策が実施されるならば，持続可能でグローバルな成長のベクトル』になるという。いかなる国であっても，自国のマクロ経済政策と経済体制を［グローバル経済に］適合させることができるし，住民の幸福を向上させるためにこうした成長の機会を利用することができるという。したがって世界経済は，『世界の商取引の構造の中にニッチ……をうまく見つけだした国々が交易を行い相互に依存しているような，新自由主義の世界』……とみなすことができる［Bhalla & Lapeyre 1999, 2004=2005：220］。

とはいえ，グローバリゼーションに伴う競争の激化ゆえに貧困化した国々に，さらに財政を引き締め，国内福祉を削減する厳しい条件を課すことは，二重の負担となる。そのため，それらの国々の人々をますます追いつめることになる。

　バラとラペールによれば，こうしたIMFの方策は，融資対象となる当該国の人々にプログラムの策定主体として参加する余地がないために必然的に失敗するという［Bhalla & Lapeyre 1999, 2004=2005：231］。そうであるなら，グローバリゼーションだけではなく，その被害を抑え込むための方策であったはずのIMFという国際機関も見直されてしかるべきということになるだろう。

　もちろん，グローバリゼーションの負の影響が及ぶのはIMFの融資の対象となる国々だけではない。グローバリゼーションとは，従来の国境線に縛られない活動の広がりであるため，先進国内部の労働者と発展途上国の労働者は対等な競争の土俵に立たなければならなくなる。とりわけ，発展途上国と常に競争

にさらされるようになる分野の労働は不安定で低賃金の状態に置かれるようになる。次の，D.・K・シプラー（David K. Shipler）の主張をみてみよう。

> グローバル化した生産のせいで，ロサンゼルスにある五〇〇〇の縫製工場は，ホンジュラスやカンボジアなど，生活水準や労働賃金が非常に低い第三世界の国々との厳しい競争を強いられている。たとえば，メキシコでは，工場労働者の日給は約四ドルである。また，教師の月給が一五～二五ドルのカンボジアでは，縫製労働者の月給は三〇～四五ドル，つまり，時給一六～二三セントになる。こうした事情により，第三世界の特徴の一部がアメリカに輸入されることになった［Shipler 2004=2007：103］。

このように，先進国のなかにも途上国でのグローバリゼーションの負の帰結は輸入される。世界のどこにいても，社会的弱者とされる人々の困窮はますます深刻となる。

上記のような現象への対応策としては，グローバリゼーションを推進するとみなされる象徴的な組織や制度に対抗するアピールを行うことが多い。その嚆矢として有名な運動は，1999年にアメリカのシアトルで開催されたWTO世界貿易機関閣僚会議への反対運動である。この運動には，世界中から10万人以上もの社会運動や環境運動などに携わるアナーキスト，アクティビストが押し掛け，会場を包囲する事態となった。この運動が原因のひとつとなって，この会議で目指されていたウルグアイ・ラウンド（Uruguay Round：1986年から95年に行われた貿易自由化をすすめるための通商交渉）に続く新ランドの立ち上げはとん挫し，運動家たちは一定の影響力を及ぼすことに成功した。この事件自体には賛否両論があり，具体的に何に対して反対していたのかが不明確であるなど，運動の目的自体に疑問を呈する意見もある。とはいえ，グローバリゼーションのもたらす負の側面へ世界の目を向けさせたという意味では一定の効果がある事件であった。

2　グローバリゼーションへの積極的対応

以上のように，グローバリゼーションの負の側面に対して批判を先鋭化させるのもひとつの対応であるとするなら，グローバリゼーションは避けられないものとして受けとめ，そのうえであらたな対応策を練るという視点ももうひと

つである。先に，これをグローバリゼーションへの積極的対応と呼ぶことにしていた。ここでは，自らの主張を「第三の道」と呼び，この積極的対応を支持するギデンズの主張をみていこう。

この視点は，福祉国家が，グローバリゼーションがもたらす新しい経済・社会・政治・文化の状況に対して，人的資本に投資し，人々のもつ主体的な対応能力（エージェンシ）を育成していくことで対応しようとする。

グローバリゼーションが避けられない以上は，従来の産業は世界との競争にさらされ，先進国をはじめとした国々の経済体制はますます疲弊していく。こうした状況では，あらたな産業を生みだしたり，あらたな産業部門に人々が移動していくことが必要となる。しかし，市場原理だけに任せたならば，対応できない人々が大量に生まれる現実もある。そこで，あらたな状況に対応する人々の主体的な対応能力を育成することが求められるのである。

社会政策のあり方も変化する。伝統的な福祉国家の政策のように無条件に直接的に金銭を再配分するのではなく，教育・訓練等を通して人々が自らの力で自立していけるような配慮を加えた配分を行うことに重点を置くよう衣替えしていくことが目指される。

もちろん，第三の道の行うグローバリゼーションへの対応は，単なる教育・訓練よりももっと幅広い。ギデンズは，次のように述べている。

> 第三の道の経済政策は異なった優先順位を持つ事柄，すなわち，教育，産業刺激策，企業家的文化，柔軟性，地方分権化，ソーシャル・キャピタル（＝社会関係資本）の育成などに関与する必要がある　[Giddens 2000＝ 2003：83]。

教育・訓練により直接的に人々の対応能力を伸ばすとともに，ソーシャル・キャピタルの育成を始めとした人々を取り巻く社会環境の整備を行うことで活動的な市民を作り出していく。こうした社会のあり方を，ギデンズは「アクティブ・シチズンシップ」と呼んでいる。

また，福祉国家も人々の能力に投資するという視点に立つようになるために，「社会投資国家」と呼ばれることになる。

指針とすべきなのは，生計費を直接支給するのではなく，できるかぎり人的

資本（human capital）に投資することである。私たちは，福祉国家のかわりに，ポジティブ・ウェルフェア社会という文脈のなかで機能する社会投資国家（social investment state）を構想しなければならない［Giddens 1998=1999：196-197］。

　ギデンズは，1997年に成立したトニー・ブレア首班イギリス労働党政権のブレーンであったため，当時のイギリスの状況を前提としていた。以前のイギリスの福祉国家体制は，失業や低所得へ対策する福祉給付は比較的受給が容易な状況であった。1986年の改正社会保障法（Social Security Act）で成立した新しい公的扶助制度である所得補助（Income Support）と，1995年の求職者法（Jobseekers Act）で成立した求職者手当金（Jobseeker's Allowance）の組み合わせによる給付体制は，ミーンズテスト付き給付ではあったが要件は緩やかであったからである。そのために，労働するよりは福祉給付を受給する方へとインセンティブが働きやすく，福祉給付に生活を依存する人々が増加してしまった。これは，「福祉依存」（welfare dependency）と呼ばれていた。依存状況にある人々は，主体的にあらたな経済状況に対応する能力を身につけていない。こうした当時の状況も加わり，いっそう福祉国家が教育・訓練を重視することが望まれたのである。

　福祉国家が，人々の就労能力を高めるために教育・訓練を重視する姿勢を示すことを「ワークフェア」（workfare）と呼んでいる。近年，先進国において生活に困窮した人々には，従来の低所得問題だけでなく，移民，母子家庭，マイノリティなどが社会生活全般に接点を持てず，参加の機会が確保されないという問題が加わったといわれている。これは，社会的排除（social exclusion）と呼ばれている[13]。排除された人々に，就労することで職場を中心とした社会生活の場への参加の機会を確保し，社会的包摂（social inclusion）を行うことも有効な対応策であると考えられるようになった。

　とはいえ，ワークフェアにはいくつかの形態があるといわれている。先に取り上げたIMFによる構造調整プログラムが発展途上国の人々に二重の負担になったように，ワークフェアも人々にさらなる負担を強いるだけになる可能性も拭いきれない。もともとの生活困窮に刑罰のような訓練が加わるだけの結果に終わることもありうるからである。

宮本太郎は，ワークフェアをその性質によってふたつに分けている［宮本 2004］[14]。まずは，「ワークファースト・モデル」であり，就労を求めること自体に力点があるモデルである。福祉を単なる権限付与とする考え方を克服し，シティズンシップに伴う義務の要素を拡大して，福祉の受給者を社会に統合していくことが目指される。このモデルでは，給付額は個人別でも総額でも削減される傾向がある。要するに，福祉給付削減のために，受給のためのハードルとして労働を課すモデルである。

　いまひとつは，「サービスインテンシブ・モデル」である。このモデルでは，人々の就労可能性を高め，かつ就労を見返りのあるものとしていくことに力点がある。所得の低い層への予算は増加される傾向がある。すなわち，このモデルの目的は，「就労をしていても十分な収入を得ることができない世帯への補足的支援，技能の欠落や育児など就労を妨げる要因を除去する架橋的支援，そして就労の機会そのものの提供である」［宮本 2004：31］。ここでは，就労を通した社会的包摂が第一の目的とされる。

　ワークファースト・モデルであれば，その対象となった人々に二重の負担を課すことになりかねない。ワークフェアの目的を見極め，意味合いを判断することが重要であろう。しかしながら，「サービスインテンシブ・モデル」は，グローバリゼーションへの対応策のひとつとして注目することができるだろう。

　以上，グローバリゼーションへの対抗的対応と積極的対応というふたつの対応のあり方をみてきた。グローバリゼーションが既存の福祉国家に与える影響がどのような帰結をもたらすのかまだまだ予断を許さない。そのため，現在のところ，ふたつの対応はどちらが優勢となるのか予想はつかないが，どちらもグローバリゼーションの負の側面に対する独自の回答を用意しており，注目していく必要があるだろう。

Ⅳ ── 国境を越えた機関の伸長：EUを中心として

　最初に指摘していた脱国民国家のあらたな動向のもうひとつの側面をみていきたいと思う。ふたつ目の動向は，国民国家という枠組みにとらわれないあら

たな組織的・制度的枠組みが影響力を増すというものだった。

　国境を越えた国際機関を創設するといったような国民国家の再編成は，もともと現代のグローバリゼーションとは独立した動きであったが，あらたな社会政策プログラムの創設などにおいてグローバリゼーションの動向と呼応する側面がある。そのため，こうした再編成にも配慮しておく必要があるだろう。ここでは，もっとも代表的なものとして，EU創設とその後の方向性について検討したい。

　国民国家よりも大きな連合体は従来より存在していた。その代表例は，1920年発足の国際連盟であり，その後1946年に発足し基本的な機能を引き継いだ国際連合であろう。また，1919年のベルサイユ条約にもとづいて設立された国際労働機関（ILO：現在は国連の一機関であるがもともとは独立した機関）は，国家の連合体ではないが，その枠組みを超えた調整機関としての伝統が長い。

　これらの機関は，あくまで国民国家の主権（領土内での排他的な決定権）を前提としており，それぞれの間の利害を調整するウェストファリア体制を超え出るものではなかった。たとえば，国連総会で決議が行われたとしても，この決議が即座に拘束力をもつことはなく，その後各国で批准する手続きをふまえなければならない。もちろん，かつての帝国主義の時代は，大英帝国を始めとした各帝国は世界中に植民地を抱え，国民国家の境界線を越えた統治の体系を形成していた。とはいえ，第二次世界大戦後に植民地は次々に独立し，現在では一部の例外を除けば政治的な意味での帝国主義秩序は崩壊したといえる。かつての帝国の残滓として旧大英帝国諸国の連合体であるイギリス連邦などが存在するが，あくまで主権をもった各国の調整機関にすぎない。また，帝国主義の時代にしても，宗主国同士の関係は現在と同じく互いの主権は不可侵の関係であったことには変わりがない。

　こうした既存の国際体制と比べて，ヨーロッパ連合（EU）はまったく異なった性質を持つ体制である。EU加盟諸国は，主権をすべて保持したまま加盟国間の調整を行うのではなく，国民国家としての主権の一部をEUに移譲するからである。

　G. デランティ（Gerard Delanty）によれば［Delanty 2000=2004：213-215］，EUに連なる欧州統合の起源は従来の国民国家間の紛争処理から始まるもので

あったが，1980年代には，欧州共同体（EC）発足を経て，国民国家を横断した経済的・政治的な欧州統合が目指されるようになった。さらに，1992年2月7日に欧州連合条約が調印されると，経済や政治を越えた「社会統合」も視野に入るようになってきた。

1993年に発効したマーストリヒト条約（EU条約）において，社会政策にかんする議定書と協定が採択されて以来，加盟国（1999年発行のアムステルダム条約まではイギリスが除かれていた）が社会政策の領域でも共同歩調をとることとなっ

コラム　シティズンシップ

社会政策の分野でシティズンシップについて最も明確な見解を示したのは，T. H. マーシャル（Thomas Humphrey Marshall）の『シティズンシップと社会的階級』だろう。この本では，シティズンシップは次の3つの要素が次々と歴史の展開の中で継起していく形で発生してきたとされている。①市民的要素，すなわち「人身の自由，言論・思想・信条の自由，財産を所有し正当な契約を結ぶ権利，裁判に訴える権利」[Marshall 1950=1995：15]といった司法によって擁護される権利（18世紀に形成）。②政治的要素，すなわち選挙などを通じて政治権力の行使に参加する権利といった議会によって擁護される権利（19世紀に形成）。③社会的要素，すなわち「経済的福祉と安全の最小限を請求する権利に始まって，社会的財産を完全に分かち合う権利や，社会の標準的な水準に照らして文明市民としての生活を送る権利に至るまでの，広範囲の諸権利」[Marshall 1950=1995：16]といった教育システムと社会的サービスによって擁護される権利（20世紀に形成）である。マーシャルは彼独自のイギリス史の考察のなかで，この3つの権利が確立していく様子を確認したのであった。最後の社会的要素，すなわち社会権を拠り所として，社会福祉への請求権に根拠を与えられることも多い。

とはいえ，近年彼の議論に反論が加えられることも多い。ひとつは，シティズンシップは3つではなくさらに増やすべきものであるというものである。たとえば，ジョン・アーリは，移動性の高い現代社会では，4つ目として「移動（手段確保）権」を提唱している。もうひとつの批判は，シティズンシップの対象範囲についてである。マーシャルはイギリス国内を対象として議論を展開したため，国民国家の国境線内の人の権利しか考えなかったが，グローバル化した今日では国境線を超えた権利を構想しなければならない。また，女性やマイノリティ，移民等のようなカテゴリの人々への配慮が足りないため，権利保障の対象についての議論を作り直さなければならないのももはや明確である。

【参考文献】
Marshall, T.H. (1950), *Citizenship and Social Class*, Cambridge Univ. Press (= 岩崎信彦・中村健吾訳 (1995)『シチズンシップと社会的階級　近現代を総括するマニフェスト』法律文化社)

た[15]｡「EU共通社会政策」が目指されるようになり，EU域内の複数の国で事業活動をする企業で働く従業員に，企業経営にかんする情報入手権と協議権が認められる政策からその歩みが始まった｡その後，次第に拡充し，EU条約の141条で，特定の社会労働分野でEUに立法権が与えられるまでに成長し，広い分野を包括するに至っている｡

　2000年3月に共通社会政策として採択されたリスボン戦略では，具体的政策目標として，完全雇用達成のための教育・職業訓練への投資増大，2010年までに平均雇用率を61％から70％へ引き上げることなどが設定された｡また女性の平均雇用率を51％から60％へ引き上げること，青年（18〜24歳）の教育水準を高めることも目標としてかかげられた｡

　これらは，従来の国民国家内部に限定された社会政策を，国境を越えた規制によって加盟国間で共通化していこうとするものである｡こうした意味では，脱国民国家の社会政策といえる｡とはいえ，現在のところ成果を示すことができているのは，国民国家という枠組みを完全に捨て去ることなく，どう共存するかを模索しているからである｡

　デランティによれば，ヨーロッパの統治体制は依然として国民国家が中心のものであるという｡しかしながら，EU内での移民の問題や通貨統合，共通経済政策に伴う共通社会政策の問題など，従来の国民国家では処理しきれなくなった問題が発生している｡こうした問題に対処するために，国民国家を越え出る問題に的を絞って統合していくものと「欧州統合をとらえるならば，主権の国家モデルが通用しない事態」[Delanty 2000＝2004：221]への対応策として，従来の主権の問題にあまり抵触せずに受け入れられるだろう｡すなわち，あらたに発生した国境を越える問題にEUが主権をもつという「二重の統治原理」は十分に機能するだろうとのことである｡

　さらに，グローバルなシティズンシップの可能性もみえてくる｡グローバルなシティズンシップといえば，国民国家にとらわれない人々の権利保障のようなイメージが浮かぶかもしれない｡そうではなく，国民国家での従来のシティズンシップを前提にしたうえで，追加されるシティズンシップとしてのイメージを描けば，より現実的なものとなるだろう｡そのモデルとして，近年では人権の保障が注目されている｡

V── むすび:グローバル・ソーシャルポリシーに向けて

　この章では，グローバリゼーションによる世界空間の出現によって，従来の国民国家のなかに閉じた社会政策の体制が変革されていく状況が生まれつつあることを描写した。こうした状況は萌芽的なものであるにすぎないため，まだまだ予断を許さない状況だろう。
　最後に，国民国家を越えた社会政策に向けての展望について触れることで，本章を閉じることにしよう。

1　国際的な人権レジーム

　先ほど，EUについて説明した部分でもとりあげたが，国民国家はこれからも残り続けることだろう。そのうえで，国境を越えたあらたな社会問題に対処するために何らかのかたちの国際的な共通理念や共通政策が必要になると予想される。その際に，もっとも有力なのが国際的な人権レジームだろう。国際人権規約が各国で締結されているように，そのモデルが既にできあがっているからである。
　人権（basic human right）とは，人が生まれながらにして当然有するとされる権利であるから，国境による制約はない。その具体的な内容には視点によって解釈の違いがあるが，1966年12月の国際連合総会で採択された国際人権規約が標準的なモデルとされている[16]。この条約は労働の権利，社会保障についての権利，教育についての権利などの社会権について定めたA規約と，身体の自由と安全，移動の自由，思想・信条の自由，差別の禁止，法の下の平等などの自由権について定めたB規約からなる。
　ただし，社会政策にとくに関係するA規約は，加盟国に対して即座に実現することではなく実施の努力を求めるものである。そのため，実施状況を監視する「規約人権委員会」が設置されている。このように，この規約には制限があるが，世界中で合意し，移民やマイノリティなどへの権利を確保する際の規範としてもっとも有力であろう。

2　トービン税などの国境を越えた新制度の創設

　従来の人権概念だけではなく，あらたな提案や取り組みも数々生まれている。たとえば，ノーベル経済学賞を受賞したJ．トービン（James Tobin）が1972年に提唱したトービン税構想は，国際通貨取引に課税しようというものである。トービンは，投機目的の金融取引を抑制することを目的にこれを提唱したのであるが，制度の枠組みを応用し，発展途上国の開発支援や人権の保障といった国際連帯のためにこの構想を発展させようという提案もある。通貨取引開発税（Currency Transaction Development Levy：CTDL）との名称で，国際金融取引への課税をイギリスの非政府組織であるStamp Out Povertyが提唱したのは比較的有名である。この提案に顕著なように，国際的な社会政策レジームへは非政府組織（Non Governmental Organization：NGO）の活躍が望まれている。

　もちろん，グローバリゼーションの時代だからといって，国民国家による社会政策の発展が阻害されてよいものではない。中国，インド，ロシア，ブラジルといった経済発展が著しいいわゆるBRICs諸国は，今後国際的な影響力を強めていくだろう。とはいえ，従来の先進国ほど国内の社会政策体制が整っている訳ではない。わが国の社会政策の作り出すセーフティネット機能が脆弱である状況をみてもわかるように，従来の先進国も問題を抱えている。よって，国内の社会政策の整備を見落とさないことも，グローバリゼーション時代の重大な課題であることに変わりはない。

【註】

1）畑本［2008］を参照。
2）2006年4月に制定されたこの法律は直後に撤回された。
3）とはいえ，エスピン＝アンデルセンは，レジームが残存しているともいう［Esping-Andersen 1990=2001：230］。たとえば，Chapter 5でとりあげたエスピン＝アンデルセンが3つに区分した先進地域の資本主義や福祉国家体制も，グローバリゼーションの影響を受けて変容してきたといわれている。地域によって固有の論理をもちつつ資本主義を発展させてきたそれぞれの国家は，時間の経過とともにその固有性を変容させなければならない状況になってきたのである。
4）ギデンズは「私自身はラディカルズを支持する」［Giddens 1999=2001：26］と断言している。
5）たとえば，J．グレイ（John Gray）などはこの論者の代表格だろう［Gray 1998=1999］。
6）A．カリニコフは，ラディカルズの主張を批判する。カリニコフによれば，歴代労働党

政権の「歴史からすると，グローバル化のなかで全く新しい経済的制約が政府活動に課せられることになったとする考えは疑問視せざるをえないことになる。今よりも金融市場が厳しく規制されていたときでさえ（イギリスの為替管理が廃止されたのは一九七九年のサッチャー政権下においてのことである），労働党政府は国際的資本逃避によって路線の変更を余儀なくされている」[Callinicos 2001=2003：46]。資本流出が問題となったのは，現在のグローバリゼーション特有の現象ではなく，いつでも起こっていたことである。それは現在のブレア政権だけではなく，マクドナルド第二期政権もウィルソン - キャラハン政権においても経験されていたのである。しかしながら，ギデンズは，グローバリゼーションは近代における再帰性の高まりの帰結であると考えているのであり，現代において突如として現れた現象であると考えている訳ではないことを確認しておく必要がある。

7）「逆植民地化とは，欧米諸国の経済に対して，発展途上国が影響力を発揮することをいう。ロサンジェルスのラテン・アメリカ化，インドのハイテク産業の世界市場への進出，ブラジルのテレビ番組のポルトガルへの輸出など，例をあげだせばきりがない。」[Giddens 1999=2001：40]

8）ただし，彼らの著作では軸が明記されているわけではないので，ここでは著者が読み取る範囲のことである。

9）少し長いが，次のような記述をみるとマルチチュードのイメージが浮かぶだろう。
「貧者と被雇用者との間には，質的な差異は一切ない。それどころか，マルチチュード全体を規定する実存と創造的活動の条件は，ますます＜共＞にもとづくものとなりつつある。……自らの置かれた貧困状況に対する貧者の闘いは，強力な抵抗であるだけでなく，生政治的な力を肯定するものでもある。言いかえればそれは『持つこと（having）』における悲惨さよりも強力な，『在ること（being）』における＜共＞性の表明なのだ。支配諸国では二〇世紀を通じて貧者の運動が，貧困によって引き起こされる分断化や失望，諦め，さらには恐怖や動揺までも克服し，中央政府に富の再分配を求めて陳情と異議を申し立ててきた。今日の貧者の闘いはそれよりももっと一般的で生政治的な性格を帯び，一国内ではなくグローバルなレベルで行われる傾向がある。／たとえば南アフリカのダーバン近郊のチャッツワースで行われた，立ち退き要求と水道・電気の遮断に対する抵抗運動について，地元の活動家であるアシュウィン・デサイはこう記している。いわく，この運動の際立った要素のひとつは，それが共通の基盤に立っていたことである。南アフリカの黒人とインド系南アフリカ人は一緒にデモを行進しながらこう叫んだ――『われわれはインド人ではない，貧者だ！』『われわれはアフリカ人ではない，貧者だ！』，と。／もうひとつの際立った側面は，これらの貧者がグローバルなレベルで異議申し立てを行ったことである。もちろん彼らはアパルトヘイト終焉後，自分たちの悲惨な状況を悪化させた元凶は地元の当局者や南ア政府だとして，それらに対する抗議活動を行ったが，それと同時に新自由主義的グローバリゼーションも貧困の原因だとみなし，二〇〇一年にダーバンで開かれた国連主催の世界人種差別撤廃会議の場でその主張を表明した。これら南アの抵抗運動参加者が『われわれは貧者だ！』と叫んだのはまさに正しかったし，その主張は彼等自身がこのスローガンに込めた意味以上の一般性をもっていたといえるかもしれない。私たちは皆，社会的生産に参加しているのであり，これこそが，究極的には貧者の富にほかならないのだ」[Hardt & Negri 2004a=2005a：225-227]。

10）そうした意味では，Chapter 5でとりあげた「窮乏化論」の議論とは一線を画している。

11) IMF（International Monetary Fund）とは，1944年7月に米国ニュー・ハンプシャー州のブレトン・ウッズにおいて開催された連合国国際通貨金融会議で調印されたIMF協定に基づき，1946年3月に設立された国際機関である。本部所在地はワシントンで，現在の加盟国は184ヶ国（2006年5月現在）となっている。主な業務内容は，貿易拡大の促進，為替の安定，加盟国の国際収支不均衡を是正するために資金を融資するなど，国際通貨体制の安定に努めることである（外務省ホームページ〔http://www.mofa-irc.go.jp/link/kikan_info/imf.htm〕などを参考に執筆（2010年8月25日に参照）。
12) ソーシャル・キャピタルとは，人々が個々に能力を発揮するためには，その前提として人と人とのつながりによる支援が必要になるとの考え方である。詳しくは，[Putnam 2001=2006]などを参照のこと。
13) 社会的排除概念にはいくつかの解釈がある。たとえば，R. レヴィタス（Ruth Levitas）によれば，社会的排除が語られる文脈には3類型があるという[Levitas 2005：7]。①資源再配分の文脈（redistributionist discourse：RED），②道徳の観点から考えるアンダークラスの文脈（moral underclass discourse：MUD），③社会統合の文脈（social integrationist discourse：SID）である。①は，財やサービスなどの資源が困窮した人々に行き渡っているかを問題としており，伝統的な福祉国家による再配分政策が成功しているか否かを重視している。②は，給付によって福祉依存に陥ることへのスティグマなど，社会的に正当とされる（道徳的とされる）位置から人々が排除されていることを問題にしている。③は，排除されている人々自身よりは社会全体としての視点から失業率や犯罪発生率等の状況を問題としている。この章で言及している社会的排除は，①というよりは②に特に注目した概念であるといえるだろう。
14) 正確には，宮本はここにあげた以外に「アクティベーション」を含めた3つをとりあげているが，宮本論文におけるアクティベーションは注目された時代が異なるし，サービスインテンシブ・モデルとあまり違いがないため，あえてふたつとした。
15) 駐日欧州連合代表部のホームページ〔http://www.deljpn.ec.europa.eu/union/showpage_jp_union.history.social_dimension.php〕を参照（2010年9月3日）。
16) ちなみに，日本も1979年に批准している（昭和54年条約6号・7号）。

【参考文献】

・畑本裕介（2008）『再帰性と社会福祉・社会保障——＜生＞と福祉国家の空白化』生活書院
・宮本太郎（2002）「福祉国家再編の規範的対立軸——ワークフェアとベーシックインカム」『季刊・社会保障研究』Vol. 38 No. 2（Autumn）：139-237
・宮本太郎（2004）「ワークフェア改革とその対案——新しい連携へ？」『海外社会保障研究』No.147（summer 2004）：29-40
・宮本太郎（2009）『生活保障——排除しない社会へ』岩波新書
・Bhalla A.S.&F. Lapeyre（1999, 2004）*Poverty and Exclusion in a Global World 2nd edition*, Palgrave Macmillan（＝福原宏幸・中村健吾監訳（2005）『グローバル化と社会的排除』昭和堂）
・Beveridge, W., (1942) *Social Insurance and Allied Services*, (=山田雄三監訳（1975）

『ベヴァリジ報告　社会保険および関連サービス』至誠堂）
- Callinicos, A.T., (2001) *Against the Third Way*, Polity Press Ltd. (＝中谷義和監訳（2003）『第三の道を越えて』日本経済評論社）
- Delanty, G., (2000) *Citizenship in a Global Age*, Open University Press（＝佐藤康行訳（2004）『グローバル時代のシティズンシップ　新しい社会理論の地平』日本経済評論社）
- Esping-Andersen, G., (1990) *The Three Worlds of Welfare Capitalism*, Basil Blackwell Ltd.（＝岡本憲夫・宮本太郎監訳（2001）『福祉資本主義の三つの世界──比較福祉国家の理論と動態』ミネルヴァ書房）
- Esping-Andersen, G., (1999) *Social Foundation of Postindustrial Economies*, Oxford University Press（＝渡辺雅男・渡辺景子訳（2000）『ポスト工業社会の社会的基礎　市場・福祉国家・家族の政治経済学』桜井書店）
- Giddens, A., (1998) *The Third Way*, Polity Press（＝佐和隆光訳（1999）『第3の道──効率と公正の新たな同盟』日本経済新聞社）
- Giddens, A., (1999) *RUNAWAY WORLD*, Profile Books, Ltd.（＝佐和隆光（2001）『暴走する世界──グローバリゼーションは何を同変えるのか』ダイヤモンド社）
- Giddens, A., (2000) *The Third Way and its Critics*, Polity Press（＝今枝法之・干川剛史訳（2003）『第三の道とその批判』晃洋書房）
- Giddens, A., (2002) *Where Now for New Labour?*, Fabian Society
- Gray, J., (1998) *False Down*, Granta Publications（＝石塚雅彦訳（1999）『グローバリズムという妄想』日本経済新聞社）
- Hardt, M. & A. Negri, (2004a) *Multitude*, Penguin Putnam Inc（＝幾島幸子訳（2005a）『マルチチュード　＜帝国＞時代の戦争と民主主義　上』NHKブックス）
- Hardt, M. & A. Negri, (2004b) *Multitude*, Penguin Putnam Inc（＝幾島幸子訳（2005b）『マルチチュード　＜帝国＞時代の戦争と民主主義　下』NHKブックス）
- Levitas, R, (2005) *The Inclusive Society? 2nd edition*, Palgrave Macmillan
- Putnam, R. D., (2001) *Bowling Alone : The Collapse and Revival of American Community*, Simon & Schuster（＝柴内康文訳（2006）『孤独なボウリング──米国コミュニティの崩壊と再生』柏書房）
- Sen, A., (2002) "How to Judge Globalism" *The American Predict* January 2002, pp. 1-14（＝東郷えりか訳（2006）「グローバル化をどう考えるか」『人間の安全保障』集英社新書, 45-65頁）
- Shipler, D. K., (2004) *THE WORKING POOR Invisible in America*, Alfred A. Knopf（＝森岡孝二・川人博・肥田美佐子訳（2007）『ワーキング・プア──アメリカの下層社会』岩波書店）

［畑本　裕介］

Chapter 7 社会政策の空間(3)
❖ 人々の経験

0 ── はじめに

　本章は,「当事者の経験」という視点から,社会政策の空間を描きだそうと試みるものである。

　社会政策を利用する人々——とりわけ貧困・低所得層の人々は,日々の暮らしのなかでいかなる生活課題に直面し,どのような思考や経験をもちながら生きているのか。そしてどのような社会政策の規範や言説にとらわれながら,あるいはとらわれることなく日々の暮らしを送っているのか。本章ではこれらについて,3人の（架空の）当事者の「ストーリー」を提示し,当事者の視点から人々が経験する社会政策の空間を記述してみたい。

　「当事者の経験」を出発点にすることは重要な意味をもっている。私たちが経験する社会政策は,行政機構や法律の条文のように理路整然と体系化された制度として見出されるものでは決してないし,また当事者の要求や必要を充足するかたちで,法や制度が実質的なものになっているとはかぎらない。

　さらに,人々は多くの場面において,社会政策の言説に規定されて生きている。たとえば,公的扶助はなるべく利用すべきでなく,賃金労働によって自立（自活）することが望ましいと考えられていて,人々はそのために労働を美徳としている。こうした言説は社会政策によって導かれたり,補強されているものもあり,社会政策がそのような空間をつくりあげているといってもよいだろう。

　このように,社会政策の空間を「経験」から記述することには少なくともふたつの意味がある。ひとつは,社会政策が人々の権利を実質的に保障しているのかどうかに目を向けさせる,という意味がある [Spicker, 1995=2001：214-

217]。もうひとつは，人々の思考や経験を規定している「社会政策の言説」からいったん離れ，「辺境」ないし「周縁」に生きる人々——被排除者・被抑圧者——の視点で「社会政策」の，「近代性」およびその暴力性を記述するための一歩をふみだすという意味がある［Morris-Suzuki, 2000］。

　本章のような記述を行うことはひとつのチャレンジである。もちろん，経験は一般化できないから，本章が人々の経験する「社会政策の空間」を代表して記述したものにはならないが，少なくともそのような視点から社会政策をとらえなおす必要があることを示すことができれば，本章の目的は達成できると考えている。今後社会政策を論じる視点，ないし社会政策の問題構成について再考すべき点が見出され，読者にあらたな発見がもたらされれば幸いである。

Ⅰ ── 社会政策が規律をもたらす空間

1　社会政策を利用しない「自立」した生活

　アレックスはアメリカ・テキサス州ダラスの郊外に住んでいて，現在体調不良で失業している。17歳でメキシコから渡ってきてから，長らく建設労働にたずさわってきたが，数年前からどうにも身体の調子が悪く，休みがちであったこともあって，2ヶ月前に解雇されてしまった。季節の変わり目になると原因不明の神経痛や関節痛がつづき，ベッドから起きられない日もある。長年つづけてきた建設労働による疲労の蓄積が原因なのかもしれないが，病院には行っていないので詳しい病名はよくわからない。

　彼はいま47歳。メキシコにいた両親とは音信不通で，現在家族はいない。家賃の滞納が続いているので，もうすぐ家を追い出されるかもしれない。

　アレックスの家には毎日クレジットカードの請求書が山のように送られてきて，封を開けてはため息をつく日々である。家賃，電気代，水道代，冷暖房費……，あらゆる生活インフラに多額のお金がかかる。おまけにカードローンで積もった借金ももう限界まできている。

　病院に行くお金がないので，関節痛がひどいときはドラッグストアで痛み止め薬を買って飲んでいる。夜も眠れないので，睡眠薬や精神安定剤は欠かせない。これらの薬代はばかにならない。ドラッグストアで薬を買って飲む以外に

治療というものはやっていないし，それ以前に，この20年以上病院に行ったことがない。医療保険がないので，かなりまとまったお金がなければちょっとした問診さえしてもらえないからだ。だから，たまに給料が多めに入ったときは，手っ取り早く身体の痛みをまぎらわすためにドラッグをやってしまうこともある。

それでも最近，近所の公園で教会がチャリティ・ランチをやっていることを知って，週3日そこで無料のランチを食べるのが楽しみになった。まともな食事はそれ以外ほとんどとっていない。チャリティ・ランチは悪いものじゃない。何しろ，現在の生活で唯一お金をかけないで満足を得られるからだ。

公園のホームレスのうわさでは，市役所に行くとチャリティ・ランチよりもいいものが食べられる「食券」をくれると聞いている。けれども，車を売ってしまったので市役所まで遠くて行けないでいるし，ホームレスと一緒に役所で食券をもらうほど「落ちぶれて」はいないとアレックスは思っているので，市役所まで行く気はさらさらない。

やはり仕事をみつけることが先決だと思っていて，ジョブセンターに行って採用の面接までたどりついたこともある。だが，面接官からは持病で不定期的に休まれるのは困るといわれて採用してはもらえなかった。

彼は出口の見えないかなり追い込まれた生活をしているが，それでも誰かに頼ってはいけないと思っているし，実際に頼れる人はいない。社会政策の恩恵を受けるのも，「自立」を美徳とするこの国では，もってのほかである。

彼は，失業していて，原因不明の持病をもっていて，カードローンの借金があり，家族もおらず，その上住居まで失おうとしている。手元に現金はなく，請求書の山である。それでもホームレスよりはマシだし，「あいつら」とはちがうと思っていて，社会政策に頼るという発想はない。社会政策がまさかそのような「自立神話」を補強しているとも思っていない。

2　働くか働かないか：社会保障の二重基準

アメリカでは，働かない者は生きていけない。日本と同様に「働かざる者，食うべからず」が貫徹されている。働きたいけれど働けないというのは理由にならない。働くか，働かないかの2択である。そして働く者は保険料を払い，年金や医療を受けることができる。働かない者については，公園のホームレス

のようにうしろ指をさされる覚悟があれば，なんとか「福祉」にありつけることがある。フォーマルな（公式の）「福祉」にありつけない人に，生きるための手段はほとんど残されていない。あるとしたら教会や寄付金によって支えられた非営利活動や慈善くらいのものであり，むしろそのような「チャリティ」のほうが，恥をしのいでフォーマルな「福祉」を受けるよりまともな選択肢だとアレックスをはじめ多くの人が思っている。

「働くか働かないか」という分類が重要な意味をもつアメリカの社会政策は，1930年代の「ニューディール政策」にひとつの起源をもつと考えてよいだろう。1929年の世界大恐慌による失業者の激増と労働運動の高まりを背景に，F.ルーズベルト大統領はニューディール政策を進めた。ニューディール政策は，公共事業を増やすことで失業者を吸収し，完全雇用をめざすものであった。できるだけ多くの雇用を生み出し，失業者をなくすことで人々が貧困におちいらないようにしたのである。これが「働く」を目標にした社会政策の先駆けであった。この取り組みが発展し，1935年に「社会保障法」が成立する。

社会保障法は，完全雇用をめざすだけでなく，「働く者」に対して老齢年金や失業保険を用意した。さらに，「働けない」と認定された高齢者や視覚障害者，そして子どものいる貧困家庭には公的扶助（特別扶助）と若干の福祉サービスを用意した。ただし公的扶助は，それを実施する州に連邦政府が補助金を交付するというかたちで「残余的」に行われてきた。

社会保障法の制定によって，「夜警国家」ともいわれた自由主義のアメリカで，はじめて連邦政府が市民の生活問題に強力に関与することになった。これが，人々の生活世界を「自立」や「自由」というマジックワードで管理しつづける社会政策のはじまりである。

ニューディール以来，アメリカの社会政策の対象は労働者と失業者にウエイトを置いている。労働者と失業者，すなわち「労働能力のある者」である。一方で，「労働能力のない者」をはじめとする貧困者に対しては，かつての救貧施策の延長である公的扶助が用意され，また各州や自治体が独自に定めた残余的な福祉サービスが長らく機能してきた。

なお，アメリカの社会政策にとって，次の転機となったのは1960年代であった。1964年にジョンソン大統領は「貧困戦争」を宣言し，職業訓練や雇用対策，

導入教育の充実，貧困地域へのコミュニティ・アクションなどによる貧困の克服が政策提言された。

こうした動きを背景に，1962年に社会保障法のなかにあった公的扶助が，幅広い母子世帯への扶助をも対象にした「要扶養児童家庭扶助（AFDC）」に変更され，また1964年には，低所得者に対する食料購入券の配布制度である「フードスタンプ（Food Stamp）」が，1965年には，低所得者を対象とした医療扶助である「メディケイド（Medicaid）」が導入された。さらに，労働能力のない高齢者・障害者に対して最低生活を保障する「補足的保障所得（SSI：Supplemental Security Income）」が1972年に創設された。

アレックスについていえば，おそらくこのフードスタンプ（食券）やメディケイド，補足的保障所得などを利用できる可能性があるが，彼のような一般市民の多くはこうした制度の存在をほとんど知らないし，そこを目指そうと考える者は多くはない。1960年代に導入されたこれらの公的扶助は，労働者と失業者，すなわち「労働能力のある者」とは別の人々——貧困者——のために残余的に導入されたものであり，年金保険や失業保険とは一線を画する「特別なもの」である。

このようにアメリカの社会政策は，一方で「労働能力のある者」に対する老齢年金や失業保険，もう一方で「労働能力のない者」に対する公的扶助という二重基準で成り立っている。乱暴ないい方をすれば，前者は市場に参加する者に保険料という支払いで安心を「購入」をさせることをねらっていて，後者は市場から締め出された者をはずかしめつつ（スティグマを与え），「飼い慣らす」ことをねらいにしている部分がある。人々の生活空間もまた，こうした二分法と「自立神話」によって支配されているのである［Bauman, 2005＝2008］。

3 「うしろめたさ」を伴う公的扶助

1990年代以降，先進諸国における社会政策のウエイトはますます「労働能力のある者」に置かれるようになり，その一方で「労働能力のない者」に対する公的扶助や手当はますます狭められる傾向にあるといわれている。「福祉（welfare）」よりも「労働（work）」が重要であるという意味で，こうした取り組みは「ワークフェア（workfare）」などと呼ばれている。

たとえば,アメリカで1960年代につくられた「要扶養児童家庭扶助（AFDC）」は,1996年に「貧困家庭一時扶助（TANF：Temporary Assistance for Needy Families)」へと改正され,救済という性格ではなく「就労促進」の機能が強化されることになった。このTANFは,厳しい条件付きの生活保護のようなしくみであり,生活保護をもらうためにその条件として職業訓練や講座を受けなければならなかったり,就職活動をおこなわなければならなかったりするというものである。つまり,生活保護の対象を完全に「労働能力のない者」だけに絞り込むために,こうした労働への誘導が制度化されたのである。
　「労働能力のある者」と「ない者」を明確に区別した社会政策は,当事者にとっては非常に使いにくい制度となる。なぜなら,働けるか,働けないかの区別は,それほど単純につけられるものではないからである。それでも,多数派である「労働能力のある者」に対して,社会・経済への「貢献」の見返りとして老齢年金や失業保険を給付するという考え方が強く支持されている。これこそがまさに「自立神話」である。
　そして,これらの「労働能力のある者」は収入さえ得られれば民間の営利サービスを購入できるから,生命保険や損害保険会社,あるいは有料老人ホームやベビーシッター等の営利企業が社会政策の重要な担い手になっている。
　とはいえ,労働＝貢献のチャンスに恵まれない者に対しても,積極的に就労促進の取り組みを行うという側面がある。とりわけ,障害があって就労や社会参加が果たせないことのないように,障害者や高齢者の社会参加と雇用機会均等が重視されている。
　一方で後者の「労働能力のない者」にも一定の生存保障がなされており,きわめて残余的,選別的ではあるが,一定の手当や給付の「恩恵を受ける」ことができる。とはいえ,「労働能力のない者」＝貧困者に対する社会政策はきわめてパターナリスティック・権威主義的であり,強いスティグマを伴い,かつ保障の水準は低劣である。
　社会政策におけるこうした二重基準は様々な問題を生む。問題のひとつは,冒頭のアレックスのような自己都合による失業とみなされる者やフリーター,低賃金労働者（ワーキングプア）への保障のあり方という点にあらわれる。社会政策は「完全に働ける者」と「完全に働けない者」に対して一定の機能を果た

すかもしれないが（もちろん残余的なものを含め），その境界線にいる人々，もしくは制度の利用資格にあてはまらない人々を数多く生み出し，彼らには利用できるサービスをほとんど用意してくれない。自己都合ではなく，過労や労働環境の悪さによって心身に不調を来たし，失業した者であっても，社会政策はそのような背景には配慮してくれない。こうして就労自立への導きが人々の生活空間を支配することになる。

4　収入の問題への回収

　アレックスが抱えている悩みを「収入」あるいは「失業」に矮小化してとらえて論じがちであることは，社会政策の現代的特徴のひとつをあらわしている。しかし，注意しなければならないのは，失業によって収入がないから病院に行けない，カードローンが払えない，食事がとれない，といことではない。

　彼の立場に立てば，むしろ逆である。まず，神経痛と関節痛がこのうえなく「つらい」。寝ても覚めても痛くて動けない日がある。人は誰でも，体が痛かったり，だるかったりすれば，仕事をしようなどという気はおきなくなる。それが長くつづけば，人生や将来に失望していく。就職活動をしてもうまくいかないし，面接まで行ってもどうせダメに決まっていると思うようになる。そうやって，食欲もなくなり，カードの返済もどうでもよくなって，ふさぎ込んでしまう。そもそも彼はメキシコ移民だから，家族は遠くて助けてくれないのかもしれないし，さらにもし彼が不法滞在なのだとしたら行政に助けを求めるよりも，ひっそりと誰にも相談せずに孤独に耐えようとするにちがいない。

　神経痛と関節痛を診察してもらい治療をつづけるために，とりわけアメリカでは多大な医療費がかかる。すべての国民が加入する医療保険はないので，もし自分で民間の保険会社に加入していなければ，医療費は全額自己負担となり，莫大なものになる。3日間の入院と手術で100万円の請求をされる，などという話はごく一般的である。だからアレックスは，なけなしのお金をもってドラッグストアに行き，市販の痛み止め薬を買って飲むしかない。その薬が自分に合っているのか，痛みの原因が何なのか専門家の診断を受けることもないまま。薬が効かないときはドラッグに走ることもあるだろう。その行為は薬物依存と精神疾患のリスクと背中あわせである。

子どもがいれば教育費もかかる。アメリカでは，医療と同じく教育もかなりの部分で民営化されているので，少しでも「良い教育」をさせたいと考える親は子どもを私立学校に通わせようとする。そのために習い事をしたり，家庭教師をつける。それらの「教育」はすべて民間の学習支援ビジネスとして成り立っていて，子どもへの投資という名の多大な出費が家計を圧迫する。またアメリカにおいて，住宅手当や公営住宅といった住宅保障は，きわめて残余的であるか，ほとんどない。民間アパートで家賃を滞納すればただちに追い出され，ホームレスになるしかない。教育と住宅の事情は日本とまったく同じである。

　もし失業して収入がないままでも，医療と住宅のサービスがあればアレックスの生活は劇的に改善されるだろう。医療や住宅をはじめ，社会政策が様々な領域で「民営化」されていると，彼の抱えている問題がただちに「支払い」の問題に回収されてしまう。つまり，収入さえあれば＝カネさえあれば，医療も受けられるし家賃も払えると思えてきてしまう。だから失業状態を解消するために就労が第一であると考えがちである。こうして社会政策は，アレックスの生活苦の原因が「失業」――収入が途切れていること――にあるかのように，問題のすり替えを行う。これは社会政策が生み出した「神話」であり，多くの人々の生活空間を支配している。こうした「神話」によって，身体の不具合をさしおいても就労しなければならないという「自己責任」の論理が強力に導かれているのである。

Ⅱ ── 権利と承認を獲得する空間

1　シングルマザーが生きる権利

　ケリーは4歳になる娘のアンと2人でイギリス・ロンドンの郊外に暮らしている。アンの父親はケリーが昔つきあっていた男で，いまはもう絶縁している。彼は5年前，つきあってまもないケリーに次第に暴力をふるうようになり，精神的・身体的な苦痛を負わせるようになった。

　ある日，彼にひどい仕打ちをされたケリーは，彼から逃げるようにこっそり家を飛び出してそのまま家には戻らなかった。1週間ほどホームレス生活をし，みすぼらしい格好で街を歩いていたところ，女性の緊急シェルターを運営する

NPOのボランティアに声をかけられ，勧めてくれたシェルターに入居することになった。

シェルターの運営費は市が補助しているので，入居費はかからなかった。アンを妊娠していることがわかったのは，そのシェルターで過ごしていたときだった。その後，シェルターを出てNPOの支援で生活保護を受けることができ，児童手当ももらえることになった。シングルマザーであり，またDV被害者として精神的ストレスに悩んでいることを主張し，市が運営する無料の公営住宅にも入居することができた。

アンの出産と入院の費用も心配いらなかった。というよりも，病院に行く際にお金の心配をしたことはこれまでに一度もない。イギリスの病院は費用がかからないからだ。アンが生まれてからは，児童手当に加えて母子家庭の手当も出ている。

いまケリーが心配なのは幼稚園の問題だ。それは，幼稚園の定員がいっぱいで入れないということではなく，また入園のための費用がないということでもない。彼女の悩みは，いま住んでいる公営住宅のある地域が貧しい労働者や移民の多く住む下町地域なので，アンが幼稚園で汚い言葉を覚えたり，いじめられるのではないかということにある。

生活保護を受けながら公営住宅で暮らしているケリーとアンのような世帯は，世間では「福祉依存」あるいは「ウェルフェア・マザー（福祉受給の母親）」などと揶揄されることもあるが，公営住宅にはそのような人たちばかりなのでケリーは気にしないようにしている。

むしろケリーは最近，シングルマザーとして生活保護をもらいながらアンを育てていくことに喜びと誇りをもてるようになってきた。近所の図書館や児童館にアンを連れて行って，一緒に時間を過ごすことも増えてきた。幼稚園で知り合ったシングルマザーの仲間と一緒に，母子家庭の手当を引き上げる運動をはじめるようにもなり，署名活動にも参加している。シングルマザーであるという自分たちの立場にプライドをもち，そのように生きることの誇りや，生きざるをえないことを主張していきたいと考えている。

市のソーシャルワーカーは生活保護をやめて仕事に復帰してはどうかと勧めてくることもある。しかし，幼稚園の帰りにアンを図書館に連れて行くのが日

課になり，それがアンの教育上も大切だと考えていると伝えたところ，ソーシャルワーカーも理解してくれるようになった。「マイノリティ」の生きる道は自分たちで主張して獲得していかなければならないし，この国の社会政策にはまだそれを保障してくれる余地があるとケリーは感じている。

2　「レスペクタブル」と「自助の精神」

　イギリスの社会政策は，16世紀からつづく「救貧法」の歴史の延長につくられ，大胆な改革がくり返されてきた。アメリカと同様に「働けるか働けないか」の区別にこだわっていた20世紀初頭の社会政策を経て，イギリスが今日の社会政策の骨格を築いた契機は1942年の「ベヴァリッジ報告」である。ここで「ゆりかごから墓場まで」の社会政策が構想される。

　ベヴァリッジ報告は，国民の最低生活保障（ナショナル・ミニマム）を行う「福祉国家」の建設を描いたものであり，労働者とその家族に対する「社会保険」こそが社会保障の中心であると主張した。「福祉国家（welfare state）」という言葉には，「戦争国家（warfare state）」を揶揄する意味が込められていた。また，全国民無料の医療サービスや，所得制限のない児童手当，これらを補完する「公的扶助」が暫定的に必要であるとし，さらには住宅保障，教育保障，失業扶助（のちに求職者給付）などの幅広い社会保障制度を充実させたのである。

　ベヴァリッジ報告が「社会保険」を重視した背景には，勤勉や節約，忍耐，修養などを「徳」とするイギリス流の自立観があった。勤勉に働き，自立することは「レスペクタブル（尊敬にあたいする）」なことであり，「自助の精神」にかなうことであって，多くの中流階級に支持された。

　だが，ベヴァリッジ報告が社会保険を重視したことの裏返しとして，選別的で残余的な救済措置であるという公的扶助（国家扶助）の性格は強められてしまった。また，受給者にとって「国家扶助」という名称は，救貧法の嫌な記憶——国の世話になっている迷惑者である証し——を呼び起こすものであった。

　1950から60年代に，経済成長を遂げた先進諸国において，貧困の問題は次第に人々の関心から薄れていった。だが，1960年代のイギリスでは，貧困がなお社会に蔓延していることや，公的扶助が有効に機能していないことが指摘されるようになる。この問題提起は「貧困の再発見」と呼ばれた。

そこで，ティトマス（Richard Titmuss）は，救貧法を継承する公的扶助の選別的性格を批判し，資力調査がスティグマとなって扶助の申請を阻み，補捉率を下げていることを問題視した。彼の議論に影響され，政府は公的扶助を「国家扶助」という名称から「補足給付」へと変更し，資力調査を簡素化することで受給者の権利性を強化しようとした。

　こうしてイギリスの公的扶助であった「国民扶助」は廃止され，1966年に「補足給付（Supplementary Benefits）」制度となる。「生活費を補う給付」というニュアンスをもつこの制度は，公的扶助による「救済」というスティグマを過去のものにし，すべての人々に市民権としての生活保障を理念として実行することを強くあらわしていた。

　だがその後，経済の低迷と財政危機を受け，イギリス福祉国家はさらなる大転換を迎えることになる。政権をとった保守党のサッチャー首相は，社会保障の削減，民営化，規制緩和を強力におしすすめ，社会保障制度の大改革をおこなった。この一環として，行政事務が肥大化しすぎていると批判された補足給付制度は，「所得補助（Income Support）」という名称の制度となり，効率的運営をめざして1988年から実施された。現在でも「所得補助」は，日本の生活保護と類似して，やはり選別性が強くスティグマを伴う公的扶助制度である。それでも受給率は日本の生活保護の2倍以上であり，ケリーのような母子世帯や若年層でも受給できるのが特徴である。

　20世紀の短期間に大きな改革をくり返したイギリスの社会政策であるが，その歴史は，いかに救貧法の呪縛をとりはらい，利用しやすい制度にしていくかをつねに問うてきた歴史であったといえる。またそれは，T.H.マーシャルが述べたように，富の占有を修正し，実質的な平等を追求する「社会的な権利」を確立させてきた歴史でもあった。

　しかしもう一方で，社会政策の根底には「自助の精神」も流れており，勤勉であることを美徳とする「レスペクタブル（尊敬にあたいする）」の人間観が根づいているといえる［泉谷・舩木 2011］。フェミニズムや反人種差別論をはじめ女性やマイノリティの権利運動が盛んになったことで，彼女らの「生きざま」に敬意を払う議論もようやく市民権を得るようになった。その結果，シングルマザーという生き方に対する「レスペクト」も，日本に比べれば相当に確立さ

れつつある。こうした空間のなかで，一方で「自助の精神」がなお強化されつつも，もう一方ではマイノリティたちの生活が特定の社会政策によって部分的にサポートされている。

3 マイノリティの権利を求める闘争

　1997年に再び労働党が政権をとり，社会政策における，いわゆる「第三の道」が提唱された。1960年代の労働党が行った福祉国家戦略（大きな政府）が第一の道，1980年代に保守党が行った社会政策の効率化・民営化（小さな政府）が第二の道だとすれば，そのどちらでもない（社会主義でも自由主義でもない）のが第三の道であり，あらたな社会政策への期待が高まった。

　「第三の道」の柱に据えられた価値のひとつが「社会正義」である。自由（至上）主義の考え方は一般的に個人の自由を追求し，そのため社会政策は効率化・民営化することをめざす。一方で，社会（民主）主義の考え方は個人よりも社会・経済全体の生産性向上をめざし，社会政策の統一的・画一的な実施をめざす。「第三の道」は，個人のアイデンティティを尊重しつつ，社会正義の観点から貧困や暴力のない社会・コミュニティを築くことを目標にしていくという理想主義的なものであった。とはいえ，こうした理念は多くの賛同をえられたが，現実の社会政策にかんしては社会正義の実現よりも，効率化と民営化が進むばかりであった。

　こうした近年の動向から，エスピン－アンデルセンの福祉国家レジーム論では，イギリスの社会政策はアメリカと同格の「自由主義レジーム」に位置づけられている。だが，ベヴァリッジ報告から1960年代までに構築された「福祉国家」としての分厚い社会政策の遺産が数多く残されており，人々が経験する社会政策はアメリカのそれとは異なっているはずである。全国民無料の医療サービス，所得制限のない児童手当，選別性の緩い公的扶助や住宅手当，低所得者のための手厚い住宅保障・教育保障は健在である。

　ケリーはシングルマザーであり，就労はしていないが，生活保護（「所得補助」）や各種手当をもらって公営住宅で暮らしている。これらのサービスの脇を固めているのが，無料の医療サービス，幼稚園，図書館，児童館といった充実した公共サービスとしての社会政策である。さらにその隙間を埋めるように，地域

の豊富なNPOやソーシャルワーカーが活躍している。

　もちろん，人々が経験する社会政策の空間は必ずしも「おだやか」とはいえない。就労しないで生活保護を受けようとするシングルマザーへの風当たりは強い。革新的でありながら一方で伝統を重んじるイギリスにおいて，保守層の間ではジェンダー規範が強く，ケリーのようなシングルマザーは「福祉依存」であると揶揄されることもある。ゲイ／レズビアンといった性的マイノリティに対する差別も，なお強く存在している。

　さらに，貴族制が残るイギリスで，階級や階層の隔たりはなお強いものがある。ケリーの住んでいる公営住宅のある地域は，貧しい労働者階級や移民の多く住む地域であり，都市では階層（貧富）による棲み分け（セグリゲーション）が極端に進んでいる。反人種差別主義（anti-racism）という視点からみれば，人種による棲み分けや，それによる社会的分断（social division）という問題もみえてくるだろう。日本では意識化・言語化されていない階級意識や人種意識というものが社会や社会政策の隅々に根をはっており，マイノリティの生存や生活を困難にする空間をつくりあげている。

　しかし，だからこそイギリスでは普遍的な社会政策を追求しようという理念や価値の議論が次々と生み出されてきた。それは，階級，ジェンダー，人種等による分断や格差を超えて，社会的な連帯や統合を強く希求する社会政策である。そして人々はシティズンシップにもとづいて保障される普遍的な社会政策に対する期待を込めて，差異やアイデンティティへの配慮，あるいはマイノリティとして生きる権利を主張しつづけている。

Ⅲ ◆── 公共サービスの遺産に支えられる空間

1　労働者のための社会保険とそれ以外

　シュミットは腕のいい修理工である。毎朝早くから愛車のヴァナゴンに機材を積んで市内全域の「現場」を駆け回る日々がもう何年もつづいている。彼はドイツ・ミュンヘンの郊外で，子ども3人と妻のメアリの5人で古ぼけた公営住宅に住んでいて，朝から晩まで仕事ずくめの毎日である。

　ある日シュミットは，仕事中にエアコンの台座を設置しようとして中腰のま

ま重い機材の入った道具箱を持ち上げた瞬間，腰をひどく傷めてしまった。そのまま床に倒れこみ，激痛でほとんど動けなくなった。1週間の入院をして，ぎっくり腰の治療とリハビリを行ったが，そのあとさらに1週間自宅で療養することになり，彼が再び「現場」に戻れたのは腰を傷めてから2週間後のことであった。

シュミットは自営業者であったが，修理工の全国組合があって，その組合が運営する社会保険に加入していた。入院とリハビリの費用は，ほとんどすべてその労災保険でまかなわれた。労災保険には傷病手当金もついていて，治療費だけでなく，仕事ができなかった2週間分の所得の補償として，平均給与の80％分が保険から支払われた。自営業者なのに休業中の所得補償がされたことで，彼は「社会保険大国」であるドイツをますます誇りに思うようになった。

社会保険には老齢年金，障害年金，介護保険もついているので，老後の心配をする必要もない。もちろん失業保険もあるから，いよいよ修理の仕事がきつくてつづけられなくなったら，少し休んで転職を考えてもよかった。そんな安心感もあって，シュミットは腰の様子をみながら再び修理の仕事に戻っていった。

それから1年後，今度は脳梗塞が彼を襲った。ソーセージが大好きだったシュミットは以前から高コレステロールであることを自覚していたが，自分の身体がそんなに「油まみれ」になっているとは思ってもいなかった。脳に血栓ができ，ぎっくり腰から1年後のある日，突然彼は意識を失って倒れた。退院した後も半身に麻痺が残り，仕事を辞めることになった。

修理工であることが彼の人生のプライドであり，アイデンティティであったので，仕事を辞めざるをえなかったことは大きなショックであった。シュミットのように，ドイツではやはり仕事（賃金労働）をとおして社会に参加し，アイデンティティを感じる人が多くいる。日本と同様だ。彼は現在もリハビリをつづけてはいるが，当面は就労できそうにないので，働けない者を対象とした「社会扶助」と呼ばれる生活保護を申請しようと思っている。働くことを誇りに思ってきたから，生活保護を受けるということは彼にとって屈辱であり，「役立たず」という烙印を押されたような気分にさせる。やはり社会政策の基本は社会保険であって，「社会扶助」を受けるのは気が引けてしまうというのがシュミットの本音である。

シュミットの病気発覚から間もないころ、彼の一番上の息子であるケルンが高校を卒業した。そしてケルンは来月から大学に入ることに決めた。幸いにも親がよほどの高額所得者でもなければ、ドイツでは大学の学費はすべて返済不要の奨学金でまかなうことができるので、息子の進学費用を用立てる必要はなかった。

　ケルン自身は、父親のように仕事（賃金労働）にアイデンティティをみいだすのは嫌だと感じている。いまの彼にとって、勉学こそがアイデンティティであり、大学生として勉強に専念できることは誇りである。真剣に勉強をしたいと思っている人がいるなら、それを保障してくれる制度があるのは当然だと彼は思っている。大学生は将来、企業や国家を支える重要な労働力であるから学費無料という「保護」を受けているのではない。社会や政府は熱心に勉強がしたいという学生の要求に応え、学ぶことで得られる彼らのアイデンティティを承認しているにすぎない、と彼は考える。だから、奨学金あるいは「社会扶助」を受けることにもためらいは不要であり、父親がどうしてそんなに劣等感を感じているのか理解できないでいる。

　ドイツの社会政策は社会保険が中心であるといわれるが、一方で公営住宅や高等教育のように無料または少額の支払いで利用できるサービスも数多くある。シュミットは「社会扶助」を受けるのをためらったが、その一方で、無料の公営住宅に住んでいる。ケルンが感じているとおり、父親のこうした感覚はある意味で矛盾している。多くの人が日常的にあたりまえに利用している公共サービスは、誰もが抵抗感なく活用できるものだ。「社会保険が中心」、すなわち「就労が第一」という現代社会政策のスローガンは、やはりあくまでひとつの幻想にすぎないのだ。

　ケルンはそんな思いを胸に、勉学への希望とともに大学生の道を歩みはじめた。その父親であるシュミットも、最近ではもっぱら近所にある深い森の公園を散歩するようになった。森の散策はドイツ人にとって深い意味をもっており、生活空間を豊かなものにするひとつの重要な要素となっている。仕事のみに生きがいを見出してきたシュミットも、時間的ゆとりをもつようになったことで、ようやく文化的な生活空間を手に入れはじめたのである。

2　国家主導の背景

　ドイツが「社会保険大国」としての基礎を築いたのは，19世紀後半におけるドイツ帝国の時期であったと考えられている。ビスマルクによって導入された世界最初の社会保険がその出発点となっていることは有名である。

　ドイツの近代化・工業化は，イギリスに比べると後発であったため，貧困対策についても他国の社会政策を参考に，国家主導で良くも悪くも効率的・効果的に行われてきた。また，イギリスにも増して，労働者による社会運動や体制への批判の声が国家の政策運営に大きな影響力をもってきた。とりわけ，自由主義に対する批判は，国家社会主義やマルクス主義として体系的に論じられ，ビスマルクの初期の社会立法も少なからぬ影響を受けている。

　ビスマルクは，これらの社会改良思想や運動によって，ドイツ帝国の体制転覆が図られることを危惧し，いわゆる「飴と鞭」の政策を行った。それは，一方では社会主義鎮圧法（1878年）等によって社会主義運動の弾圧を図るとともに，他方では労働者・失業者を保護する社会政策を用意するというものであった。このようななかから，1883年の疾病保険法（医療保険），1884年の労災保険法，1889年の障害者老齢保険法（年金）といういわゆるビスマルク社会保険三部作が制定される。そして，1911年には関連諸立法を体系化して「ライヒ保険法」がまとめられ，社会保険の運営を監督する統一的官庁が設立されるとともに，義務加入の範囲が拡大された。こうした経緯で，ドイツでは現在でもなお，おもに「労働者」を主な対象とした社会保険が社会政策の中心をなすようになっている。

　第二の転機は，社会民主党を中心に制定されたワイマール憲法（1919年）の時代である。「所有は義務を伴う」という形で自由主義経済に一定の歯止めをかける（法第153条）とともに，包括的な社会保険制度の導入（法第161条）や労働者の権利の保障（法第159条，第165条）などによって，すべての者に「人間としての尊厳を有する生活」を保障することを社会の義務としていた（法第151条）。この理念にもとづいて，「帝国扶助義務令」（およびその要件，種類，程度にかんする原則）がドイツで最初の公的扶助制度として1924年に制定され，第二次大戦後に至るまで実施された。

　1930年代のナチス政権下においては，国家・経済の発展をめざした人口政策，

家族政策，労働政策の一環として，優生思想や家父長制が重視され，また基幹産業で働く労働者，公務員，軍人を優先した社会政策の「整備」が行われた。このあたりの社会政策の発展プロセスは，日本のそれと非常によく似ている。社会政策の基盤は，こうした国家主導による社会保険と公的扶助によって確立され，人々は「労働者」として社会政策を利用することができるようになった。

3 三重のセーフティネット

第二次大戦後，老齢・障害年金，医療保険，雇用保険，労災保険をはじめとする社会保険（のちに介護保険も）の制度体系は残され，理念にかんしては，経済成長の担い手である労働者とその家族の生活を支える社会政策へと生まれ変わった。とはいえ，社会政策は近代的なジェンダー規範に縛られたままであったので，「男性稼ぎ手」の家族を前提にした家父長的な社会政策が運用されてきた。

こうしたなかで，「失業扶助（Arbeitslosenhilfe）」と「社会扶助（Sozialhilfe）」は，社会保険の「欠陥」を補うセーフティネットであると考えられてきた。たとえば，フルタイム労働者は社会保険に加入しているので，万が一失業したとしても，雇用保険を利用できる。これが第一のセーフティネットになる。だが雇用保険は通常は有期であるので，失業期間が長引いても仕事がみつからない場合，一定期間をすぎると保険給付が打ち切りになってしまう。そこで，ドイツでは引き続いて「失業扶助」が用意されている。失業扶助は，長期失業者やもともと雇用保険に加入していなかったパートタイム労働者・フリーターが失業したときに給付を受けられるもので，第二のセーフティネットとして機能する。そして，失業扶助の資格要件にも合わず，最低生活が保障されない場合は，第三のセーフティネットとして「社会扶助」と呼ばれる生活保護が最後に利用できるようになっている。

1962年から実施されている「社会扶助」は，日本の生活保護に非常によく似ている。社会扶助法の第1条には，次のような記述もある。「扶助は，受給者ができるだけこれに依存しないで生活する能力を身につけさせるようにし，その際に，受給者もその能力に応じて協力しなければならない」。また，社会扶助の基本原則として，「社会扶助の後置性の原則」が置かれ，「自助の優先」お

および「他者および他の社会保障給付による援助の優先」が記されている。

しかし，ドイツの労働政策の大転換をもたらしたとされる「ハルツ改革」によって，2005年にこの「失業扶助」と「社会扶助」という二重のセーフティネットに手が加えられた。最大の改正点は「失業扶助」の廃止である。代わりに「働ける者」を対象にした「求職者に対する基礎保障」（失業手当Ⅱ）が新たに導入された。長期失業している「働ける者」は，求職活動をすることと資力調査を受けることを条件にこの「求職者に対する基本保障」をえられることになる。

一方で，「社会扶助」は，老齢や障害によって完全に「働けない」と認定された者のみを対象とすることになった。これらの流れは，つまり英米と同様の「就労促進」の強化であり，「働くか，働かないか」の分類にもとづく社会政策を増強しようとするものである。「働ける／働けない」の判断基準として「一般労働市場の通常の条件下で，少なくとも1日に3時間の稼得活動が可能」かどうかという明確な基準も設けられ，両者の厳格な分類が試みられている。

「社会扶助」には家族による扶養義務の優先が規定されているが，これにはいくつかの例外や特別措置がある。たとえば，65歳以上の高齢者や重度の障害者に対しては，家族扶養の条件が緩やかに適用されることになっており，また高齢および障害による要介護者には「介護扶助」が用意されている。

4 社会保険よりも大切なもの

ドイツの社会政策でも，「働ける／働けない」の区分や「就労促進」が重視されているが，それでもアメリカとは大きく異なる点がいくつかある。それは，やはり社会政策そのものの範囲の広さや保障水準の高さであろう。

イギリスと同様に，社会保険と公的扶助にかぎらない幅広い社会福祉サービスの充実，および社会政策をとりまく公共サービスや社会インフラの充実ぶりに注目しなければならない。たとえば，子育てや教育の関係では，無料または低額の保育所や幼稚園の整備，高校および大学までの学費無料化（給付型奨学金制度），若年失業者に対する職業訓練や職業教育の保障などがあげられる。もちろん，普遍的な各種家族手当・児童手当もある。

労働関係でいえば，週労働時間の短縮（ディセント・ワーク），有給休暇や産休・育休の確実な取得権，最低賃金制度などがあって，「過労死」や「ワーキング

プア」を防いでいる。

　住宅関係では，人口の2割が入居しているという無料または低額家賃の公営住宅，貧困者や住居喪失者に対する住宅手当給付などがある。こうした住宅保障があることで，ホームレス（野宿生活者）が街にあふれるということは基本的にはありえない。集合住宅にはオイルヒーターが完備されていることもあり，燃料は市が準備するので冬に暖房費がかさむようなこともない。

　その他，街には無料の美術館や博物館があり，無料の公営墓地や葬祭サービスがあり，無料の高速道路や深い森の公園がある。これらの公共サービスが家計の出費を抑えてくれ，また文化的な生活空間を実現している。

　シュミットは障害を負って仕事を失ったが，住居を追われることはなく，息子のケルンも大学に通おうとしている。こうした社会政策や公共サービスによって，ワーカホリックであったシュミットも，森の散策を趣味にして余生を過ごすようになった。彼の家族を支えているのは，やはり社会保険というよりも，公的扶助，教育・福祉サービス，そして公共サービスによるところが大きい。政府は社会保険を中心とした就労促進型の社会政策をより完璧なものにしていこうと試みているが，一方で，市民たちは普遍的な手当や扶助，福祉サービス，そして歴史的に蓄積された豊かな公共サービス——緑豊かな深い森を含めて——の「遺産」をいかに守っていくかということに関心があるといえる。

Ⅳ──むすび

　社会政策を利用する「当事者の経験」という視点から，社会政策の空間を描きだしてみた。当事者である人々は，日々の暮らしのなかで社会政策の制度的枠組みや，その規範・言説にとらわれ，様々な経験をしながらみずからの生活空間を確保している。

　本章では同時に，アメリカ，イギリス，ドイツという3ヶ国の社会政策の具体的な制度とその沿革，およびそこで重視されてきた価値などをあわせて提示してみた。こうした制度的な枠組みや歴史的蓄積によって，社会政策は人々の生き方の幅を制御し，社会政策が私たちの生活空間をつくりあげていると考えることができる。

さらにいえば，社会政策は人々管理したり統治したりする機能をもっている。人々の欲望やインセンティブをチェックして分類・評価し，あるいは制御し，そして生の営みや感情そのものを「社会に役立つもの」＝「資本」に仕立てあげようとする［白石 2010］。そこで「役に立たない」と評価が下された人々は「廃棄物」のように辺境に追いやられることになる［Wacquant 1999=2008；Bauman 2005 =2008］。就労促進を重視する現代の社会政策は，まさにこうした「商品化」を促進している。

　人々の「経験」からは，社会政策の実質的・実体的な権利が，法や制度の記述のみからでは十分にとらえきれないことを確認することができる。スピッカーが示唆しているように，社会政策の供給・利用システムは，「割当」の方法を中心とした供給原理のみならず，分配的正義論や政治イデオロギーによって左右されるし，あるいは社会の支配的価値にもとづく依存やスティグマ，そしてパターナリズムといった経験によって受給レベルで構成されることを忘れてはならない［Spicker 1995=2001：172-189；203-211］。また，この閉塞的な社会政策の空間を打破していくために，より普遍的で「脱商品化」された社会政策の空間を求める「声」やその価値をめぐる議論の意義をあらためて確認すべきであろう。

　なお，マイノリティのアイデンティティや差異への配慮が求められる今日，「人々」を包括して語ること，および「人々」が経験を共有しているかのようにとらえることの危険性については，既にカルチュラル・スタディーズ等の議論で述べられている通りである。本章では，この点について十分に理解をした上で，あえて一定の社会政策の空間を共有する（少なくとも先進諸国においては）私たちの「生」の普遍性に着目したいと考えた。社会政策の議論はこれまで当事者の経験や生活空間への理解を無視した立論に終始してきたきらいがあり，本章はその問題構成に異議申し立てをおこない，「人々」の視点で「社会政策の空間」をとらえなおし，それを記述する枠組みについてなお多くの課題が残されていることを示そうとしたにすぎない。

【参考文献】

- Bauman,Z.（2005）Work, Consumerism and the New Poor, Second Edition, Open University Press（＝伊藤茂訳（2008）『新しい貧困——労働，消費主義，ニュープア』青土社）
- Comité invisible（2007）L'Insurrection qui vient, La Fabrique Éditions（＝不可視委員会著，来たるべき蜂起翻訳委員会訳（2010）『来たるべき蜂起』彩流社）
- Derrida,J.（2001）L'université sans condition, Éditions Galilée（＝西山雄二訳（2008）『条件なき大学』月曜社）
- 泉谷周三郎・舩木恵子（2011）『地域文化と人間』木鐸社
- 金菱清（2008）『生きられた法の社会学』新曜社
- Morris-Suzuki, Tessa, 大川正彦訳（2000）『辺境から眺める——アイヌが経験する近代』みすず書房
- 白石嘉治（2010）『不純なる教養』青土社
- Spicker,P.（1995）Social Policy: Themes and Approaches, Prentice Hall（＝武川正吾・上村康裕・森川美絵訳（2001）『社会政策講義』有斐閣）．
- Wacquant,L.,（1999）Les Prisons de la misere, Éditions Raisons d'Agir（＝森千香子・菊池恵介訳（2008）『貧困という監獄——グローバル化と刑罰国家の到来』新曜社）

〔金子　充〕

Chapter 8 社会政策の古典的視座(1)
❖ 自由主義と保守主義

0 ── はじめに

　その成立から展開に至る一連の過程において，社会政策は何か単一の思想や政治的立場によって導かれたわけではなく，紆余曲折を経ながら様々な政治思想や知的伝統とかかわってきた。既存のあらゆる社会政策は，例外なくどの国においても，常に様々な政治的立場にもとづく多様な観点から評価され，あわせてその修正や改善を求める様々な要求にさらされ続けてきた。多様な政治的要求をめぐる支持のあり方とともに社会政策の枠組みや内容は常に変化してきたし，これからも変化し続けていくだろう。

　これからの社会政策について考えるためには，これまで人々が社会政策をどのように考え，社会政策に何を求めてきたのかを理解する必要がある。本章は，これまで社会政策のあり方をめぐる議論やその「改善要求」に一定の方向づけを与えてきた，いわば「古典的」な政治的視座について検討する。具体的には，これまで社会政策のあり方をめぐって提起されてきた多様な見解のなかから，価値や志向性を共有する4種類の政治的立場を区分し，それぞれの立場において重視される基本的な価値観を踏まえたうえで，そこから導かれる基本的な社会政策観を描き出していく。

　なお本章のタイトルにある「古典的」という形容詞は，その指示対象となる一連の政治的視座が今日において全面的に「古くなった」とか，「役目を終えた」ものとして扱うことを念頭においているわけではない。そもそも「古典」には，「過去のもの」という以上に，いつの時代にも参照されるべき普遍的価値のあるものという意味が含まれる。本章において言及した政治的視座は，今日の社

会政策へとつながる一連の政策群が姿を現し始めた当初から，その是非やあるべき姿を論じる際の立脚点であり続けてきたものであり，そしてその伝統は次章に述べるような「現代的視座」においても様々なかたちで受け継がれているのである。

I ── 自由主義と社会政策

自由主義(リベラリズム)とは，その字義通りに理解するならば，自由を尊重する立場ということになろう。改めて確認するまでもなく，今日の私たちは，自由を，まず何よりも尊重されるべき重要な概念として理解している。しかし，本来は同列に論じにくいことがらについて，たとえば土地や身分制に縛られていた人々が自分の能力や適性にあった職に就けるようになることと，夕食に好きなものを食べられるということとが，同じ自由という言葉で表現できることからもわかるように，そもそも「自由」とは，多様な意味がそこに含まれうるきわめて多義的な概念である。金田耕一が指摘するように，「自由という言葉は，ちがった時代や場所で，それぞれの政治家や思想家たちによって，さまざまな目的や思惑のもとにもちいられる，きわめて多義的な言葉である」[金田 2000：9-10]。実際のところ自由の概念は，いわゆる「自由主義者」に分類される人々のみならず，(後述する)異なる立場の人々にとっても重要な意義をもっている。むしろ「自分たちの目指す社会の方が(「自由主義」のそれよりも)真の自由をよりよく尊重することができる」という論法(ロジック)は，自由主義以外の立場に分類される人々によってもかなり広範に用いられるものである。それゆえ，「自由を尊重する立場＝自由主義」という規定では，実は何も説明できない。だからまずここでは，一般に「自由主義者」に分類されうる人々が重視する自由が，そもそもどのような意味を含んでいたのかを示すことから議論を進めていきたい。

1　自由主義における「自由」の意味・価値

一般に，自由主義が強調する自由とは，まず何よりも「個人(として)の自由」である。多様な個人の人格はそれぞれが最大限の道徳的優位性をもち，それゆえ個人が感じたことや決めたこと，なしたことは最大限に尊重すべきであると

いう考え方，すなわち「個人の自由の不可侵性」という原則が，自由主義の立脚点である。そして，そうした個人の意思決定や行動を制約する外部からの干渉や強制が最小化された状態こそが，自由主義にとって達成され，維持されるべき「自由」である。自由主義が目指す理想的な状態とは，多様な価値や志向性をもつ個人が，外的な干渉や強制を受けることなく，最大限に幅のある選択肢のなかから自らがなすべきことを決定し，実際に行動に移すことのできる環境が最大限に確保された状態，とひとまずはいうことができる。近代における自由主義の原理を定式化したJ.S.ミル（John Stuart Mill）は，ある社会が自由な社会だといいうるために尊重されるべき自由の領域として，良心の自由，思想と感情の自由，意見と感想の完全な自由，言論・出版など表現の自由，嗜好の自由および自分の性格に適した人生を計画する自由，自分が好む行動をとる自由，個人間の団結の自由，をあげている［Mill 1859=2006：33］。

　もちろん，外部からの強制がまったくない状態が個人の自由を最大限に確保しうるのかといえば，決してそうではないだろう。まったく制約がない状態における個々人の自由な活動は，他者とのあいだで容易に衝突を引き起こし，場合によっては一方による直接的な力の行使が他方の身体や精神に深刻な損害を生じさせ，その自由を侵害することがありうるからである。それゆえ，ある種の外的な強制ないし干渉は，すべての個人の自由を平等に尊重するために，正当なものとして容認される。それでも，そうした干渉は，きわめて限定されたものでなければならないとするのが自由主義の基本的な姿勢である。自由主義が容認しうる，個人への干渉のあり方にかんする一般原則として知られているのが，いわゆる「危害原理」である。ミルは以下のように訴える。

　　人間が個人としてであれ，集団としてであれ，誰かの行動の自由に干渉するのが正当だといえるのは，自衛を目的とする場合だけである。文明社会で個人に対して力を行使するのが正当だといえるのはただひとつ，他人に危害が及ぶのを防ぐことを目的とする場合だけである［Mill　1859=2006：27］。

　以上のように，自由主義とは，個人が「他人の幸福を奪おうとしない限り，そして，幸福を得ようとする他人の努力を妨害しないかぎり，みずからの幸福

をみずからの選んだ方法で追求する自由」[Mill 1859=2006：34]を尊重する立場をいう。ただし，こうした考え方は，自由な個人は概ね適切な意思決定や行為をなしうるものだという，人間の判断力や「理性」，およびその進歩への強力な信頼によって成り立つものでもある。いい換えるならば，自由主義がその適用対象として想定する「個人」とは，一般的な意味での「人」ではなく，自律的・理性的な行為者であり合理的な判断力を備えた主体——近代的な市民——なのであって，先述のミルの言葉を借りれば，「判断能力が成熟した人」[Mill 1859=2006：28]なのである[1]。もちろん，ここでいう理性的あるいは合理的な主体とは，あらゆる種類の知識を兼ね備えた全能の個人を意味するのではなく，自分が何者であるのかをよく理解しつつ，自分にとっての価値や利益を追求し続ける意志をもち，そのための努力を厭わない個人，そして自らの意志決定にもとづく行為にともなって生じるかもしれない不利益な結果をも引き受ける覚悟をもつ，いわば「責任」ある個人を意味する。このような意味で，自由主義は，自助努力あるいは自己責任という発想ときわめて親和的であるといえる。こうした責任ある個人のそれぞれが自己の利益や価値を自由に追求していくことにより，個々人の理性にも進歩が促され，あわせて社会全体にも有益な効果をもたらすであろうという道筋が，自由主義においては暗黙のうちに想定されているのである。

2　自由の前提条件：私有財産と市場

　こうした「個人の自由は尊重されるべきだ」という自由主義の発想は，人間社会にとって最も重要な営みである経済活動に関する理解のあり方にも，大きく影響を及ぼしている。一般に自由主義の経済観を特徴づけるのは，個人の自由を保障する経済基盤としての「私有財産」と，その自由で公正な獲得を保証する制度としての「市場」の重視である。J.グレイ（John Gray）は以下のように指摘する。

　　すべての古典的な自由主義思想家によれば，個人の自由への支持は私有財産と自由市場の制度の承認を含意している。……私有財産はその最も根源的形態における個人の自由を具現するものであり，市場の自由は人間の基

本的な諸自由の不可分な構成要素をなしている[Gray 1986=1991 : 95-96]。

　私有財産の擁護は，以下のような論理によって説明される。個人の自由を何よりも重んじる自由主義は，自己の能力を行使する自由を尊重すべきことを主張する。しかし実際にはその自由は，他者から強引に奪い取ったものでない限り，自己の能力を行使することによって生み出した何らかの財を自らの支配下におくこと，すなわち「所有」し，財産を形成することにかんする正当性が一般に認められる（ひいては法的に権利として保証される）ことによって，はじめて担保されうる。逆にいえば，自らの能力を駆使して生み出されたものが自分以外の他者によって所有されるという事態は，それを生み出した個人の能力それ自体を含めて他者の支配下におかれたこと，自らの行動が他者の目的に従属していることを意味するのであり，極端ないい方をすればそうした状態は「奴隷」に等しい。それゆえ，私有財産は擁護されなければならないのである。そのうえで，私有財産は個人が自由にふるまうための具体的手段として活用されうるという観点から，その所有にさらなる正当性が付加されることになる。

　しかし，財を生み出す人間の能力には最初から限界があり，そのモトになる資源もその多くは有限である。自分に利益をもたらす財のすべてを，個人の力で生み出すことは事実上不可能である。それゆえ人々は，自分にとって有益ではあるが自ら生み出すことはできない財を，生産とは別の方法で手に入れなければならない。具体的にいえばそれは，他者が所有する財を自分の所有に置き換えることである。そして個人の所有する財を実力によって奪い取ることが自由主義の基本理念に反するとするならば，残された選択肢は，様々な財を欲する個々人のあいだで，自らの所有する財の一部と他者のそれとを自発的に取引──交換──することによって入手する以外にない。そして実際に，何らかの財を欲する人々と財を提供する用意のある人々とのあいだの自発的な交換にもとづいて成立する，あるいは自発的な交換を成立させる制度は，人間の社会のなかに古くから存在してきたのであり，それは「市場」と呼ばれてきた。市場での交換に供すべき特定の財産をもたずとも，個人が「労働力」という唯一の手持ちの交換手段とともに参加しうる（擬制的）市場も社会には存在する。それを一般に「労働市場」と呼ぶ。

個人の自由を重視する自由主義は，個人の自発的意思にもとづく市場の交換システムを，他の交換システムよりも道徳的優位性をもつものとみなす。そのうえで，あらゆる個人が自由に参入しうる市場の状態——自由市場——を望ましいものとし，市場に関する外部からの干渉や制約は取り除かれるべき障害とみなすのである。

　さらに，自由主義の立場から市場という制度を正当化し，擁護するために用いられてきたのは，いま述べた「道徳的優位性」にかんする論拠だけではない。むしろそれ以上に強力な論拠となっている(きた)のは，市場がもたらす「効果」の有益性にかんするものである。すなわち，市場における自発的交換を通じた財（およびその集積としての富）の個々人への配分プロセス——市場経済——は，需要と供給にかんする自動調整メカニズムを介して財の効率的な生産と最適な配分を実現しうるものであり，その帰結として社会全体の富を向上させ，人々の福祉の向上に貢献するという論法(ロジック)である。また，市場が種々の制約から自由であればあるほど人々の経済活動と競争がより活性化させられるという観点から，「自由市場」をより望ましいものとみなす。もちろん，市場に参加する個人の能力や私有財産の持分はそれぞれ異なるため，市場経済はその過程で必然的に不平等や格差を生じさせる。しかし，そもそも個々人のあいだに存在する価値観や能力の違いを積極的に認めようとする自由主義の立場からすれば，不平等の発生それ自体は自然なことであり，むしろ平等でない状態こそが人々の経済活動へのインセンティブを高めるのである。さらに市場の働きが社会全体の富を増大させる結果として，最底辺の人々の取り分自体も増大するであろうという理由づけにより，市場経済がもたらす不平等は自由主義において容認されるか，積極的に肯定される。逆にいえば，不平等を是正しようとする努力は，個人の自由と根本的な対立関係にあるものとして捉えられる。

　以上みてきたように，自由な個人による経済活動を支える不可欠な制度としての市場という考え方，そして自由市場を中心に据えた経済体制を重視するという発想のあり方は，自由主義の立場における共通の傾向として理解することができる。

3　自由主義と社会政策

　個人の意思決定や行為を何よりも重視するという姿勢において一貫する自由主義の観点からすれば，それを制約する外的な強制力は，常に批判の対象となりうる。それゆえ自由主義者は，強制力の行使を必然的に伴う国家（政府）の活動一般に対して，それが多かれ少なかれ個人の自由を損なわせるという観点から，常に批判的な姿勢(スタンス)を維持しようとする。そもそも自由主義の立場それ自体が，国家を個人の自由に対する最大の脅威と捉え，個人の「国家からの自由」を追求した様々な種類の（思想，政治，経済，社会）運動・実践にかんする潮流のなかから，徐々にかたちづくられてきたものである。もちろん自由主義のこうした姿勢(スタンス)は，先にも述べたように，今日において個々人の平等な自由を保障するために行使される強制力の執行そのものを全面的に拒絶するわけではない。自由主義の視座において重要なのは，個人の自由の擁護と政府の活動は，緊張関係のもとで捉えなければならないということであり，政府のなすべき活動は個人の自由という観点によって常に制約を受ける必要があるということである。自由主義の原理と政府（国家）のあるべき関係について，グレイは以下のように整理している。

　　自由主義の原理が厳格な規則による政府の制限を命ずるということは明らかである。自由主義的政府は，制限政府以外のものではありえない。というのも，自由主義の伝統におけるすべての潮流は，政府が承認し尊重すべき，まさしく政府に反しても訴えることのできる権利や正義への要求を個人に付与しているからである［Gray 1986=1991：109］。

　こうした観点から，自由主義において正当なものとして認められる種類の政府活動とは，ひとつには思想・信条，表現，言論の自由といった個人の基本的自由を保護するために必要な――もちろん政府が行使する権力をも拘束しうる――諸規則を法として明文化することであり，ふたつには，個々人が自由を実質的に享受するために必要不可欠であるが，市場においては十分に入手し得ない財，いわゆる「公共財」の提供にかんするものに限定される。防衛や外交にかかわる軍事力の整備，法と秩序の維持を通じて人々の安全を守る警察や消防といった諸活動が代表的である。初期の自由主義者は，政府の活動をこれらに

限定すべきとする，いわゆる「夜警国家」論を展開したが，その後はもう少し幅広く，道路や水道等の社会的インフラ整備や公教育の提供，市場の健全な機能を維持するための監視・規制，または大気や水質といった環境を保護するための規制といった種類の政府活動にかんしても，（もちろんその程度にもよるが）自由主義の観点から一般的に擁護されるようになっている。そして経済活動に従事する能力を欠く人々が自力での生存を維持することが事実上不可能であるという理由から，あるいはそれ以外の理由（たとえば治安維持や公衆衛生等）により，政府による最低限の所得や福祉サービスの保障も容認されうる。

　しかし逆にいえば，これらの範囲を超えて政府の活動が展開されることは，個人の自由への深刻な脅威として捉えられ，批判の対象となる。とくに最低限の所得保障や福祉サービスを超えて社会政策の対象範囲が拡大し，個人的権利として広く保障されることについて，自由主義は厳しい批判のまなざしを向ける。その論法(ロジック)には様々なものがありうるが，自由主義は第一に，社会政策の拡充は，市場機能を損なわせて経済効率を阻害するものとみなす。社会政策は，それが政策である以上必然的に，人々が市場における自由な経済活動を通じて獲得した財の一部を，主に課税というかたちで強制的に徴収することによって財源を作らなくてはならない。それゆえ社会政策の大幅な拡充は，必然的に課税の大幅な拡大をもたらす。このような事態は，端的にいって「私有財産」への侵害であり，かつ投資や消費あるいは寄付といった行動にかんする個人の選択肢を奪うことになるという意味で，さらには税として徴収された分だけ自由な投資や消費が行われなくなり，結果として経済的な損失をもたらすという意味で，自由主義者にとっては深刻な問題とみなされる。

　また，社会政策を通じて実施される各種の規制や給付は，市場における自由な経済活動の制限と同義である。たとえば，労働時間の法定化は，それ以上に長く働きたいと考える人々の自由の侵害であり，最低賃金制度は最低ラインの賃金を支払えない事業体が市場から実質的に締め出されることを意味する。こうした規制を増やすことによって，自由な経済活動を停滞させ，働きたいと望む人が実際に働く場（自由）を得られないという悲劇を招くかもしれないことを，自由主義者は危惧する。

　さらに，社会政策の拡充とともに政府による手厚い所得保障や福祉サービス

が権利として保障されることにより，経済活動（＝働くこと）への動機づけを欠く「依存的」な人々が増えることへの懸念が，自由主義の立場においては広く共有される。そもそも多くの自由主義者にとって，自由な社会の基礎をなす市場経済は，万人への機会が開かれた望ましい経済のあり方として理解される。市場での競争は，その敗者に一時的には困窮状態をもたらすかもしれないが，そこからの脱却を望み，努力を重ねるならば，そのような人々にも常にその機会が与えられる場として機能するはずである。そうした観点からすれば，長期にわたって困窮状態にある人々は，そこから脱却する意欲を欠く人々として理解される余地が生じることになる。このような人々に対してまで手厚い所得保障や福祉サービスが保障されるならば，経済活動への意欲を失った依存的な人々が経済活動全体を停滞させ，大きな損失を生じさせてしまう可能性を自由主義者は警戒する。そしてそれ以上に深刻な問題として，自由主義の前提となる「責任ある個人」と正面から対立する「依存的な人々」が増えるかもしれない事態は，自由主義が拠って立つ社会基盤そのものが掘り崩される可能性を示唆する。それゆえ自由主義者はそれを決して看過できないのである。

　もちろん，高齢や障害，傷病といった要因により，経済活動に従事する能力を明らかに欠く人々に対して，政府の責任で所得保障や福祉サービスを提供することは，自由主義の観点からも正当なものとして理解される。ただし，それを受けるための基準が緩やかすぎたり，保障の水準があまりにも高い場合には，本来給付を受けるべきではない人々も給付を受けてしまう可能性が生じ，その経費を負担させられる一般の人々の経済活動への動機づけにも否定的な影響を及ぼすことになる。それゆえ，自由主義の観点によって正当化される社会政策は，それを要求する人々にかんする厳しい選別基準とプロセスによって「救済に値する」人々とそうでない人々を的確に区別するしくみを前提としたものでなければならないし，そこで保障されるべき水準はあくまでも最低限のものでなければならないのである。ただし，この「最低限」が具体的にどのような保障水準になるのかは，社会的文脈によって大きく異なる。

　以上のような論法に加え，自由主義の観点から社会政策を批判する際に頻繁に言及される以下のような論点がある。すなわち，社会政策の拡充によって，①本来は市場において提供しうる財やサービスまでを政府が提供してしまうこ

と，②肥大化し硬直した官僚機構が財やサービスの供給を担うために非効率的で過剰な供給となりがちなこと，それと関連して，③公的に給付される財やサービスの内容が利用者(クライエント)の必要(ニーズ)から乖離しがちであること，④慈善事業やボランティア活動といった人々の自由な福祉活動への意欲を損なわせていること等である。こうした論点にもとづき，先進諸国における近年の社会政策のあり方をめぐる議論では，大きくなりすぎた公的給付および福祉サービス部門(セクター)を民営化(プライヴァタイズ)し，そこに市場経済の原理を働かせるための「規制緩和」が必要であるという論法(ロジック)が，自由主義の立場から積極的に提起されてきた。

4 「自由主義」の変容と分岐

　近代の政治思想あるいは政治理論としての自由主義は，今日の私たちがあたりまえの前提として暮らしている，近代社会あるいは資本制産業社会という社会のあり方を成立・発展させる過程において，重要な思想的・政治的基盤を提供してきたことは間違いない。しかしながら自由主義は，個人の自由を尊重し，その基盤としての市場経済を重視するという一貫した特徴をもつ一方で，不変的な主張を頑なにくり返してきたわけでもない。むしろそれをとりまく社会環境の変化とともに，「個人の自由」を擁護し，保障するための方策を要求するその内容も大きく変化してきた。とりわけ19世紀末から20世紀の初めにかけて，多くの国々において，もっとも効率的な分配システムとしての市場経済という理解が大きく揺らぎ始め，個人の「自由の条件」としてではなく，むしろ著しい格差や貧困，ひいては深刻な社会分裂をもたらす「自由への脅威」としての市場経済という理解のあり方が，社会的に大きな影響力をもつようになる。こうした文脈において，後述するような自由主義に対抗する思想的潮流が生みだされた結果，それらとの激しい対立関係のなかで，自由主義という政治思想／理論のもつ実質的な意味合いも大きく変わってきた。

　すなわち，個人が自由であるために必要とされる諸条件にかんする理解のあり方が大きく変化し，かつてのように人々の生活や市場経済に対する政府の関与は少ないほど望ましいとする思想的／理論的立場から，人々の自由を実質的に保障するためには，人々の生活や市場経済のあり方にかんして，政府の積極的な関与の必要性を積極的に容認する立場へと，いわば自由主義の内実は徐々

に変化してきたのである。とくに20世紀に入って以降,先進各国における社会政策の劇的な拡充から福祉国家の登場へと至る背景の一部には,こうした自由主義の政治思想／理論にかんする自己変容ないし分岐のプロセスが大きく関わっている。福祉国家の青写真を描いたW.ベヴァリッジ（William Beveridge）が自他ともに認める「自由主義者」であったことは,そのひとつの裏づけとなるであろう。

以上のような理由から,19世紀末をひとつの転機として,それ以前の主流派をなしていた自由主義を,それ以降から現代において主流派(メインストリーム)となった自由主義(リベラリズム)と区別し,古典的自由主義と呼ぶことがある。その後,古典的自由主義と分岐した,いわば「現代自由主義(リベラリズム)」は,戦後福祉国家の成立・発展プロセスの中で,それを理論的あるいは政治的に正当化する論拠を提供することとなった。しかし,1970年代後半以降,先進諸国において生じた「福祉国家の危機」が契機となり,様々な立場から戦後福祉国家への異議申し立てがなされた。そうした文脈において,戦後福祉国家のもとで形成されてきた社会政策のあり方を厳しく批判する論拠として,古典的自由主義の視座ないし発想が再び大きく脚光を浴びることになる。古典的自由主義の発想を今日的な文脈において復刻させたかたちの政治思想／理論を,現代自由主義と区別して一般に「リバタリアニズム」とか「新自由主義(ネオリベラリズム)」と呼ぶ。本節の1～3において示した内容は,基本的には古典的自由主義の観点から導かれたものであるが,それゆえ今日におけるリバタリアニズムあるいは新自由主義(ネオリベラリズム)に関する発想のあり方を要約したものと理解しても差し支えない。とくに2および3において示した内容は,今日の社会政策のあり方をめぐる重要な争点であり続けているのである。

Ⅱ── 保守主義と社会政策

自由主義と同様,保守主義も一見したところでは捉えにくい概念である。一般的には,既存の文化的価値や伝統を守ろうとする立場,もしくは変えることに慎重であろうとする態度を意味する。こうした態度は人々の素朴な生活感情に由来するものであり,あらゆる時代のあらゆる人々が多かれ少なかれ有しているものであろう。保守的な発想それ自体は,人類の歴史とともに古くからあ

るものであって，それゆえこの一般的定義だけでは，その指示対象を明確につかみ出すことは難しい。だがここで問題にしたいのは，近代社会が生み出した必然的産物としての社会政策のあり方をめぐり，ある一貫した思想的背景に基づいてかかわろう（コミットメント）としてきた近代的思想としての保守主義である。以下では，近代思想としての保守主義が登場してきた歴史的文脈に言及しつつ，その輪郭を描き出すことから検討を進めていきたい。

1 保守主義の歴史的文脈

近代における政治思想／理論としての保守主義は，近代啓蒙思想への懐疑から出発し，その一貫した批判を通じてその輪郭をかたちづくってきた。啓蒙思想とは，イギリス経験論の影響を受けて，18世紀フランスで大規模に展開した思想運動である。それは歴史のなかで現実的な力をもち，西欧諸国において近代社会を到来させる原動力のひとつとなった。啓蒙思想がその使命（ミッション）としたのは，伝統社会のなかで培われた諸権威や制度によって著しく制約された人間の理性を，その蒙昧状態から解き放つ（啓く）ことであった。啓蒙思想は，伝統社会の因習によって形成された政治的権威や宗教的権威，およびそれらを基盤とする「非合理的」な社会的諸制度に挑戦し，それらを人間の理性のはたらきによって乗り越え，社会の諸制度を合理的に再編成することを目指したのである。近代啓蒙思想は，いくつかの思想的／理論的潮流によって構成されるが，前節で言及した自由主義も，啓蒙思想の中核を構成する思想的潮流であり，かつその産物でもある。その意味で保守主義は，初期にあっては自由主義の思想的対抗者として登場してきたという側面ももつ。

啓蒙思想は，個々の人間がもつ理性への信頼と尊重をその基礎におく。それは，理性的な個人が抱く多様な価値は平等に扱われなければならないことを示唆し，逆にいえばそうした発想のあり方は，すべての個人が共通に従うべき絶対的価値の存在を否定する「価値相対主義」を導く。しかしその一方で，あらゆる個人の生が自己充足的に完結することは現実にはありえないため，啓蒙された個人も社会を形成し，そのなかで多くの人々とともに生きていかねばならない。こうした必要性にもとづき，価値相対主義と両立しうるほぼ唯一の社会的・集合的意思決定の枠組みとして，近代社会が導き出した解答が「民主主義」

である。民主主義はひとつの思想であると同時に，本質的に多様である個々人の意志をそれぞれに尊重しつつ，それを集計することによって社会的な意思決定へと結びつける，近代社会の前提をなす社会装置でもある。

また啓蒙思想の根底には，人間社会を含めた世界の全体を理性の下で合理的に制御・支配しうる／すべき対象として捉える思考が一貫して横たわっている。こうした発想の延長線上に，民主主義とともに近代社会を特徴づける「産業主義」の精神が導き出されることとなる。産業主義とは「絶えざる技術革新を起爆力とする人間と社会の不断の再組織化の運動」［落合 1987：16］であり，合理的な判断のもとに生産力を増強すること，絶えざる合理化によって生産効率を上昇させることを望ましいとする価値判断のあり方を意味する。民主主義と産業主義は相互に影響を及ぼし合いながら，近代社会を加速度的に発展させた。産業化の進行は世界に存在するあらゆるものを商品化し，やがて資本主義社会を到来させる。近代社会のなかにある多くの人々は，こうした運動を社会の，そして歴史の進歩として捉え，自ら肯定的に関わっていくようになる。その出発点に位置し，伝統社会と近代社会とを分かつエポックメイキングな出来事として歴史に刻まれているのが，フランス革命である。それゆえ近代啓蒙の一貫した批判者としての近代保守主義も，フランス革命への対抗思想として歴史のなかに登場したのであり，『フランス革命についての省察』において「フランス革命のもたらした，社会の理性による専制支配と，原子的個人への平準化の危機に抗して，「自由で秩序ある社会」を擁護」［落合1987：127］しようとしたE.バーク（Edmund Burke）は，保守主義の父と呼ばれる。バーク以降の近代保守主義は，近代的な市民たちが「人間の理性」や「歴史の進歩」の名の下に行ってきた数々の所業がもたらした破壊的な側面を強調しつつ，理性によってではなく，人間の自然な営みのなかから自生的に形成されてきた従前の社会的諸制度（例えば世襲的な政治システム，伝統的な宗教儀礼，社会的分業としての身分制，共同体における相互扶助，家父長主義的家族関係，等々）がいかに優れた要素を含んでいたのかを示そうとする努力を通じて，その輪郭を形成してきたのである。

2 「保守主義」という視座

あらためて確認するまでもなく，保守主義のなかにはいくつもの思想的潮流

が存在し複雑に絡みあっている。それゆえA.ヴィンセント（Andrew Vincent）が指摘するように，すべての保守主義者が支持する確固とした思想体系があるわけではない［Vincent 1995=1998：78］。だが少なくとも近代以降の保守主義の視座をもっともよく特徴づけるのは，人間のあらゆる行動は理性によって制御できるという考え方，そしてその延長線上に登場した，社会が進むべき方向性さえも人間の理性によって制御しうるという発想に対して，一貫して懐疑的な姿勢を示し続けてきたという点である。こうした姿勢は保守主義の想定する人間像に由来するが，当然ながらそれは，自由主義を含む啓蒙思想の人間観とは著しく異なる。前節で述べたように，自由主義は，人間は自らの意志にもとづいて自由に行為しうる／すべきという想定からあらゆる議論を出発させる。民主主義や産業主義もこうした前提から導き出された。これに対して保守主義は，人間のあらゆる行為は例外なく特定の社会的・文化的な文脈において，そこですでに確立している一定のルールを参照し，それに従うことによって初めて成立しうるのであって，個人の自由な意志にもとづく行為という発想は人間の自己過信以外の何ものでもないと考える。「保守主義は，人間の生きていくために，全体的で規範的な権威に従うことの不可避であることを，強く主張する」［落合 1987：130］。

　保守主義の視座においてもっとも重視されるのは，「いまここ」において既に成立しているかたちの社会秩序や社会制度であり，それらのもとで広く浸透し，かつその存続に貢献してきた規範や慣習である。本質的に不完全であることを宿命づけられている人間は，これら一連の枠組みから離れて自由に意志決定をし，行動に移すことなどできないし，そもそも生きていくことすらできない。たとえば「言語」という，ある特定の地理的領域において自然発生的に成立し，伝統的に共有されてきた記号と規範の体系を自らのうちに獲得できなければ，人間は他者と意思の疎通を図るどころか物事を考えることすらできないのである。であるがゆえに，人々は自らが属する社会（共同体）の秩序や規範，慣習とそれらを育んできた「伝統」を尊重し，まずは忠誠を誓うべきであると考えるのが，多様な保守主義において共有される基本的な発想のあり方である。とりわけ長い時間をかけて存続してきた制度や慣習ほど，過去の人々から承認を受け，時としてその叡智がそこに結集され，その結果として歴史の試練に耐

え抜いてきたことを意味するのであって，たとえそこに何らかの「合理的」な根拠がみいだせなくとも，それ自体として尊重されるべきであることを保守主義は強調する。あわせて，そうした伝統ある制度や秩序を破壊することによってもたらされる損失が計り知れないものになるということについて，保守主義は一貫して警鐘を鳴らし続けてきたのである。

　ただし，このように考えるからといって，保守主義は人間の意図に基づくあらゆる種類の社会変化を頭から否定するわけではない。既存の制度や慣習が，それらを取り巻く外部環境の変化にまったく適応できなくなってしまった場合，その制度や慣習，ひいてはその母体としての社会（共同体）そのものが消滅する危険性をともなうからである。バークも指摘したように，「なにか変更のための手段をもたない国家は，それを保存する手段をもたない」[Burke 1790=1969：76]。しかし，既存の社会制度や慣習のなかに何らかの変更をもたらすプロセスにかんして，とりわけそれを近代的大衆民主主義に委ねることについて，保守主義は批判的な態度を表わす。保守主義にとって，大衆による民主主義は「野放図な利己心」に突き動かされた多数派による実力支配のシステムを意味する。時々の状況や感情に大きく左右されうる大衆は，しばしば熱狂的に既存の社会制度や慣習の全面的な破壊を求め，従来とは異なる新たな制度や慣習を打ち立てようと試みる。しかし歴史的経験が示すように，そうしたプロセスは激しい社会的葛藤を引き起こさないわけにはいかず，そのなかで数多くの悲惨な事例が積み重ねられてきた。それゆえ保守主義の観点から容認される社会変化とは，十分な政治的能力を身につけた権威あるエリート層の穏健な判断の下で，あくまでも既存の社会秩序や諸制度との連続性を保ちながら，「漸進的」なかたちでその内容を変化させていくことにあるといえるだろう。

3　保守主義と社会政策

　以上のような特徴を有する保守主義が，社会政策とどのようにかかわろうとしてきたのかを記述することは，実際にはきわめて困難をともなう作業である。それは，社会政策の内容や発展過程が国によって大きく異なるということ，そしてそれぞれの国に固有の歴史，文化，政治的文脈とともに保守主義の性格それ自体が大きく異なるという理由による。ここで示すことができるのは，あく

までも一般的な傾向としての保守主義と社会政策の関係についてでしかないということを，最初に確認しておきたい。

保守主義と社会政策との関係をごく簡略化して示すならば，一般に保守主義は，「性別役割分業にもとづく安定した家族」や「共同体における連帯と扶助」のように，伝統的に維持されてきた「よき」社会関係や慣習，秩序の継続に貢献しうる社会政策については積極的に評価するが，逆にそれらの解体あるいは弱体化につながる社会政策には，激しい抵抗を示す。もちろん，時代とともに「伝統的に維持されてきた社会関係のあり方や秩序」にかんするヴィジョンそれ自体も変容する。たとえば，かつて保守主義は，近代社会を特徴づける自由市場や民主主義といった制度を，貧困や悪徳，社会や共同体の解体と分裂をもたらす温床と捉え，それらに批判的な姿勢をとろうとしてきたが，時代とともに徐々にその傾向は変化し，現在ではそれらの熱心な擁護者としてふるまっている。このことは，自由市場や民主主義が，200年以上にも及ぶ近代社会の歩みの中で，いわば「伝統」的な制度としての位置づけを確立したことを意味するともいえる。

保守主義と社会政策の関係を理解するうえでもっとも重要なのは，いわゆる「不平等」にかんする捉え方である。一般に保守主義は，社会のなかにある様々な不平等や格差に対して寛容であるか，むしろ擁護する傾向がある。それは，保守主義の多くの潮流が前提とする「有機体的社会観」に由来する。有機体的社会観は，人間の社会を生体システムと同様に，その生存（存続）という目的の下で多くの諸要素が統一的に組織化されたものとみなす発想のあり方を意味する。有機体としての社会は，その維持・存続を図るプロセスのなかで，その構成要素としての個々の人々や集団を，能力や出自に応じて社会的・政治的・経済的に異なった固有の役割を最適に割りあてる働きを自然にもつ——自生的秩序を形成する——ものとみなすのである。たとえば男性と女性，親と子ども，地主と農民，経営者と労働者，エリートと大衆は，それぞれ遂行すべき社会的役割が異なるし，それゆえ与えられる権利も，負うべき義務や責任も異なるのである。もちろん，実際に割りあてられた社会的役割に応じて，個人や集団ごとに生活水準や享受しうる自由の程度が異なってくることになるが，それは半ば「自然」なこととみなされる。こうした発想にもとづくならば，社会のなか

にある諸々の不平等は，社会的に与えられた役割分担にもとづく立場の違いを意味するにすぎない。一定の社会的役割を与えられた当の個人や集団は当然にそれを引き受ける義務を負うべきであって，逆に社会的役割を見失った人間は，もはやその社会の中で生きていくことはできないし，その価値もない。保守主義にとって，社会的役割の相違に付随する不平等は社会的機能を有し，むしろ安定した社会秩序の源泉となるのであって，それらを人為的・強制的に是正することが極めて大きな弊害をもたらす可能性を常に危惧している。「自然に」形成された不平等を「不自然に」矯正することによって，自らの社会的役割を見失う人々が生み出され，アノミーが蔓延するかもしれない。またその結果，既存の安定した社会秩序が危機に陥ってしまうかもしれない。主として以上のような理由から，社会的な不平等や格差の是正を積極的に推し進めるような社会政策のあり方に対して，保守主義は批判的な態度を示すことが多い。

とはいえ，保守主義は，何らかの理由で生存がままならない状態（貧困）に陥った人々，それゆえどのような種類の社会的役割も果たせそうにない人々に対して，政府が何らかの救済策を講ずることの必要性までを否定するわけではない。困窮状態に陥った人々を放置することは，犯罪と病理の温床となり，社会秩序を脅かす可能性を孕むからである。ただし保守主義は，その対象となる人々（たとえば貧困者）の権利保障や必要充足（ニーズ）の観点から，その導入を認めるわけではない。主として保守主義が社会政策を正当化する際にもちいる論拠は，「高い身分にともなう道徳的義務」(noblesse oblige) にもとづく，「パターナリズム」(paternalism) である。パターナリズムは，「家父長的温情主義」などと訳され，ある行動が当事者の「最善の利益」を損なわせている（とみえる）状況にあるとき，より上位の立場にある者が強制的に，当事者の意思に反してでもその行動をやめさせる，あるいは特定の行動をとらせることができる／べきという考え方を意味する。すなわち，高い身分にあって適切な知識と判断能力を備えたエリートや支配層が，慈悲深くも厳しい父親のごとく，困窮した人々や自らの社会的役割を見失った人々に救いの手を差しのべ，正しい方向に導いていく道徳的義務や責任があるという発想によって社会政策の導入を容認し，正当化するのである。それゆえ，どのような社会政策のあり方が正しいのか，誰にどのような給付がどの程度必要なのかを判断することにかんしては，あくまでもそ

れを施す側にその主導権をみいだす。

したがって保守主義は，(論法(ロジック)は異なるが結論としては）自由主義と同様に，当事者の必要にもとづく所得保障や福祉サービスの給付を権利として保障するようなかたちの社会政策には批判的である。あわせて保守主義は，社会的給付の必要性を認めるにしても，その受給に伴う義務を強調する傾向がある。給付の前提として親族間の扶養義務を強調する，あるいは福祉の給付と引き換えに労働や求職活動を義務づけるという発想のあり方はその典型である。それゆえ，政府による諸給付を当然のように要求し，長期にわたって受給し続けている（ようにみえる）人々に対して，保守主義者は敵意を隠そうとしない場合がある。保守主義にとって，社会政策の恩恵を受ける人々は，場合によっては「憐れむべき犠牲者」として理解されることもあるが，違う文脈においては「与えられた役割や義務を果たそうとしない社会の厄介者」として映ることもあるのである[2]。もちろん，そのどちらの見方が優勢なものとなるのかは，時々の社会的文脈によって異なる。

4 現代における「右派」としての保守主義：福祉国家批判

すでに触れたように，もともと保守主義は，啓蒙思想の中核をなす（古典的）自由主義への思想的・政治的対抗者として登場してきたという側面をもつ。かつて保守主義は，自由な個人という発想や自由市場経済という制度が伝統的な共同体や社会的諸関係に及ぼす破壊的な影響を強調し，それらに対して批判的な姿勢をとろうとしてきた。

しかし20世紀後半以降，いわゆる「右派(ライト)」という大きな括りのなかで，(古典的）自由主義と保守主義はその差異や敵対性の側面が強調されるのではなく，共通の政治的志向性をもつ立場として一般に理解されるようになっている。そのひとつの要因には，保守主義思想が「市場機構への敵意を減じ，次第に市場の自由のうちに保守主義者が重視している社会の自生的秩序への支持をみるようになっている」[Gray 1986=1991：129] ことがあげられるが，それ以上に重要な背景としては，第二次世界大戦の前後を境に大きく変化し，とくに市民的権利に基づく給付（所得保障や医療，福祉サービス等）を大幅に拡大させてきた社会政策のあり方が関連している。第二次世界大戦以降，社会政策の大幅な拡充

を通して，戦前のそれとは異なる資本主義体制のあり方を追求しようとした先進諸国は，一般に福祉国家と呼ばれるようになった。こうした状況のなかで，社会的諸給付を権利として人々に保障することに（「常に一貫して」というわけではないにせよ）批判的なスタンスをとってきた（古典的）自由主義と保守主義は，その福祉国家批判のスタンスにおいて次第に政治的立場を共有するようになったのである。この段階において，福祉国家をその主な批判の対象へと切り替えた保守主義を指して，「新保守主義(ネオコンサバティズム)」と呼ぶ。

こうして，自由主義の発想と保守主義の発想を相互に包摂するかたちで，とくに1980年代以降になって活発化した反福祉国家の政治運動を強力に牽引した思想的／政治的潮流は，一般に「新右派(ニューライト)」と呼ばれた。主に福祉国家がもたらした経済的諸問題に焦点をあて，とくに福祉国家によって機能を低下させられた自由市場経済の復活を強調する新自由主義(ネオリベラリズム)の潮流と，主に福祉国家がもたらした政治的・社会的諸問題を重視し，とくに福祉国家によって衰退させられた，人々の規範意識や責任感，家族や共同体における助け合いの復活を強調する新保守主義(ネオコンサバティズム)の潮流を包括・混合(ミックス)し，両者の論法を相互補完的に展開する思想／政治的立場として登場した新右派(ニューライト)は，実際にいくつかの先進諸国において大きな政治的影響力を獲得し，福祉国家の路線を大きく軌道修正させることに成功した。21世紀になってから新右派(ニューライト)という言葉自体はあまり使われなくなったが，その発想の基本的な枠組み自体は生き続けており，むしろ今日における社会政策のあり方を評価する際のもっとも基本的な評価軸として機能しているといってもいい。わが国を含め多くの先進諸国では，今日において社会政策の内容を変更したりあらたな種類の社会政策を導入する際には新自由主義(ネオリベラリズム)および新保守主義(ネオコンサバティズム)の視座を常に念頭におきながら，実際にそれらが容認しうる範囲を踏まえてそのあり方や内容を構想する必要に迫られている。このような意味で，保守主義の視座は，今日における社会政策のあり方をめぐる基本的な論点を提供し続けているのである。

【註】

1）その具体例としてミルは，「子供や，法的に成人に達していない若者」だけでなく「社会が十分に発達していない遅れた民族も対象から除外される」［Mill 1859=2006：28］と

している。
2） 1990年代以降のアメリカやイギリスにおいて，長期にわたって貧困状態に滞留する「アンダークラス」をめぐり，主に「保守派」の主導によって展開された政治は，その典型例のひとつとみることができる。詳しくはウィルソン［Wilson 1987=1999］等を参照。

【参考文献】

- Burke, E.（1790）*Reflections on the revolution in France*（＝水田洋編・訳（1969）「フランス革命についての省察」『世界の名著34 バーク・マルサス』中央公論社）
- 金田耕一（2000）『現代福祉国家と自由——ポスト・リベラリズムの展望』新評論
- George, V.& Wilding, P.（1985）*Ideology and Social Welfare*, Routledge & Kegan Paul（＝美馬孝人・白沢久一訳（1989）『イデオロギーと社会福祉』勁草書房）
- Gray, J.（1986）*Liberalism*, Open University Press（＝藤原保信・輪島達郎訳（1991）『自由主義』昭和堂）
- 落合仁司（1987）『保守主義の社会理論——ハイエク・ハート・オースティン』勁草書房
- Vincent, A.（1995）*Modern Political Ideologies*, Blackwell（＝重森臣広監訳（1998）『現代の政治イデオロギー』昭和堂）
- Pierson, C（1991）*Beyond the Welfare State ?*, Blackwell（＝田中浩・神谷直樹訳（1996）『曲がり角にきた福祉国家——福祉の新政治経済学』未来社）
- Wilson, W.（1987）*The Truly Disadvantaged: The Inner City, the Underclass, and Public Policy*, The University of Chicago Press（＝青木秀男監訳（1999）『アメリカのアンダークラス——本当に不利な立場に置かれた人々』明石書店）

［西村 貴直］

Chapter 9 社会政策の古典的視座(2)
❖ 社会民主主義と社会主義

0 はじめに

　ここからは，いわゆる「左派(レフト)」の立場に分類される「社会民主主義」および「社会主義」の概要と，社会政策との関わり方について検討する。前章において検討した「右派」とは異なり，社会民主主義および社会主義は，社会政策の積極的「擁護者」としての評価が一般に定着している。またそれゆえに，「右派」の批判を受けて社会政策のあり方を大きく変更させてきた国々では，その過程において徐々に政治的影響力を低下させてきたことも否定しがたい事実である。この点を踏まえ，以下では社会民主主義および社会主義が社会政策のあり方に言及する際の基本的な論法(ロジック)のいくつかを確認しつつ，それが今日において政治的影響力を後退させてきた社会的な文脈についても検討しておきたい。

I 社会民主主義と社会政策

　いわゆる「社会民主主義」とは，保守主義とは異なる文脈において近代の資本主義を批判する思想／運動として歴史に登場した，「社会主義」の潮流から生み出された一群の「政治的立場」を幅広く指示する概念である。詳しい説明はIIに譲るが，様々な矛盾を孕み，著しい経済的不平等のなかで失業や貧困といった深刻な社会問題を生み出してきた資本制産業社会，とりわけ放任された自由市場のあり方を厳しく批判し，その克服を目指した多様な社会構想のなかから，社会主義はその輪郭をかたちづくってきた。しかし，社会主義の実現を目指す政治勢力が一定の規模を超えて拡大したとき，社会主義の具体的な実現

の仕方をめぐって、その内部で対立が生じることとなった。

1　社会民主主義の立場(スタンス)

　先進諸国において社会の産業化が大きく進展した一方で、市場経済がもたらす社会問題がますます深刻化した19世紀後半から20世紀の初頭にかけて、暴力的手段も含めた（たとえばストライキやロックアウト、ひいては「革命」やクーデターといった）実力行使によって資本主義の社会体制を全面的に「解体」し、そのうえで社会主義の実現を目指すべきとする、いわゆる「マルクス主義」の潮流が次第に大きな政治的影響力を獲得していく。こうした状況のなかで、社会主義の実現を望ましい目標として共有しながらも、マルクス主義的な「革命」路線に同調しえない政治集団や政党が、とくに西欧先進諸国において一定の勢力を形成した。一般にこれらの立場を総称するかたちで、社会民主主義という言葉が用いられるようになった。

　しかしながら、ひとくちに社会民主主義といっても、そのなかには様々な種類の潮流が混在しており、修正資本主義、集産主義、社会改良主義、倫理的社会主義、フェビアン主義、民主的社会主義といった言葉が、社会民主主義としばしば代替的に用いられてきた。社会民主主義も各国における歴史的文脈や支持者の傾向によって、様々に異なる伝統をもつのである。これら多様な社会民主主義の立場を幅広く正当化しうる共通の理論的根拠や理念をみいだすことはきわめて難しく、社会主義と社会民主主義とのあいだに明確な境界線を引くことさえ実際には困難である。文脈によっては、社会民主主義は社会主義の・な・か・のひとつの潮流とみなされるし、逆に社会主義との違いを強調する文脈で社会民主主義という言葉が用いられることがある。社会民主主義を、それ自体として社会主義よりも望ましいものとみなす立場もあれば、社会主義を実現するひとつの段階として考える立場もある。さらには資本主義の経済体制を積極的に擁護する自由主義と、それを激しく批判する社会主義や共産主義のあいだにある相当幅広い「穏健派」の立場を便宜的に社会民主主義と呼ぶことさえある。それでもなお、社会民主主義という政治的立場にかんして共通にみいだしうる傾向を指摘するならば、第一にあげられるのは、社会民主主義とは、議会外における過激な闘争や運動を通じてではなく、既存の民主的な議会制度を積極的

に活用することによって市場経済や資本主義がもたらす諸問題の解決を図りながら，望ましい社会のあり方を段階的・漸進的に実現していくことを目指す政治的立場であるということになるだろう。そして，深刻な社会問題の緩和・改善を図り，望ましい社会を実現するための重要な手段として社会政策を位置づけるという志向性のあり方も，多くの社会民主主義に共通する傾向ということができる。

2　社会民主主義の中心的概念：平等と自由

平等増大の欲求は，あらゆる社会主義思想家やあらゆる社会主義運動のインスピレーションの一部をなしてきた。事実この欲求があるか否かが社会主義であるか否かの定義の内で最も有効なものである。平等主義のないところ，社会主義は存在しない［Crossman編 1952 = 1954 : 111］。

この一節が示唆するように，社会民主主義を含め広い意味での社会主義の視座において共有される中心的な価値は，「平等」である。そもそも社会（民主）主義が資本主義や自由市場を批判するのは，それらが本質的に不公正なシステムであり，人々のあいだに著しい不平等と格差をもたらすからである。しかし，平等を重視する姿勢において共通するとはいえ，社会（民主）主義のなかには多様な平等観が混在しており，具体的にどのような条件を平等にし，またどの程度の平等が必要あるいは望ましいのか（どの程度の不平等であれば容認されうるのか）については，社会（民主）主義のなかにも様々な解釈がある。それでも多くの社会（民主）主義者が共通に要求するのは，既存の「深刻な不平等」の是正（＝平等化に向けた努力）であり，とくに極端な社会的・経済的不平等の象徴としての「貧困」の縮小である。それでも，資本主義社会の枠内での「平等化」および貧困の縮小には最初から明らかな限界をみいだし，それゆえその全面的変革が必要だとするマルクス主義的な社会主義と，民主主義のもとでの政治的プロセスを通して平等化を進めていくことを是とする社会民主主義のあいだに，ひとつの決定的な相違点がある。

社会民主主義が「平等」に中心的な価値をおく根拠は，いくつかの観点から説明されうる。その第一の根拠は，平等が「社会統合（連帯）」の前提をなすということである。労働組合や協同組合の活動に起源をもつ社会（民主）主義

には，集団を構成する成員同士の対等なメンバーシップにもとづく連帯や統合を重視する伝統がある。どのような社会集団であれ，それを維持するうえでもっとも重要なのは，個々の成員に集団への帰属意識をもたせることである。そのためには，人々がその集団の成員であることに満足できるように，人々を処遇しなければならない。集団を構成する人々のあいだに著しく不平等な処遇が存在するならば，その不利益を被った人々の帰属意識は失われ，疎外感と対立を生み出す。その結果として社会集団は解体の危機に瀕することになる。社会統合を維持するために，人々をその同じ構成員としての立場において平等に処遇しなければならないのである。

　第二の根拠は経済の観点に由来する。社会民主主義は，極端な不平等が経済的な非効率をもたらすという理由で平等化の重要性を強調することがある。高い能力をもちながら，貧困であるがゆえにそれを発揮する機会に恵まれない人々がいるとすれば，社会は彼らの能力を浪費し，経済的な損失をもたらしている。また，自由市場がもたらす極端な不平等をそのままにしておくならば，とくに不平等の下層を構成する人の大部分は，劣悪な労働・生活環境のなかでの生存を余儀なくされる。その結果，労働力（健康な体力や知的能力）の健全な再生産が阻害され，最終的には社会全体の経済効率をも著しく低下させてしまう危険性が生じる。国家が国民に対して平等に保障すべき最低限の生活水準としての「ナショナル・ミニマム」の理念を提唱し，福祉国家の発展プロセスに大きな影響を及ぼしたフェビアン主義者のウェッブ夫妻（Sidney & Beatrice Webb）は，国民経済にはびこる「苦汗産業〈スウェットショップ〉」を根絶する必要性を示し，一国の経済力を増強するための「国民的効率」の観点を強調することによって「ナショナル・ミニマム」を正当化したことは示唆的である。

　第三に指摘しうる根拠は，社会民主主義が重視するもうひとつの中心的価値としての「自由」と関連している。社会民主主義は，自由と平等を対立的な関係において捉える「（古典的）自由主義」の発想とは逆に，人々が享受する自由をより拡大するために，平等化を進めることの必要性を強調する。自由を「強制のない状態」として捉える自由主義は，それが万人に適用されるべきという意味での「平等」を重視するが，それ以上の「実質的」平等化を図る努力は，私有財産の侵害をともない，特定の生き方を強制することになるという理由に

より個人の自由を損なうものとみなす。こうした自由主義の視座の前提には，非合理的な外的制約から解放されれば，大部分の人々は自らにとって価値あることを自由に追求することができるようになるという暗黙の想定がある。

　個人が自由に「幸福を追求する」権利をもち，自由な生き方や職業を選ぶ権利をもつべきだという発想そのものについては，社会民主主義も自由主義と多くの部分を共有する。しかし現実には，社会のなかにある様々なかたちの不平等が，人々の自由な行動や生き方の幅を大きく制約している。たとえば，どんな職業に就くことも禁じられてはいないが，平等な公的教育保障システムや家族給付が十分に整えられていない社会においては，裕福な家庭に生まれて親から十分な教育投資を受けて成長した人と，それほど裕福でない家庭に生まれて困窮に耐えながら成長した人が，同じ程度の「職業選択の自由」を享受しうるといい切るのは難しいであろう。しかし，自由主義はこうした現実に目を向けようとせず，時には当事者の「努力不足」といった論法(ロジック)を用いることにより，自らの発想を正当化し，その首尾一貫性を維持しようとする。こうした自由主義の視座にかんする限界性を踏まえ，人が自由であるためには，その具体的な手段や機会がある程度実質的なかたちで平等に保障されるべきこと，それゆえ個々人が享受しうる自由の拡大は不平等の縮小と密接に関連することを，社会民主主義は強調するのである。

3　社会民主主義と社会政策

　平等な社会の実現を志向する社会民主主義においては，自由主義とは逆に政府（国家）の役割を重視する傾向が強い。自由主義が政府の活動一般を自由への脅威とみなす傾向があるのに対して，社会民主主義は放任された自由市場がもたらす様々な不公正と不平等を修正し，「平等化」を推し進める政府の積極的な活動を，人々の自由の前提条件とみなすのである。こうした発想のもとに，社会民主主義は市場経済への積極的な政府介入を通じて雇用機会の拡大と保護を図り，生産された財や富にかんする積極的再分配政策を正当化する。

　しかし，政府の積極的な活動が個々人の自由や利益の抑圧に転じる危険性について，社会民主主義が無頓着であるとは，一概にはいえない。社会民主主義者は，政府の活動（政策）にかんする決定プロセスに多くの人々を関与させる「民

主主義」の諸制度が発達することにより，そうした危険性は適切に縮減されうると考える。「重要なことは，民主的な議会活動がその計画を統制して，常に政府権力と役人に公衆に対する責任を負わせるようにすることである」[George & Wilding 1985＝1989：119]。それゆえ政府を民主的に統制（コントロール）するための「議会制大衆民主主義」の確立こそが，政府による「平等化」に先行する決定的に重要な前提条件であり，とりわけそこで重要な役割を期待されるのが，政治エリートや産業資本家の代表ではなく，社会の大多数を占める「労働者階級」を代表する諸勢力である。ピアソン（Christopher Pierson）が言及するように，「労働者階級の政治的および産業的大衆組織により，国家の民主主義的な管理が確保され，ついでそのような国家権力によって，社会的および経済的変革が達成される」[Pierson 1991＝1996：55] という道筋を，社会民主主義は想定しているのである。

　市場経済や資本主義の発展と，市民的権利や民主主義の発展を不可分のプロセスとみる社会民主主義にとって，市場経済や資本主義は「克服」すべき対象ではない。しかし資本主義や市場経済がもたらす不平等を修正し，より平等な社会の実現に向けた漸進的な「変革」を目指す社会民主主義者は，社会政策をその重要な手段として活用すべきと考える。もちろん，社会民主主義のなかに多様な潮流があるのと同様に，社会政策のあるべき姿やその必然性／必要性にかんする社会民主主義者の見解も多様である。たとえば，社会政策の誕生と発展の道筋を，人々の利他主義の成長によって説明する立場，産業化と都市化がもたらす社会病理への必然的対応として説明する立場，市民社会の構成員に保障される諸権利の拡大プロセスと重ね合わせる立場，労働者階級の勢力拡大によって勝ち取られた成果であることを強調する立場などがある。それでも社会政策の果たすべき役割の大きさを強調するのは社会民主主義における一般的傾向であり，戦後福祉国家の発展と拡大をもっとも積極的に擁護してきた政治的立場が社会民主主義であったことは，動かしがたい事実である。

　社会民主主義の視座から導かれる社会政策の望ましい枠組みにかんしては，先に示した（古典的）自由主義および保守主義のそれとの対比によって理解しやすくなるだろう。既に確認したように，自由主義および保守主義から導かれる社会政策のあるべき姿とは，相対的に限られた資源の適切な配分および無責

任な人々の排除という「合理的」な論拠にもとづいて社会政策のターゲットを絞り込もうとする，いわゆる「選別主義」の発想に貫かれるものである。これに対して社会民主主義は，可能な限り多くの人々を社会政策の対象とすることが望ましいとする，「普遍主義」の発想にもとづく社会政策を重視する。普遍主義と選別主義にかんする定義や区別は一様ではないが，貧困の発生を防ぎ，社会的に妥当と認められた生活水準を保障するための諸施策は人々に幅広く提供されるべきと考える。本節の2で示した論点と関連するが，社会民主主義が普遍主義にもとづく社会政策を支持するのは，それが共同社会の成員としての連帯感──社会統合──を維持することに貢献し，経済成長を促進し，個々人の生活や人生における選択肢の幅（自由）を広げると考えるからである。必要な財源が不足するならば，累進課税等の手段を用いて，相対的に裕福な人々からより多くの財源を積極的に徴収することは当然のなりゆきとみなす。

　こうした社会民主主義の視座からすれば，選別主義の発想にもとづく社会政策は様々な問題を孕んでいる。第一に，所得保障や社会サービスの給付にかんする適用条件の厳格化は，必然的にそれらを確認する行政事務の複雑化を招き，手続き上の不備やわかりにくさから，制度の利用が妨げられる人々を増大させる。第二に，そもそも対象者を絞り込むプロセスそのものが，一般の人々を社会政策から遠ざけるプロセスとしても機能する。選別の基準や手続きが厳しくなるほど，社会政策と無関係に生活する人々が増えるのである。このことは，社会政策の対象とならない一般の人々のあいだに，社会政策の対象者に対する「憐れみ」や「蔑視」が入り混じった複雑な感情を芽生えさせる。とりわけ制度の利用を切実に望みながらも制度利用に至らなかった人々のあいだに，厳しい選別のプロセスを潜り抜けて制度利用に至った人々に対する敵対感情を生じさせる場合がある。その結果，社会政策の対象となりうる，あるいは実際にその恩恵を受ける人々を「同じ社会に暮らす人々」としてではなく，社会の「失敗者」や「重荷」とみなす一般的傾向が強まる。さらにこのことは，社会政策の内容を貧弱化させる政治的圧力ともなりうる。

　第三に，とくにこうした傾向は社会的不平等の最底辺にある人々（貧困層）を対象とする制度においてより顕著となる。貧困層を対象とする制度に組み込まれる資力調査（ミーンズテスト）のプロセスは，その当事者が本当に「救済に値する」人物なの

かどうかを疑ってかかる行政職員によって，困窮に至った理由や程度が明るみにされていくプロセスという側面をもつ。だからそれが厳密で複雑なものになるほど，当事者が挫折感や屈辱感を味わう傾向は強まっていく。選別的な社会政策はスティグマの発生を助長し，その帰結として制度の利用資格をもちながらその申請を「自発的」に諦める人々を増大させてしまうのである。

要するに，自由主義および保守主義の（消極的）発想にもとづく選別主義的な社会政策は対象者の適切な選別に失敗するだけでなく，社会政策の対象になりうる人々とそれ以外の人々のあいだに深刻な社会分裂をもたらしかねない——社会統合を阻害する——。それゆえ，普遍主義にもとづく社会政策の重要性を社会民主主義者は強調するのである。

ただし，普遍主義にもとづく社会政策とは，画一的な給付やサービスを重視するものではないということが重要である。そもそも深刻な不平等や貧困は画一的な対策によって改善されうる問題ではなく，個別の必要に応じて様々な給付やサービスを組み合わせることでしか有効に対処することはできない。より深刻な問題を抱えた人にはより多くの資源を投入する必要がある。こうした意味の「選別」を行う必要性を社会民主主義者は否定しないし，むしろ積極的に支持する。ティトマス（Richard Titmuss）の以下の指摘には，社会民主主義の視座から導かれる社会政策観の基本的なあり方がよく顕われている。

> 私たちが直面しているのは，普遍主義的社会サービスと選別主義的社会サービスのあいだの選択の問題ではない。真の課題は，スティグマを付与する危険性を最小限に抑えながら，最も深刻な問題を抱えた人の側に立って前向きに区別していくことを目的とした選別的サービスが発展し，社会に受け容れられるためには，……どのような種類の普遍主義的サービスの下部構造(インフラストラクチャー)が必要とされるか，ということである［Titmuss 1968＝1971：169］（訳は一部修正）。

4　社会民主主義の危機とリニューアル

国ごとに多様な道筋を辿りながらではあるが，西欧の先進諸国において，持続的な経済成長を背景としながら社会政策および福祉国家が順調に機能し，その施策の対象範囲を段階的に拡張させた第二次世界大戦後から1970年代にかけ

ての時期は，福祉国家の「黄金時代」として特徴づけられることがある。この時期，福祉国家への積極的なコミットメントによって，先進諸国の社会民主主義にかかわる政治集団の多くは安定した支持を獲得しえていたが，多くの国で持続的な経済成長が終焉を迎えた1970年代後半以降において，そうした状況は変化を余儀なくされる。

　経済成長の停滞は一般に支出の増大と税収の落ち込みを招くが，とくに（失業や貧困にかんする給付を行うため）社会政策に要する費用は景気が悪化するほど上昇せざるをえない性質をもつ。それゆえ，低成長経済が常態化したことの認識が浸透するとともに，社会政策に伴う財政支出に対する人々の負担感が次第に強まり，福祉国家の枠組みそのものが様々な局面で大きな批判にさらされるようになる。このような時代背景のなかで大きな政治的支持を集めるようになったのが，先に言及した新右派(ニューライト)である。新右派(ニューライト)は，福祉国家が提供してきた広範な社会政策とその運営に携わる肥大化した官僚機構が，自由な経済活動を阻害して社会の活力を低下させただけでなく，手厚い社会給付が（とりわけ貧しい）人々の道徳意識や責任感を低下させた（モラル・ハザード）と主張し，「小さな政府」へ方針転換すべきことを強調した。当然それは，国によって事情は異なるとはいえ，福祉国家のもっとも熱心な擁護者であった社会民主主義に対する政治的支持をも徐々に低下させることとなった。福祉国家の「危機」は，社会民主主義の危機をももたらしたのである。

　その後，1980年代から90年代にかけて，新右派(ニューライト)の視座にもとづく福祉国家の再編成プロセスが先進各国において展開される。グローバリゼーションの圧力のもと，自由な経済活動を制約する様々な規制を緩和し，主に政府が提供してきた諸社会サービスの民営化(プライヴァタイゼーション)を進め，社会政策に要する公的費用を抑制するという，今日においても重要な政策課題となっている様々な「改革」の流れは，この時期から着手され始めたものである。こうした状況のなかで，大幅に支持を失った社会民主主義は，その内部で基本的な政治姿勢や社会政策観の再検討と修正への道筋を模索し始める。そして新右派(ニューライト)による一連の政策展開の帰結として深刻な経済格差の拡大が問題化し始めた1990年代の終わりごろから，いくつかの先進諸国では，いわば「リニューアル」された社会民主主義が再び一定の政治的支持を集めるようになったのである。

リニューアルされた社会民主主義の視座から導かれる社会政策のあり方について，ここではイギリスの社会学者ギデンズ（Anthony Giddens）の見解を紹介しておきたい。ギデンズは，リニューアルされた社会民主主義の立場を，市場原理に忠実であろうとす新右派(ニューライト)と，平等な社会を志向する旧来の社会民主主義のふたつの道を超克する「第三の道」として位置づける［Giddens 1998＝1999：55］。そこでギデンズは，新右派(ニューライト)からの批判を社会民主主義は部分的に受け容れる必要があり，もはや不平等そのものを是正するために政府が包括的に給付やサービスを提供しうる／すべき時代ではないと診断を下す。そしてあらたな社会民主主義は，社会からの排除をもたらす特定の不平等のあり方に関心を集中させ，排除された人々を社会へ再び包摂し，さらに多くの人々があらたな事業や仕事に挑戦することを促すための「社会投資」の観点から社会政策を構想すべきと主張した。Chapter 6 にも引用された部分でもあるが，ギデンズはこれからの社会政策のあるべき方向性を以下のように指摘している。

　　指針とすべきなのは，生計費を直接支給するのではなく，できる限り人的資本に投資することである。私たちは，福祉国家のかわりに，ポジティブ・ウェルフェア社会という文脈の中で機能する社会投資国家を構想しなければならない［Giddens 1998＝1999：196-197］。

　先の章でも述べられたように，人的資源への投資という観点からとくに重視されるのは，低所得層や失業者に対する教育と訓練の提供である。それは，社会の脱工業化やグローバル化の進展とともに，フレキシブル化した労働市場のなかを個々人が生き抜いていくための能力の獲得を，社会的に支援しようという発想に基づいている。こうした発想のあり方は，近年の先進諸国における社会政策および福祉国家の「改革」プロジェクトのなかで支配的な潮流となった，「ワークフェア（workfare）」という政策構想に大きな影響を与えている。

II ── 社会主義と社会政策

　一般に「社会主義」として括られる政治的立場にも，それを支える単一の原理は存在せず，実際には複数の社会主義が存在する［Vincent 1995＝1998：124］。

だがその一方で，今日における私たちの一般的思考においては，社会主義はいわゆる「マルクス主義（共産主義）」と呼ばれる特定の政治的立場と結び付けられる。マルクス主義（共産主義）と社会主義の関係は，実は一般的に理解されるほど単純なものではなく，そもそもマルクス主義自体が様々な社会主義のひとつの特殊形態にすぎないともいえるが，近・現代におけるその影響力を無視して社会主義を理解することもまた難しい。こうした事情を踏まえて本節では，主にマルクス主義とよばれる立場の歴史的位置づけと，その基本的な発想のあり方について概観した後，それが社会政策をどのようにとらえ，評価してきたのかについて検討する。

1　社会主義の起源と展開

　すでに言及したように，今日において社会主義と呼ばれる一連の政治思想群は，その急激な発展のもとで様々な社会問題を生み出してきた資本制産業社会と，それを積極的に擁護する自由主義への対抗思想として，その輪郭をかたちづくってきたものである。その起源にも多様な思想的潮流が流れ込んでいるが，最初の自覚的な社会主義運動は1820年代から30年代にかけて発達したといわれている [Vincent 1995＝1998：123]。その中心的役割を担ったサン・シモン（Claude Henri de Saint-Simon）やオーエン（Robert Owen）といった思想家たちは，市場や工場をはじめとする資本主義の諸制度が人々の共同／協働関係を掘り崩して非道徳的な社会関係に置き変えていく状況を批判的に捉え，それを克服する新たな道徳的共同／協働関係のあり方を構想し，社会的実験を試みるに至った。こうした初期社会主義の代表的思想家は，後に「科学的社会主義」を標榜するマルクス主義によって，資本主義を支える基礎構造に目を向けない「空想的社会主義者」と名指され，一般的にも社会主義思想（および理論）の発展過程のなかでマルクス主義へと乗り越えられていく段階の社会主義としてのイメージがつきまとうようになった。しかし，資本制産業社会のもたらす諸問題にかんする先駆的な問題提起を行った歴史的功績は決して色あせるものではなく，マルクス主義とは異なる発展の可能性を内包させていた初期社会主義の構想は，近年になってあらためて評価されている[1]。

　その後，1840年代から60年代にかけて，矛盾に満ちた資本主義社会の構造と

それを克服しうる社会主義（共産主義）への道程を説得力あるかたちで理論化することに成功したマルクス主義の影響力が、社会主義のなかで決定的なものになっていく。その影響もあって、19世紀末になると資本主義を克服する社会主義「革命」への道程が、現実味のある目標として西欧諸国の社会主義勢力において共有されるようになるだけでなく、1918年にはロシアで史上初の社会主義革命を実現させるに至る。こうした一連の展開は有形無形の政治的圧力となり、各国の政府は社会主義勢力の政治的要求に応じて様々な対応策の導入を余儀なくされたのである。社会政策の導入と拡充のプロセスは、社会主義がその政治的影響力を拡大させていくプロセスと密接不可分の関係にある。

　しかし、社会主義の政治的影響力が一定規模にまで拡大してきた一方で、20世紀以降の社会主義勢力は、目指すべき社会のあり方と運動の方法をめぐって分裂を繰り返していくことになる。ロシア革命以降、マルクス主義の理論に基づいて現実に社会主義革命を成功させたソビエトの指導者レーニン（Vladimir Il'ich Lenin）の見解がマルクス主義の公式の原理となり、「マルクス・レーニン主義」という政治的立場が確立されるに至ったが、暴力的手段の行使や前衛党による独裁を正当化するマルクス・レーニン主義の路線に同調しえない「修正主義」や「改良主義」と呼ばれる社会主義勢力が、いわゆる「社会民主主義」の潮流を形成していく。さらに第二次世界大戦後になると、国際関係や資本主義のあり方の変容とともに、マルクス主義の内部でも多くの思想・理論・政治的潮流が多方面に分化し、発展する。スターリン主義、トロツキー主義、人間主義的マルクス主義、毛沢東主義、アフリカ・マルクス主義、実存主義的マルクス主義、ユーロ・コミュニズム、構造主義的マルクス主義、等がその一例である［Vincent 1995＝1998：124］。マルクス主義の理論や政治をめぐるこうした多方面にわたる展開は、社会のあり方を分析するための視座や道具立てを豊富化することに大きく貢献した反面、これらを「分裂」のプロセスとしてみた場合、社会主義（マルクス主義）の求心力と政治的影響力を低下させる一因ともなった。

2　資本主義における搾取と階級

　ここでは、社会主義の視座にかんする基本的な事項について確認する。ただ

し以下の部分では，議論の複雑化を回避するため，とくに断りのない限り「社会主義」と「マルクス主義」の語を概ね互換的に用いる．マルクス主義にも多様な潮流があることは既に述べたが，ここでは多様なマルクス主義においても広く共有される基本的な発想のあり方にのみ言及する．

イギリスのマルクス主義経済学者I.ゴフ（Ian Gough）が指摘するように，社会主義の視座にかんするもっとも重要な基礎概念は，「階級対立（闘争）」と「搾取」である［Gough 1988＝1992：40-41］．社会主義の文脈における階級とは，記述的な概念としての「階層」と異なり，特定の生産様式のなかで生産手段の所有や管理をめぐって敵対的な関係をもつ集団に言及する概念である．搾取とは，生産手段を所有し社会のなかで支配的な位置を占める階級が，生産手段を所有しない従属的な地位に置かれた階級から剰余価値[2]を抽出し，私的な所有に置き換えるプロセスを意味する．資本主義の本質を，支配階級としての資本家階級が従属階級としての労働者階級から搾取するシステムとして把握するところに，社会主義の発想の原点がある．マルクス（Karl Marx）は主著『資本論』へと至る一連の著作のなかで，資本主義的搾取のメカニズムと「運動法則」を理論化し，その先に資本主義を克服する道筋をみいだそうとした．資本主義的搾取の特徴について，『共産党宣言』のなかでマルクスとエンゲルス（Friedrich Engels）は以下のように告発する．

> ブルジョア階級は，……人間と人間とのあいだに，むきだしの利害以外の，つめたい「現金勘定」以外のどんなきずなも残さなかった．……かれらは人間の値打ちを交換価値に変えてしまい，お墨付きで許されて立派に自分のものとなっている無数の自由を，ただひとつの，良心をもたない商業の自由と取り代えてしまった．一言でいえば，かれらは，宗教的な，また政治的幻影でつつんだ搾取を，あからさまな，恥知らずな，直接的な，ひからびた搾取と取り代えたのであった［Marx＆Engels 1848＝1971：42］．

社会主義の視座において広く共有されるのは，資本主義の発達によって生産力の増大と富の蓄積が格段に進んだとしても，搾取される労働者階級はほとんどその恩恵に与れないということ，むしろそれ自体として状況をいっそう悪化させていく傾向があるということである．先行する生産様式や社会関係を解体しながら展開していく資本主義の運動は，生存のために賃金労働に依存せざる

を得ない人々を絶えず生み出し続ける。その一方で，絶えざる技術革新は多様な産業の成長と衰退をもたらし，機械装置や運輸機関といった生産にかかわる前提条件（労働の節約技術）を常に更新していく。その結果，仕事を求めてあらたに労働市場に参入してくる人々，あらたな生産手段の導入や産業の衰退によって職を失い，あたらしい成長産業においてただちに活躍しうる技術や能力をもたない（いわば「搾取」の対象にすらなれない）人々が生み出され，労働市場の周辺に「滞留」し続けることになる。こうした「過剰人口」のことを，マルクスは「産業予備軍」と呼んだ。

　産業予備軍は，景気が好転し，生産が拡大傾向にある時期にはその一部が労働市場に「投入」され，生産と蓄積に貢献する。しかし，景気が後退したり生産が縮小傾向に入る段階においては労働市場から「退出」させられ，その規模を拡大させる。彼らは「資本の変転する価値増殖欲望のために，常に利用に応じうる人間材料」[Marx 1867=1969：211] として活用されうる存在である。と同時に，不規則な就労と不安定な生活状況を強いられ，雇用への欲望に飢えている産業予備軍は，現役労働者の賃金上昇や政治的要求を抑制し，資本家への従属を強化する圧力としても機能する。以上のような意味で，産業予備軍は単なる余剰人口ではなく，「資本主義的生産様式の一存在条件」[Marx 1867=1969：210] を構成し，それゆえ資本主義の発達とともにその規模を必然的に拡大させていく。富の生産と蓄積の過程で産業予備軍を絶えず生み出し，それを生産の一要素として活用することによって，さらに多くの蓄積を可能にするシステムが資本主義なのである。

　労働者階級からすれば，資本主義のもとで「より多く労働し，より多く他人の富を生産し，労働の生産力が増大するにしたがって，彼らにとっては資本の価値増殖手段としての彼らの機能さえもますます不安定」[Marx 1867=1969：223] となる。労働者階級にとって，懸命に働くことが自分たちの経済基盤をますます脆弱化させてしまう矛盾に満ちたシステムが資本主義であり，それゆえ資本家階級と労働者階級の利害は根本的に対立する。そして，こうした敵対関係は資本主義の発達とともに激しさを増し，それが一定の限度を超えて資本主義が「行き詰った」ときに社会主義への道が開かれる。こうした発想のあり方は，社会政策が広範囲にわたって展開される以前の社会主義において，広く

共有されていたものである。ただし，実際に資本主義が行き詰りをみせ，社会主義社会へと至るまでの道筋において，それが自然にそうなるのか，そこに何らかの意図的な働きかけが必要とされるのか，何らかの働きかけが必要だとするならばその遂行にかかわる主体は誰が担うべきなのかといった争点をめぐり，社会主義者のあいだで多様な見解が提起された。

3 社会主義と社会政策

　20世紀半ばをすぎて社会政策の整備が進み，先進資本主義諸国が福祉国家を成立させる段階に入ると，かつてのような剥き出しの階級対立は影をひそめ，様々な局面で資本家階級(ブルジョワジー)と労働者階級(プロレタリアート)との協調関係がみいだされるようになる。先進資本主義諸国において，かつてのような社会主義「革命」への現実的な見通しが立たなくなりつつあるなかで，いわば社会主義への道程を阻んでいる（かのようにみえる）社会政策や福祉国家の諸制度についての分析が，社会主義者にとっても大きな課題となった。

　そもそも資本家階級と労働者階級との階級対立によって資本主義を特徴づけ，近代的国家権力を「全ブルジョア階級の共通の事務をつかさどる委員会」[Marx&Engels 1848=1971：41] として，資本家階級による階級支配の装置と捉えたマルクスにとって，資本主義という労働者階級の搾取システムにおける資本蓄積の要請と，社会政策のような労働者階級の福祉を大きく向上させる施策とは両立不可能な関係にあり，それゆえ資本主義国家の廃絶と共産主義社会の到来によってのみ，本当の意味で労働者階級の福祉は向上されうると考えていた[Pierson 1991=1996：29]。実際，彼が活躍した時代は労働者階級の苛烈な搾取が一般的傾向であり，社会政策の導入に至る展望がみいだしにくい状況にあったということは確かである。

　しかし，社会政策の導入を経た20世紀後半以降の社会主義において多くの支持を集めているのは，資本主義国家は一般的傾向として資本家階級(ブルジョワジー)の利害に奉仕するが，場合によってはその直接的な利益と反する政策を実施することもありうるということ，国家は資本家階級の利害とのあいだに「相対的な自律性」をもつという考え方である。実際にその負担を嫌う資本家階級による多くの批判と抵抗を受けながらも，所得の再分配を通じて労働者を含めた多くの人々の

福祉を大幅に向上させる社会政策が幅広く導入されてきたことが，その裏づけとなる。もちろんこの文脈において強調されるのは,それでもなおそれらは長期的かつ総体的にみれば資本家階級の利益に合致しており，資本主義という搾取のシステムを存続させるうえで重要な役割を果たしているということである。

社会政策がある程度までは，そしてある条件のもとでは資本主義と両立可能であり，それらが総体的には資本家階級の利益となりうるという発想は，主として社会政策の有する2種類の機能によって説明される。そのひとつは，社会政策は富の生産と蓄積に貢献しうるということである。まず，社会政策が広範に実施されることによって健全な労働力を常に一定規模で確保することができる。たとえば病気やけが，失業等によって労働市場からの退出を余儀なくされた人々に，医療保障や失業手当が給付されることで，その人々が労働力を損なうことなく，生産の拡大局面において労働市場に復帰することを容易にする。また，家族手当や教育，住宅にかんする給付は次代における健全で有用な労働力の確保にもつながる。逆にいえば，資本階級は「労働者階級の健康，教育，住宅を改良しなければ，健康で，教育もあり，頼りにもなる剰余価値の源泉を確保することができないのである」[Pierson 1991＝1996：112]。さらに年金等を通じた大規模な所得移転は，労働力喪失者を含めた多くの人々の購買力を維持し，有効需要の創出に貢献する。これらの働きを通じて，社会政策は効率的な富の生産と蓄積（すなわち搾取）を可能にするのである。

社会政策の有するもうひとつの機能は，資本家階級と労働者階級の先鋭な階級闘争を回避させ，資本制経済システムの維持・存続に貢献することである。というよりも，大衆民主主義が幅広く制度化された社会においては，福祉の向上を求める労働者階級の政治的要求を一定範囲で認めることは，資本家階級の支配的地位によって規定される既存の統治機構や社会関係，経済のしくみを政治的に安定化させるうえで必要不可欠である。ただし，資本主義国家が労働者階級にどの程度「譲歩」し，実際にどのような形態の社会政策が導入されるのかは，その団結力や階級意識の程度を含めた労働者階級のもつ相対的力量や，その政治的圧力を行使するタイミング等の階級闘争が行われる特定状況の動勢に依存［George & Wilding 1985＝1989：162］するものであり，多様な展開を想定しうる。

社会主義の立場は，これらふたつの機能に注目することによって社会政策の発展を説明しようとするが，注意しなければならないのは，前者の観点を強調しすぎると資本主義が極めて耐性の強いシステムであること，すなわち社会主義の使命でもある資本主義「克服」の不可能性を自ら実証してしまうことになる。他方，後者の観点を強調し，労働者階級の闘争や運動によって引き出した資本家階級の政治的「譲歩」にもとづく獲得した現実的な「成果」にのみ目を奪われると，資本主義の「克服」という重大な使命を喪失した社会民主主義者と同じ立場に解消される危険性がある。それゆえ多くの社会主義者は，常に同程度の比重をもってというわけではないにせよ，この両者の観点を維持しながら社会政策の動向や発展の過程を分析しようとした。そのなかで，やがて資本蓄積の要請と労働者階級の政治的要求とが両立しえなくなる地点が到来し，資本主義に基づく政治・経済体制を「危機」に陥れる可能性があるという見通しを示す論者もいた。

こうした分析のあり方からも示唆されるように，実際に導入されてきた社会政策のあり方をめぐっては，社会主義は両義的な態度を示す。国によって文脈は異なるが，一方では，社会政策の大幅な削減や解体を狙う右派の攻勢に対して激しい抵抗を示し，その後退を阻止しようとする一般的傾向がある。他方，すでに導入されてきた社会政策のあり方に対して，それらが資本主義の論理に影響されがちであることを批判しようとする一般的傾向をもち，「平等」の原理にもとづく社会政策を追求しようとする。たとえば，先進諸国において広く導入されてきた保険原理に基づく社会的給付は，既存の経済的不平等を再生産するだけでなく，そこに参加し得ない人々を給付から排除するしくみとして機能する。また，厳格な資力調査にもとづく給付は人々のあいだに質的な分断を持ち込み，「二級市民」を生み出すのである。ジョージとワイルディング（Vic George & Paul Winding）は，社会主義の観点から導かれる望ましい社会政策の原則を，以下のように要約している。

　社会主義的社会サービスは典型的にニードの充足に焦点を当てるべきである。第二に，社会的サービスはその意図としても実際上も，包摂範囲を普遍的なものとすべきである。第三に，社会的サービスは参加的なものとす

べきであり，専門職の権限は可能な限り縮小すべきである。第四に，マルクス主義者は予防措置を社会的サービスのきわめて重大な原則とみなす。彼らは，人間的ニーズを無視する経済・社会システムから生み出される諸問題を清掃する制度としての，救急車的な社会的サービスの観念からの脱却を主張している［George&Wilding 1985＝1989：172-173］。

4　社会主義の展望

　ソビエト連邦をはじめとした社会主義を標榜する政治・経済体制が次々と崩壊し，冷戦体制が終わりを迎えた1990年代以降，社会主義を支持する人々の政治的立場は，先に言及した社会民主主義以上に厳しい状況に追い込まれている。今日の状況は，社会主義が最も魅力を失っている時代にあるとさえいえるかもしれない。その理由はいくつも考えられるが，とくに重要な点として，20世紀に社会主義の政治・経済体制を確立した諸国において，国家の生産力を高めるという目的のもと政治的自由や個人の権利が抑圧されるという事態が生じたこと，産業の国有化や計画経済の遂行が個々人の自発的活動を抑制しがちであったこと，一部の政治集団（主として共産党）に権限が集中しあらたな特権階級が形成されたこと，所得の平等化政策が様々な活動にかかわる人々の動機づけを失わせ，社会の活力を失わせてしまったことなどが指摘されうる［松井 2000：110］。

　しかし，歴史的に実在した社会主義の政治・経済体制が失敗したことは，社会主義の思想や理論，運動そのものが無意味であったことを意味しない。マルクス主義の文脈で強調されたように，社会主義国家の存在は，資本主義国家に暮らす人々に広範な社会的権利を認め，社会政策を拡充させる（資本家階級に一定の「譲歩」を迫る）重要な政治的圧力となったことは確実である。さらに，現実に確立された社会主義の政治・経済体制は，本来は多様なかたちで想定されえた発展の道筋のなかから特定の状況や文脈において半ば偶発的に選び取られたひとつのあり方であって，それがあらゆる社会主義が辿る必然的な末路であったと断言するわけにはいかない。むしろ剥き出しの搾取がグローバルな規模で（再び）現出しつつある今日的な文脈のなかで，社会主義が一貫して保持し続けてきた資本主義に対する批判的な視座のあり方を，改めて検討し直す必

要に迫られているといえるのではないか。そのためには，社会主義の文脈で用いられてきた重要な基礎概念を今日的な文脈のなかで鍛え直すこと，また従来の社会主義思想や理論，運動のなかでは想定されていなかったあらたな諸問題に正面から向き合うことが求められるし，実際にそのような方向での社会主義思想や理論にかんする研究や運動が展開されている。たとえば松井［2000］は，「自由社会主義」や「分析的マルクス主義」といった，近年における社会主義理論の新たな潮流のなかで，自由や平等，共同体や市場，国家といった基礎概念の鍛え直しが進んでいること，およびフェミニズム，エコロジー，「新しい社会運動」やラディカルデモクラシーにかかわる新しい形態の社会主義運動が展開しつつあることに言及している。少し前にわが国でもブームを巻き起こしたネグリとハートの『帝国』にかんする一連の研究や運動も，そうした文脈のなかにある。さらに最近のベーシックインカム論の登場は，社会主義の視座がもつ意義や重要性を，改めてクローズアップさせる契機をもたらしている。こうした動向にかかわるいくつかの論点については，次章以降において詳しく検討している。

【註】

1）実際に彼らが残した歴史的功績は幅広く，たとえばオーエンは工場法の制定に尽力し，協同組合運動の理論的基盤を提供した。またサン・シモンは実証主義や産業主義の精神を先駆的に提唱し，各方面に多大な影響を与えたといわれている。
2）剰余価値とは，生産に従事する労働者の生存コストと原材料の購入コストに充てられる費用を得るために最低限必要な労働という意味での「必要労働」以上の労働（過剰労働）によって創出され，そのすべてが生産手段の所有者である資本家に所有される価値をいう。

【参考文献】

・Titmuss, R.M. (1968) *Commitment to Welfare*, George Allen & Unwin. (＝三浦文夫監訳 (1971)『社会福祉と社会保障——新しい福祉をめざして』社会保障研究所)
・松井暁 (2000)「社会主義——基本理念からの再構築に向けて」(有賀誠・伊藤恭彦・松井暁編『ポスト・リベラリズム——社会的規範理論への招待』ナカニシヤ出版)
・George, V.&Wilding, P. (1985) *Ideology and Social Welfare*, Routledge & Kegan Paul (＝美馬孝人・白沢久一訳 (1989)『イデオロギーと社会福祉』勁草

書房）
・Giddens, A.（1998）*The Third Way*, Polity Press（＝佐和隆光訳（1999）『第三の道──効率と公正の新たな同盟』日本経済新聞社）
・Gough, I.（1988）*The Political Economy of the Welfare State*, Macmillan Education（＝小谷義次ほか訳（1992）『福祉国家の経済学』大月書店）
・Vincent, A.（1995）*Modern Political Ideologies*, Blackwell（＝重森臣広監訳（1998）『現代の政治イデオロギー』昭和堂）
・Pierson, C（1991）*Beyond the Welfare State?*, Blackwell（＝田中浩・神谷直樹訳（1996）『曲がり角にきた福祉国家──福祉の新政治経済学』未来社）
・Crossman, R.eds.（1952）*New Fabian Essays*, Turnstile Press（＝社会思想研究会訳（1954）『社会改革の新構想──新フェビアン論集』社会思想選書）
・Marx, K.& Engels, F.（1848）*DAS KOMMUNISTISCHE MANIFEST*（＝大内兵衛・向坂逸郎訳（1971）『共産党宣言』岩波文庫）
・Marx, K.（1867）*DAS KAPITAL I*（＝向坂逸郎訳（1969）『資本論（三）』岩波文庫）

［西村 貴直］

Chapter 10 社会政策の現代的視座(1)
❖ フェミニズム

0 ── はじめに

　Chapter 8・9でとりあつかっていたのが，従来「左右」のスペクトラムのなかで理解されてきた支配的なイデオロギー群だったとすれば，本章と次章でとりあつかうのは，そうしたスペクトラムからははみ出してしまうようなイデオロギー群である。それらは，従来のイデオロギーがなかば所与のものとみなしていた労働や家族のあり方，生産や再生産のあり方を問い直すようなもの，あるいは，従来のイデオロギーが無自覚のうちに──ときには自覚的に──隠蔽しつつ再生産してきた差別の問題を明るみに出すようなイデオロギーである。そこには，フェミニズムやエコロジズム，アンチ・レイシズムやディスアビリティ・スタディーズ（障害学）等が含まれるだろう。本章では，なかでも今日の社会政策に与えた影響の最も大きいフェミニズムをとりあげよう。

I ── フェミニズムと社会政策

　福祉国家への最初の大規模な異議申し立てが1970年代後半から80年代初頭にかけてのニューライトによる批判だったとすれば，1980年代後半以降の福祉国家批判を展開してきたのは，それまで福祉国家において周辺化／排除されてきたマイノリティ──女，障害者，エスニック・マイノリティなど──であった。なかでも，社会政策をめぐる現実の言説政治にもっとも影響を与えてきたのはフェミニズムであろう。フェミニズムは，福祉国家とそれが提供する諸政策・諸サービスが家父長制や性別役割分業を維持・再生産するものであること，し

たがって一般に男に有利で女に不利なしくみとなっていることを告発してきた。しかし他方でそれは，福祉国家が女性の貧困の解消やケア負担の削減に貢献する側面ももつことを認識し，これを擁護してもきた。本節では，こうしたフェミニズムの福祉国家・社会政策に対する両義的な関心に光をあてたい。

1　フェミニズムとは

ところで，フェミニズムとは何だろうか。あらゆるイズムが一枚岩ではないのと同様，フェミニズムもまた一枚岩ではない。歴史的には，女性参政権獲得を中心とした19世紀から20世紀初頭までの「第一波フェミニズム」運動と，20世紀中盤以降の女性解放運動に始まる「第二波フェミニズム」運動のふたつの大きなうねりを区別することができよう[1]。このようなフェミニズムの展開は，必ずしも単一の思想によって支えられてきたわけではない。ここでは，そうしたフェミニズムの複数性・重層性を理解するために，フェミニズムのいくつかの潮流について簡単におさらいしておくことにしよう[2]。とはいえ，いうまでもなくこうした分類は便宜的なものにすぎず，現実にあるいくたのフェミニズムズ (feminisms) がこれらのカテゴリーに綺麗により分けられるわけではないことに注意しておきたい。

第一派フェミニズムの運動を支える中心的思想となったのが，リベラル・フェミニズムである。この立場は政治的自由主義の伝統から多くを引き継いでおり，個人を優先し，個人的権利を強調する。具体的には，公的領域における男との平等を求め，女の解放のための手段として，とくに教育，雇用，政治における男との平等な機会を要求してきた。他方で，私的領域に光があてられることはなく，家庭内で女が担っている性別役割が女の公的領域への参加を不利にしていること等，性別役割分業への批判的分析が不足していた。

これに対し，女の搾取は主に資本主義的な経済的諸関係に由来するという構造的分析にもとづくマルクス主義フェミニズムは，こうした搾取が女の不払い労働を通して家庭内に浸透しているとし，それまで隠蔽／軽視されてきた多岐に渡る家庭内の不払い労働の可視化・社会化に貢献してきた。この立場は，「再生産」[3]の概念を導入し，資本主義社会における女の問題を生産関係や資本の必要性の観点から捉え返した。資本は，女に家庭内の役割・責任を期待するこ

とで，一方で，低賃金労働者ないし産業予備軍として女を位置づけ労働力コストを最小化し，他方で，育児や家事といった労働力の再生産を女の不払い労働に押し付けることで，そのコストをも最小化している，というのだ。こうして生まれたのが「家事労働に賃金を」[4]という標語であり，運動であった［Dalla Costa, M. = 伊田 1986］。

　第二派フェミニズム運動では，資本制とともに近代社会の基礎となっている家父長制[5]が問われるようになる。その中で生まれた思想がラディカル・フェミニズムである。この立場は，「産む性」としての女のセクシュアリティに対する男の暴力，とりわけ家庭内暴力（DV）やレイプ等の身体的暴力に光をあて，公的領域よりはむしろ私的領域や親密圏における男による女の抑圧を問題化した。「個人的なことは政治的」（Personal is Political）という有名なスローガンは，こうしたラディカル・フェミニズムの主張をよく要約しているといえよう。ここからさらに，「産む性」としての女を再評価し，産む／産まない権利，中絶を含めた自己決定の権利（リプロダクティブ・ヘルス／ライツ）が主張されていった。しかしこのような女の特殊性——「産む性」——を強調する戦略は，ともすれば生物学的還元主義，本質主義に陥りかねない。また，そのように女を本質化する過程で，実際には人種や障害，階級，エスニシティによって異なる女の間の差異を見落としてしまいがちでもある。

　これに対し，女の差異，ではなく，女の間の差異を強調するフェミニズムが登場する。代表的なのは，フェミニズム内部における黒人女性の周辺化に対抗して登場したブラック・フェミニズムの主張であろう［Hooks 1985 = 1997］。家父長制的資本主義ばかりでなく，そこに埋め込まれた人種差別的イデオロギーをも批判の対象とするこの立場は，カラーの問題を女の問題に「付け加える」だけの形式的な平等主義戦略を拒否する。彼女たちはむしろ，白人女性を脱中心化し，西洋中心主義的な単一の女という概念を切り捨てることで，これまでの白人中心の視点で編まれたフェミニズムそのものの変革を要求する。

　ブラック・フェミニズムに代表されるような，ジェンダーがいかに他の社会的分割——「人種」やエスニシティ，階級，セクシュアリティ，障害等——と交差してきたかに言及するような，より差異に敏感なアプローチが登場するにつれ，女という単一のカテゴリー自体を脱構築するようなあたらしい段階に

フェミニズムは到達する。これをそれまでのフェミニズムと区別して第三派フェミニズムと呼ぶこともある。フェミニズムそのものを内側から食い破るようなこうした流れは，非常に重要である。なぜなら，それはちょうど，フェミニズムがかつて，これまでの政治や歴史が男の視点で営まれ／編まれてきたことを告発してきた姿勢と重なるからである。

このように，フェミニズムは様々に思考され，実践されてきたものであり，とても一括りにできるものではない。しかしそれでもなおフェミニズムと呼びうるような何かがあるとすればそれは何か。ここではさしあたり，「女」[6]に対して行使されてきた暴力や抑圧から「女」を解放する諸々の営みとし，稿を進めることにしたい。

さて，今日におけるフェミニズムの位置づけは非常に微妙なものである。今日では，多くの国で男女の機会平等が（少なくとも形式的には）擁護され，また性別に基づく不当な差別の禁止が謳われている。その意味で，フェミニズムが追及してきたいくつかの課題は確かに「制度化」され社会に浸透してきたといえよう。しかし他方で，社会の家父長的性格は今なお根強く残っており，実際には社会生活のあらゆる場面で強固な男女不平等を観察することができる。この意味でフェミニズムは，社会の「インサイダーであるとともにアウトサイダーであり，社会を形成するうえで大きく貢献しているにもかかわらず，その社会から追放されている」といえよう［Fitzpatrick 1999=2005：175-176］。

このようなフェミニズムの微妙な位置づけは，福祉国家や社会政策をめぐる様々な状況ないし言説にも反映されている。以下では，福祉国家や社会政策とのかかわりでフェミニズムが提起してきたいくつかの論点を概観することで，こうした微妙な位置づけについての理解を深めよう。

2　フェミニズムと社会政策

フェミニズムの主体であり続けてきた女は，福祉国家のなかでどのようにふるまってきたのだろうか。一般に，女と福祉国家の結びつきは男に比して強いものと理解されてきたが，両者の関係はそれほど単純ではない。相対的に貧困に陥りやすい女は，しばしば「利用者」として福祉国家が提供する諸制度・諸サービスの受け手となる。女はまた，福祉サービス——とりわけ介護・育児サー

ビス——を担う「供給者」となることもある。重要なのは，利用者であれ供給者であれ，その社会的位置づけは，賃労働と不払い労働をめぐる不均衡なジェンダー分割を反映しているということである。このためフェミニズムは，福祉国家や社会政策が女の貧困の解消に果たす一定の役割を認めつつも，一般にこれに批判的な態度をとり続けてきた／いる。

　フェミニズムによる福祉国家への異議申し立てが広くみられるようになったのは1980年代以降だが，その萌芽はすでに1970年代後半にみることができる。社会政策を「女性の生活を形作るために男性によってつくりあげられた一連の構造」[Wilson 1977：25]であるとしたエリザベス・ウィルソンは，1977年に既に，近代家族モデルにもとづく家父長的福祉国家が女性にとっては抑圧や懲罰の装置であることを指摘していた。彼女によれば，社会政策は，「国家によるドメスティックな生活の秩序化」にほかならず，女に母親役割を配分することで女を管理してきたという。興味深いのは，彼女は他方で，「家庭内の主婦や母親にセーフティ・ネットを投げ与えてきた」福祉国家の現実にも言及している点である。早くもこの時点ですでに女にとっての福祉国家の両義性がフェミニストによって認識されていたといってよいだろう。

　その後も，福祉国家の家父長的性格については，様々な言葉でくり返し指摘されてきた。たとえばアブラモビッツは，ふつう女は結婚し，稼得者である男に扶養されながら子どもを産み育てるものだというイデオロギーを「家族倫理」と呼び，「家族倫理」に従順な女を優遇する一方で，それに従わない女を懲罰的に扱う福祉国家の性質を批判した[Abramovitz 1988]。ミラーは，「家父長制的必然性」が，労働市場における女の差別を通じて，性別役割分業を強制するとともに，福祉国家のなかでは「男なき女」に対して制裁を加えることで，女を結婚へ誘導してきたと主張した[Miller 1990]。いずれも，福祉国家や社会政策が性差別の構造を解消するどころか，それを維持・強化していることを表現したものといえる[7]。1990年代後半以降は，エスピン＝アンデルセンが提出した福祉レジーム論への批判というかたちで，フェミニスト・パースペクティブの社会政策研究も，比較研究の視点をとり入れながらさらに展開していくことになる[Lewis, J. 1992, 1997；Lister 1994；Orloff, 1993]。このようにフェミニスト視点に立った多くの実践・研究の成果で，福祉国家が性別役割分業や家父長制

を前提として組み立てられてきたために，構造的に性差別を深く内包しているということが明らかにされてきた。今日では，福祉国家や社会政策を語る際に，フェミニスト視点を導入することは市民権を獲得しつつあるかのようにもみえる。

ところが日本では，伝統的に男の賃労働者を対象とした社会政策論が展開されており，フェミニズムの観点からの福祉国家分析はあまり多くなかった。さらに，フェミニズムが力をもち始めた1980年代になっても，主婦ないし性別役割分業を肯定するような社会政策の制度をむしろ肯定するような向きもあり，そうした状況を指して塩田は，「1980年代日本のフェミニズムは，社会政策の面では被扶養の妻を優遇するいわば主婦フェミニズムに終わった」という認識を示している［塩田1992：122］。じっさい，日本のフェミニズムにとって1980年代，とりわけ1985年は象徴的な年である。女の労働市場進出を促進するような「男女雇用機会均等法」が成立した1985年は実は，「年金第三号被保険者」の保険料免除，配偶者特別控除の新設，遺族年金の引き上げなど被扶養の妻・専業主婦を優先するような政策が次々打ち出された年でもあるのだ。このため日本では，とくに既婚女性の労働市場への進出は多くの場合，「家計補助」のためのパートタイム労働を意味していた。したがって，結局のところ女は家庭内の仕事に加えて，家庭外の仕事も行うようになったにすぎない[8]。このようにして，日本型福祉国家の下で性別役割分業は巧妙に維持され，女は二重労働を強いられるようになった[9]。

杉本はフェミニズムと社会福祉の出会いが遅かったこと，とくに日本におけるそれが遅かったたことを指摘している［杉本 2004］が，今こそ，そしてとりわけ日本でこそ両者の出会いが求められていることはいうまでもない。そこで以下では，これまでフェミニストによって提出されてきた福祉国家ないし社会政策への批判を，いくつかの論点に分けて整理してみたい。

▶ 近代家族モデル／性別役割分業／家族賃金

福祉国家や，そこで提供される社会政策プログラムへのフェミニストの批判は，なによりもまず，それらが前提としてきた特定の家族モデル——「近代家族モデル（男性稼得者／女性家事従事者モデル）」——に向けられた。それは，男

が労働市場という公的領域における賃労働に従事し，女は家庭という私的領域において不払い労働（家事労働）を担うといった，いわゆる性別役割分業を内包した家族モデルである。

　この家族モデルは，多くの戦後福祉国家のモデルになったとされるイギリスのベヴァリッジプランのなかにすでに鮮明に表れている。ベヴァリッジは，「社会政策は事実を顧慮しなければならず，いかなる社会政策の方策においても，既婚女性の大多数は，無給ではあるがきわめて重要な仕事に就いているとみなされるべきである。それがなければ彼女たちの夫は有給の仕事をすることができないだろう」とし，既婚女性には社会保険の被保険者として特別の地位を付与していた［Beveridge 1942=1969：77］（傍点筆者）。ここで「重要な仕事」とは，家事労働——家事や育児などの家庭内における再生産労働——を指している。

　興味深いのは，ベヴァリッジが，女が家庭内で遂行してきた不払いの家事労働を「重要な仕事」と呼び，労働として認めていた点である[10]。それどころか彼は，これまで無視ないし軽視されてきたこれら女の不払い労働をむしろ積極的に評価し，これを社会保険のエンタイトルメントに結びつけているのだ。しかし他方で彼は，この労働を排他的に女が担うこと，性別役割分業については不問とし，むしろこれを維持しようとしていた。結局のところ，ここで期待されていたのは，男が稼ぎ手となる一方で，女は男に経済的に依存し，不払いの家事労働を担うことなのである。このような近代家族モデルにもとづいた家父長的な社会政策のしくみは，その後も多くの福祉国家に引き継がれていくことになった[11]。

　さて，これらを支えていたのが「家族賃金」の規範である。それは，男が家長として賃金を稼ぎ，またその賃金は，家庭内で不払いの家事労働を担う女と子どもを扶養するのに十分な賃金であるという理想を表している。じっさいにはこうした家族像とはほど遠い生が無数にある／あったが，それでもなおこの規範は福祉国家に深く埋め込まれてきた。大事なのは近代を通してこの規範が国家の側からだけではなく市民の側からも一般に支持されていたという事実である。たとえば労働組合は，賃上げ交渉にこの規範を用いて一定の成功を収めてきた。他方で，そうした労働組合を組織する労働者は基本的に男であったという事実，さらに，男の労働者に利をもたらす家族賃金の規範が，同時に，女

の雇用労働を家計補助として低く見積もったり，家庭内での女の不払い労働を自明視することで，女に不利をもたらしてきたという事実はほとんど見過ごされてきた。

ともあれ，こうした規範のもと，福祉国家は「世帯への分配」——より正確には世帯主への分配——には関心をもって取り組んできたが，他方で「世帯内の分配」にはほとんど無関心であった。それは国家の側に限ったことではなく，市民の側からも家庭という私的領域は国家による介入の対象としてはふさわしくなく，ある程度の自律性が保障されるべきであると考えられてもきた。というのも，そこでは，賃労働による稼ぎをもち帰った夫が，その扶養者である妻や子どものために適切にその稼ぎを分配するということ，さらにその分配がスムーズに行われるという見目麗しい家族のありようが暗に前提されてきたからだ。しかし実際には，すべての家庭内でこれらの分配が適切に行われるわけではないし，適切な分配がなされないことで，家長に依存している女や子どもが貧困状態に陥ることもありうる。また，女や子どもは——たとえ利害の対立があったとしても——賃金を稼いでくる家長の意見に従わざるをえないといった，不均衡な権力関係にもとづいた抑圧を経験することもありうる。しかしこのような家庭内の権力関係やコンフリクトもまた，家族賃金という美しい規範のもとに隠蔽されてきた。

こうして，福祉国家が前提・維持してきた近代家族モデルないし家族賃金の規範は，家父長制の維持・再生産に貢献し，女に不利な様々な問題を派生してきた。第一に，社会政策プログラムにおける女の給付エンタイトルメントの問題，第二に，ケアや再生産労働の問題，第三に，女の貧困と依存の問題である。以下，順番にみていこう。

▶ 社会政策プログラムにおける女の給付エンタイトルメント

上記のような家族モデルにもとづき，一般に福祉国家におけるシティズンシップは，賃労働者としての男——市民＝労働者——と，ケア提供者としての女——市民＝ケア提供者——に分節化されてきた。女は，「妻」ないし「母」として再生産的役割を果たすことを期待される一方で，男への経済的依存は自明視され男の被扶養者として従属的な地位に留め置かれてきたのだ。それゆえ

彼女たちに付与された給付エンタイトルメントは「夫を通じて推定される権利」[Lister 1994：31]にすぎないばかりか,「妻」や「母」といった性別役割を演じることが給付エンタイトルメントの事実上の条件となることが多かった。このことはそうした性別役割を引き受けない限りそのエンタイトルメントは発生しないことを意味している。

　注意しなくてはならないのは,ただしこれらのエンタイトルメントは「妻」や「母」が担う家事や育児といったケア労働にもとづく権利ではないという点である。むしろそれは,被扶養の「妻」という地位,被扶養児童の「母」という地位にのみもとづくものである。というのも,これらの権利は,主婦が家事を実際に担っているかいないかにかかわらず与えられる（お手伝いを雇っているかもしれない,担っている家事の程度には大きな開きがある）からである。また単身女性であっても,あるいは働く女性であっても介護や育児などのケア労働を担っていることはよくあるが,これらにはこのエンタイトルメントは与えられない。したがってこれはケア労働そのものを評価したものではなく,女を「妻」や「母」といった地位ないし役割にあてはめていくためのものだといえよう。

　このようなシティズンシップ・エンタイトルメントにもとづき,日本を含む多くの福祉国家における社会政策プログラムは,男女間で不均衡なものとして配分されてきた。具体的には,男（市民＝労働者）に起こりうる様々なリスク——たとえば失業,疾病,老齢など——に備えた社会保険のしくみが整えられる一方で,女（市民＝ケア提供者）は原則的に男の被扶養者として位置づけられ,社会保険に対する間接的な権利を与えられるにとどまってきた。また,単身女性やシングルマザーなど,そもそも近代家族モデルから逸脱するような女は,多くの場合社会保険ではなくミーンズテスト付きの公的扶助の対象となってきた。もちろん女も男と同様に市民＝労働者として給付エンタイトルメントを獲得することもある。しかし,労働者であることにもとづいた給付エンタイトルメントは多くの場合賃金比例であるため,男に比して相対的に低賃金の労働に配分されてきた女[12]には不利なものとなってしまう。

　総じて,社会政策プログラムにおける女の給付エンタイトルメントは,男のそれと比べて不安定で劣等なものであるといえよう。

▶ ケア労働／生産／再生産

　フェミニストの批判は、性別役割分業のもと、家庭のなかで育児や介護といったケア労働を女が担わされてきたという点にも向けられてきた。子どもや高齢者に対するケア労働は、「母性」や「愛の労働」といった言葉によって、女が無償で喜んで／すすんで担うべきものとして正当化されてきた。福祉国家は、こうした女の立場を改善するどころか、むしろそれを前提として組み立てられてきた。たとえば日本は、家族による福祉を「含み資産」として前提することで、国家によって供給される福祉が手薄になるという歴史をもっている。ここで注意しなくてはならないのは、家族という含み資産は、実際には家族ではなく家族のなかの「女」が含み資産としてケア労働を担うことを期待されてきた、という点である。実際、女が労働市場から撤退する際の理由は多くの場合、家庭内の子どもや高齢者のケアのためであったりする。皮肉なことに彼女は、不払い労働に従事するために賃労働から撤退しているのである[13]。こうして女は長い間、不払いの福祉の供給者として福祉国家を、しかも家父長的な福祉国家を下支えさせられてきたのだ。

　しかし、フェミニストによる異議申し立ての成果もあって、1990年代以降少しずつ「ケアの社会化」が謳われるようになる。「ケアの社会化」は、かつて介護や育児のために家庭内に幽閉されていた女たちにとっては解放を意味する言葉だったし、日本でもそれを制度化したとされる介護保険法には大きな期待が寄せられていた。たしかに、介護保険の導入によって、家庭内で不払いのケア労働を強いられてきた一部の女にとっては、そこから解放される道が用意されたといえるだろう。しかし他方で、介護保険法のもとでの介護の「社会化」は介護の「民営化」に他ならず、低所得者には不利なものだともいわれる[伊藤 2001]。また、介護労働者の多くは、とくに介護保険施行後ますます低賃金で不安定な労働を強いられている[白崎 2009]。ケア労働の多くは、それが（家庭内ではなく）労働市場で提供されるようになっても、低賃金で不安定な労働のままであり、担い手の多くは女のままである[14]という大きな課題も残っている。

Chapter10 社会政策の現代的視座(1)

▶ **女の貧困と依存**

　こうした差別的な労働市場や貧弱な福祉政策の下で，貧困層に占める女の割合は増大し，その現象は「貧困の女性化」と呼ばれるようになった[15]。日本でも女の貧困率は男のそれより高い。このような女の貧困は，しばしば経済的な依存を引き起こす。それは，男（夫）に対する経済的依存であることが多いが，国家（福祉）に対する依存となることもある。

　じっさい福祉国家には，労働市場における損害や貧困から人々を保護するような側面がある。このため，労働市場における損害や貧困に対して男より脆弱な女にとって福祉国家が提供する各種プログラムのもつ意味は大きかったし，女は相対的に福祉依存の度合いが高い傾向にある。この意味で，福祉国家は女にとってある程度有益なものであると考えられてきた。しかしこのことは単純に歓迎されるべきことではない。

　たとえばフィッツパトリックは，このような女の福祉依存の形態は，「男性を自立させるシステムの結果と反作用によってもたらされたものである」と指摘している［Fitzpatrick 1999=2005：182］。そもそも，性別役割分業のもとで，家庭内で不払い労働を強いられていること，そして労働市場においては圧倒的に不利な条件に置かれていること等のために，女は貧困に陥りやすくなり，そのことが福祉への依存を強める原因にもなっている。しかし福祉国家は，先にみたように，そうした性別役割分業を解消するどころかむしろそれを維持・強化するよう機能してきた。このため，女の福祉依存は福祉国家によって積極的に構築されてきたものであり，賃金稼得者である男の被扶養者たるべきという規範によってもたらされたものである[16]。福祉国家それ自体が，男の経済的自立を支えるために女の貧困と依存を巧妙に維持してきたといえるだろう[17]。

3　求められる社会政策

　では，「女」の解放を促すような福祉国家，社会政策とはどのようなものとして構想されうるだろうか。女の解放とひとくちにいっても，その解放への道筋は必ずしもひとつであるとは限らない。たとえばフレイザーは，その解放の道筋の差異に応じて，①総稼ぎ手モデル（Universal Breadwinner model），②ケ

ア提供者対等モデル（Caregiver Parity model），③総ケア提供者モデル（Universal Caregiver Model）の3つのモデルを分節化している［Fraser 1996=2003］。以下，順番にみてみよう。

　①は男との「平等」を求める立場で，労働市場や政治などの公的領域に女が参入すること，ひいてはすべての市民が稼ぎ手となることを目指すモデルである。このようなモデルのもとでは，多くの手当が雇用と結び付けられることになるだろう。とりわけそれを所得に応じて分配するような社会保険と適合的だが，雇用にありつけない人のために残余的な公的扶助のしくみも補完的に必要となる。これは現在の福祉国家のしくみによく似ている。これに対し，②は男との「差異」を求める立場で，女の家庭内での労働や責任の承認を目指すモデルである。このモデルの下では，出産や育児，家事，その他の社会的に必要な家事労働に報酬を与えるような「ケア提供者手当」が必要とされるだろう。また，同様の給付方法として参加所得をこれに加えることもできるかもしれない。参加所得とは，社会的に有益だとみなされた活動を条件に支払われる給付のことである［Atkinson 1996］この政策構想は，社会的に有益だとみなされながら，なお多くの場合不払いのままである家庭内の家事やケア労働に対する給付ともなりうることから，この立場のフェミニストに支持されてきた。

　フレイザーによればこれらふたつのモデルはいずれも現実的には今日の「女」の解放を十分には促さないという。それに対し，男も女も賃労働と家庭内のケア労働を共に担うことを目指す③のモデルであれば，ジェンダーの脱構築を伴いながら，ジェンダー平等を達成し，「女」の解放につながりうるという。

　既存の福祉国家ないし社会政策に対しては，すでにこのような様々な代替案が提出されている。近年では，すべての人の基本的必要を満たすに足るような所得保障政策であるベーシックインカムの構想が「女」の解放を促す可能性についても議論され始めている［堅田 2009］。これらのあたらしい政策構想も視野に入れながら，「女」の解放を目指す社会政策が様々に志向されたい。

Chapter10 社会政策の現代的視座(1)

コラム　もう一人の「女」――「闇の女」に光をあてる

　福祉国家や社会政策プログラム，あるいはそれらが前提している家族モデルがジェンダー・ブラインドであることは，既に多くのフェミニスト研究の蓄積によって明らかにされてきた。近代的福祉国家は，男性稼得者／女性家事従事者モデルに依拠して設計され，そうしたモデルを維持・強化する役割を果たしてきた，というのだ。今日こうしたフェミニストによる福祉国家への異議申し立ては広く受容され，福祉国家をめぐる議論においてジェンダー視点を導入することは次第に市民権を得つつある。

　たとえばエスピン=アンデルセンは，福祉国家における労働者（男）の解放の指標として脱商品化概念を提出したが，これに対してフェミニストは，主婦（女）の解放の指標として脱家族化概念を対置し，福祉国家における男女の相対的な位置の差異や解放への道筋の差異を明らかにしてきた。そこでは一般に，商品化（かつ前家族化）されている男の解放は脱商品化を志向するのに対し，家族化（かつ前商品化）されている女の解放は脱家族化を志向するものと考えられてきた。しかしこうした文脈では，そもそも家族化されていない女（「主婦ではない女」）や商品化されている女の問題は見落とされがちである。

　また，フェミニストによる福祉国家の制度分析においては，「妻」カテゴリや「母」カテゴリにもとづいて設計されている諸制度について，批判的検討が豊かに展開されてきた（年金，児童手当，児童扶養手当等）。これらは，「妻」や「母」といった性別役割にもとづいた，家事労働ないしケア労働を担う市民としてのカテゴリ化であり，「主婦」を市民モデルとして想定しているといえよう。転じて「主婦ではない女」「単身女性」は，制度においても言説においても，これまでほとんど光があてられてこなかった。

　では，「主婦ではない女」「単身女性」とは誰か。その代表は「売春婦」であろう。売春婦は家族化されていないだけではなく，商品化（性の商品化）されているという意味においても主婦と鮮やかな対比をなしている。実際，日本の社会福祉政策において唯一「単身女性」を扱う婦人保護事業の主要な対象として想定されているのが売春婦であるという事実は，単なる偶然ではない。近代的福祉国家のふたつの秩序――資本制と家父長制――は，労働者（男）と主婦（女）というふたつの市民モデルの対（婚姻関係）によって支えられてきたと言われるが，実際にはそれは名前のない「もう一人の女」によっても支えられてきた。それが売春婦である。かつてベーベルはその著『婦人論』において，「結婚は市民的社会の性的生活の一面を表し，売春は他面を表す。結婚はメダルの表面であり，売春はその裏面である」［ベーベル 1971：236］と説いたが，まさに主婦は売春婦と対になることで資本制的家父長制を

支えてきたのである。換言すれば、資本制家父長制は、主婦と売春婦の分断を通して、自らを維持してきたといえよう。

ところが、先述のように、従来のフェミニスト福祉政策研究においては、メダルの表（主婦）に光があてられることはあっても、その裏（売春婦）に光があてられることは、一部の例外を除いてあまり多くなかった。このことは、フェミニズムそれ自体が、女一般ないし主婦の抑圧を問題化しながら／を通して、売春婦やレズビアンの問題を不可視化し、抑圧してきたことと関連している。主婦と売春婦が、あるいは両者をめぐる言説が分断されてきたのは、両者が等価ではないからである。それはしばしば「清純／淫乱」、「善／悪」といった道徳規準によって序列づけられてもきた（聖娼二元論）。

以上のような、主婦と売春婦の分断や序列に視座を置いて、福祉国家や社会政策を紐解けば、きっと私たちが知るそれとはまったく異なる物語が立ち現われるだろう。

【参考文献】
アウグスト・ベーベル（草間平作訳）(1971)『婦人論上巻』岩波文庫
Esping-Andersen, G. (1990) *The There Worlds of Welfare Capitalism*, Polity Press (＝岡沢憲芙・宮本太郎監訳 (2001)『福祉資本主義の三つの世界』ミネルヴァ書房)
堅田香緒里 (2009)「『売春（婦）』をめぐる／による二つの言説に関する一考察——「主婦」と「売春婦」の分断に着目して」、日本社会福祉学会第57回全国大会自由報告

【註】
1) 近年のフェミニズムについて、第二派以前の運動とは区別される「第三波」あるいは「ポスト・フェミニズム」とみなせるかどうかをめぐる議論もあるが、ここではそうした議論に立ち入ることはできない。ただし、単一の「女」というカテゴリー自体や固定したジェンダーアイデンティティの問い直しは、「女」という共通基盤をひとまず出発点としてきた従来のフェミニズムへの根源的な挑戦であることは指摘しておきたい。
2) 以下の分類については、Lister [2010]、Williams [1989] に多くを負っている。
3) この概念は、非常に多義的な概念である。それは第一に、子どもを産み育てるといった人間の生物学的な再生産を意味し、第二に、十分な休息や食事の摂取等によって労働力を再生産することを意味し、そして第三に、資本主義の生産システムそのものの維持・再生産を意味することもある。
4) この標語を字義通りにとると、女を家庭内の不払い労働に留めながら、それへの支払いを要求しているように読める。しかし、とくにアウトノミアの洗礼を受けたイタリアのマルクス主義フェミニストは、よく誤解されるように家庭外の賃労働に反対し家事労働に賛成しているのではなく、実際にはどちらの労働にも反対していた。彼女たちは一方で、女の賃労働への従事を家庭内の不払い労働からの自発的撤退と解し、他方で家事労働の問題を「賃労働への拒否」に連なるものと捉えていた。ここで目指されていたのは、賃金そのものというよりはむしろ、家事労働が不払いであることの意味を白日の下に晒すことであったといえよう [Dalla Costa, M. ＝伊田 1986]。
5) 男性支配と女性の従属にもとづく社会システムのこと

6）「女」という単一のカテゴリーは脱構築されていく必要がある。ただしここではフェミニズムや女という言葉を手放さずに，「女の解放」と「女」の解放を共に目指して思考・実践し，それらを達成したときにはもはやフェミニズムそのものを必要としなくなるような，そんな運動としてフェミニズムを考えたい。

7）これらの研究の詳細については杉本［1993］を参照のこと。

8）それゆえ，しばしば家庭内における不払いの家事労働は女の「第二の仕事」と呼ばれてきた。

9）また，先のマルクス主義フェミニズムの指摘をふまえれば，主婦を優遇するこれらの政策は，単に専業主婦の地位を保護するにとどまらず，低賃金・不安定という労働市場における女の問題の再生産に寄与しているという事実も見逃してはならない。

10）じっさいベヴァリッジ計画は当時の左派や労働党から幅広い支持を取り付けており，わずかにアボット＆ボンパスら少数のフェミニストがこれに抵抗したのみであった。彼女たちは，同報告において既婚女性に与えられた地位について，それは「被扶養者としての地位」にすぎず，「彼女自身の人格にもとづく権利は一切ない」と批判した［Abbott and Bompass, 1943］。

11）そこでは，以下でみるような問題の外部で，そもそもそうした家族モデルから逸脱した世帯ほど，制度上不利益を強いられてきたということも指摘しておきたい。とりわけシングルマザーと単身女性は不利を被りがちである。

12）たとえば，男の一般労働者の賃金を100とした場合，女の一般労働者の賃金は69.8である（2009年現在）。賃金構造基本統計調査。

13）もっと皮肉なことに，女はたとえ賃労働に就いていたとしても，性別役割分業のために家庭内における不払いの家事労働も同時に担うことが多い。

14）介護労働安定センターによる「介護労働実態調査」（2007年度）によると，全介護労働者のうち，女が82.8％を占めている。

15）「貧困の女性化」という言葉は，1970年代の後半にアメリカで生まれた［Pearce 1978］。ちなみに「貧困の女性化」現象が顕著であったアメリカでは，1980年代以降，公的扶助の利用者の多くが未婚ないし離婚のシングルマザー世帯であることが社会問題化し，AFDCからTANFへの政策変更がもたらされることになった。

16）これらを支えていたのが，先に見た「家族賃金」という概念である。

17）近年は，福祉依存をめぐる含意が少しずつ変化しつつある。フレイザーとゴードンは依存という言葉が近代の前後でどのように変化してきたかを系譜学的に明らかにしている［Fraser 1996＝2003］。福祉依存という言葉は次第に道徳的な非難の含意を強く帯びるようになっていく。男（それがかなわない場合は国家）への依存を奨励するような福祉国家のしくみの中で，女は男の自立を担保するために依存を強制されてきたにもかかわらず，その依存が非難されるようになっているのだ。

【参考文献】

・Abramovitz, M.（1988）*Regulating the Lives of Women : Social Welfare Policy from Colonial Times to the Present*, South End Press／

・Atkinson, A.（1996）'The Case for a Participation Income,' *Political Quarterly*, 67-1

- Dalla Costa, M.（＝伊田久美子・伊藤公雄訳（1986）『家事労働に賃金を――フェミニズムの新たな展望』インパクト出版会）
- Daly, M.（1994）'Comparing welfare states', in Sainsbury（ed.）, *Gendering Welfare States*, Sage
- Esping-Andersen, G.（1990）*The There Worlds of Welfare Capitalism*, Polity Press（＝岡沢憲芙・宮本太郎 監訳（2001）『福祉資本主義の三つの世界』ミネルヴァ書房）
- Esping-Andersen, G.（1999）*Social Foundations of Postindustrial Economies*, Oxford University Press（＝渡辺雅男・渡辺景子 訳（2000）『ポスト工業経済の社会的基礎』桜井書店）
- Fitzpatrick, T.（1999）"*Freedom and Security*", Palgrave.（＝武川正吾・菊池英明訳（2005）『自由と保障――ベーシック・インカム論争』勁草書房）
- Fraser, N.（1996）*Justice interruptus：Critical Reflections on the "Postsocialist"* Condition, Routledge.（＝仲正昌樹監訳（2003）『中断された正義』御茶の水書房）
- Hooks, B.（1985）*Feminist Theory：From Margin to Center*, South End Press（＝清水久美（1997）『ブラック・フェミニストの主張――周縁から中心へ』勁草書房）
- 伊藤周平（1996）『福祉国家と市民権――法社会学的アプローチ』法政大学出版局
- 伊藤周平（2001）『介護保険を問い直す』ちくま新書
- 堅田香緒里（2009）「ベーシックインカムとフェミニスト・シティズンシップ――脱商品化・脱家族化の観点から」『社会福祉学』vol.53-1
- Lewis, J.（1992）'Gender and the Development of Welfare Regimes', *Journal of European Social Policy*, vol.2, no.2
- Lewis, J.（1997）'Gender and welfare regimes', *Social Politics*, vol.4
- Lister, R.（1994）'"She has other duties"-Women, Citizenship and Social Security', in Baldwin and Falkingham（eds）*Social Security and Social Change*, Prentice-Hall
- Lister, R.（2010）"Understanding Theories and Concepts in Social Policy", Policy Press
- Miller, D.（1990）*Women & Social Welfare*, Praeger
- Orloff, A.（1993）'Gender and the social rights of citizenship：the Comparative Analysis of Gender Relations and the Welfare States', *American Sociological Review*, vol.58
- Pearce, D. 1978 The Feminization of Poverty：Women, Work and Welfare" Urban and Social Change Review
- 白崎朝子（2009）『介護労働を生きる』現代書館
- 杉本貴代栄（1993）『社会福祉とフェミニズム』勁草書房
- 杉本貴代栄（2004）『福祉社会のジェンダー構造』勁草書房
- Wilson, E（1977）*Women and the Welfare State*, Tavistock, London

［堅田 香緒里］

Chapter 11 社会政策の現代的視座(2)
❖ アンチ・レイシズムとエコロジズム

0 ── はじめに

　本章では，従来の社会政策において周辺化されてきた視点，しかし同時に今日その重要度をますます増しつつある視点としてアンチ・レイシズムとエコロジズムをとりあげる。また補論のコラムではディスアビリティー・スタディーズ（障害学）をとりあげる。それぞれの立場が，従来の社会政策の何を問題化し，何に異議申し立てをし，そしてどのような代替案を提出してきたのかを概観することにしよう。

I ── アンチ・レイシズムと社会政策

　アンチ・レイシズム（反人種差別主義）の立場からの福祉国家批判は，フェミニズムの立場からのそれに比べて，明確性や理論的な緻密さに欠けているとされてきた［Williams 1989:87］。一般に，福祉国家も，またそれをめぐる諸議論も，国民国家という枠組みを自明のものとして展開してきたし，「人種」[1]の問題は都市問題や貧困問題といった文脈に還元されて論じられることが多かったといえよう。このためアンチ・レイシズムによる福祉国家批判は，外在的なものとしてこれまで主流派の議論からは無視ないし周辺化されてきた[2]。

　しかしグローバリゼーションの深化，あたらしいナショナリズムの台頭などの現実を前にした今日，アンチ・レイシズムによる批判に耳を傾ける重要性はますます増してきているように思われる。ところが，とくに日本ではこうした観点からの議論が非常に乏しい。それはしばしば安易に信じられているように

「単一民族国家である日本にはレイシズムの問題は存在しない」からではなく，＜異化＞よりは＜同化＞の圧力の強い日本においてこれらの問題系が抑圧・隠蔽されてきたからにほかならない。この意味で，アンチ・レイシズムの立場からの議論は日本においてこそ必要とされているといえよう。そこで本節では，1980年代ころから台頭してきたアンチ・レイシズムの立場による社会政策ないし福祉国家をめぐる議論をみてみよう。

1 レイシズム（人種差別主義）とは

メンミによれば，人種差別とは「現実の，あるいは架空の差異に，一般的，決定的な価値づけをすることであり，この価値づけは，告発者が自分の攻撃を正当化するために，被害者を犠牲にして，自分の利益のために行うもの」であるという［Memmi, 1994=1996：2］。ここで注意すべきは，人種差別は，一般にイメージされるように，肌の色や目の色，骨格などの外見上の差異に由来するもの（のみ）を指すのではないということである。むしろそのような「生物学的」な人種差別は，その科学的根拠の不在により虚偽性が暴露されており，今日では「生物学的」な人種差別を公式に目にすることはほとんどない[3]。今日むしろ問題とされるのは，このような「生物学的な」差別とは区別される「新しい人種差別」の方であろう。それは，生物学的・遺伝的な差異というよりはむしろ，より「文化的な」差異に光をあてる［Balibar 1990=1995］。今日の「移民」や「イスラム系」をめぐる言説は，かれらの「文化的な振る舞い」に焦点化しつつ非難するという点で，「あたらしい人種差別」をよく体現しているといえよう。注意しなくてはならないのは，それは時に文化的多元主義（マルチ・カルチュラリズム）の装いを纏っており，かつての人種差別のような露骨さがないため，ともすると差別であることが見過ごされがちであるという点である。

小森はさらに，メンミによる先の定義から，人種差別の始まりには常に「攻撃」という暴力があることに着目する［小森 2006：7 -23］。われわれは，自らの攻撃を正当化し，それによる利益を守るために，攻撃の対象の有する差異に否定的評価を与えていく。これこそが人種差別だというのだ。それは，ヨーロッパの侵略者による「新大陸」のインディオへの攻撃，日本人による東アジアへの侵略と攻撃，そしてそれらによって得た利益を正当化するためのものなので

ある。この意味で，人種差別は歴史的に植民地主義(コロニアリズム)の問題と切り離すことができない。

2　レイシズムと社会政策

　「人種」の問題は，福祉国家と福祉をめぐる社会的諸関係の展開を理解するためには，歴史的にも今日においても，決定的に重要である［Lister 2010：73］。にもかかわらず，この問題は，福祉国家をめぐる議論において常に周辺化されてきた。アンチ・レイシズムの立場は，社会政策をめぐる主流派の議論がレイシズムの問題を無視ないし周辺化している――「カラーに無自覚である（color-blind）」――として批判してきた［Williams 1989］。そもそも主流派の思想的基盤を形成したとされるウェッブ夫妻の議論それ自体が帝国主義的な色彩を帯びたものだった。かれらが提唱し，後に福祉国家の基本的理念となったナショナル・ミニマムの概念は，当時の帝国主義国家イギリスの戦争遂行に必要な戦力として健康な兵隊を確保する目的をもっていたことはよく知られている。

　また，福祉国家の青写真ともされるベヴァリッジ報告にも，人種差別的な考えや帝国主義的要素をみてとることができる。同報告は，前章でみたように，性別役割分業を自明視している点において，後にフェミニストから大いに批判されることとなるが，他方で，その帝国主義的視点はどちらかというとあまり注目されてこなかった。ベヴァリッジは，男とは異なる女のエンタイトルメントを規定する際の根拠として，「母親としての主婦」が担っている家事や育児に代表される再生産労働を重視していたが，それはそのような労働が「英国人種と英国の理想を世界の中でうまく存続させるため」の「仕事」とみなされたからであった。このようなエンタイトルメントはだから，単に家父長的であるばかりではなく，「英国の理想」を追求するという帝国主義的思想や，「英国人種」[4]の存続という人種差別的思想に彩られたものであったといえよう。

3　アンチ・レイシズムと社会政策

　こうした帝国主義的・人種差別的な主流派の議論に対して，1980年代後半以降少しずつアンチ・レイシズムの立場からの批判が提出されるようになってくる。かれらの主張は，およそ以下の３つに整理することができる。第一に，福

祉国家や社会政策は国民国家を前提に構築されており，国籍を保有しない者を排除してきたという点，第二に，福祉国家や社会政策は，人種差別を解消するどころか，むしろそれを再生産ないし強化してきたという点，そして第三に，福祉国家はその展開において人種差別主義を必要としてきた，という点である。順番にみていこう。

　まず第一の点，福祉国家における国籍要件の問題から。福祉国家における社会政策プログラムの給付エンタイトルメントは，多くの場合国籍と関連づけられてきた。このため，移民や外国人は社会政策においては／も排除ないし劣等処遇されることが多かったといえよう。とはいえ，1970年代以降，多くの福祉国家において国籍要件が緩和されてきたことも事実である。今日では，社会政策プログラムのなかでもとりわけ保険料の拠出を条件として給付が受けられる社会保険の場合には，国籍にかかわらず受給資格が与えられていることが一般的である。しかし他方で，無拠出の手当や扶助の場合には，受給資格が制限されることがしばしばあることにも注意したい。

　日本の社会政策においては，伝統的に非常に厳格な国籍中心主義が採用されてきた。名高い憲法第25条——いわゆる生存権規定——でさえも，日本国籍を保有する者を中心に適用され，日本国籍を保有しない者には適用されない，あるいは適用される場合も劣等に適用されるという運用が主流であった。このため，在日コリアンをはじめとする多くの在日外国人の生存権保障はきわめて不確かなものであり続けてきた。

　しかしその日本でも，1980年代以降徐々にではあるが，国籍要件が撤廃されてきた。ただしそれは，内的な取り組みというよりはむしろ常に「外圧」への応答というかたちでなされてきたといってよいだろう。たとえば，国民年金法の国籍要件撤廃（1982年）は，1981年難民条約批准を待たねばならなかった。難民条約には，いわゆる「内外人平等の原則」が謳われており，国内に居住する外国人に対しても日本国民同様の社会保障を与えることが定められている。このため，在日外国人を除外する国籍要件は同条約に抵触するということで改正されることとなる。国民年金制度の創設から実に20年以上を経てようやく，在日コリアンをはじめとするすべての在日外国人にも加入が認められるようになったのだ[5]。

ともあれ，こうして現在では日本においてもほとんどの社会保障関連法において国籍要件が撤廃されてきた。しかし，公的扶助の中心的制度である生活保護においては今もなお国籍要件が保持されている。生活保護の適用対象は，生活に困窮するすべての「国民」である。たしかに外国人に対しても保護の「準用」は認められてきたが，その場合，日本国籍をもつ者には認められている，生活保護にかかわる行政処分について異議申し立てを行う権利——審査請求及び再審査請求権——は認められない。この意味で，かれらの権利は実質的なものというよりむしろ，行政からの「慈善」的要素の強いものであるといってよいだろう。

　このように，日本は，植民地主義の遺産を反省するどころか，日本国籍を保有しないことを理由に在日コリアンをはじめとする外国人を様々な社会保障制度から排除してきた。戦後70年近くたっても生存権すらまともに保障されていない在日コリアンの人々の存在は，今も続く日本という福祉国家の負の歴史を体現しているのではないだろうか。それは植民地主義とともに展開してきた社会政策が，ある人々にとってはレイシズムという暴力の装置であることを意味している。

　続いて第二の点，福祉国家が人種差別を維持・再生産しているという問題について。ウィリアムズによれば，エスニック・マイノリティが社会政策の適用上経験する不利は，多くの場合労働市場における不利を反映している［Williams 1989］。というのも，社会政策の中心的なしくみである社会保険は，労働市場における業績に大きく依存しているからである。一般に，黒人ないしエスニック・マイノリティは，白人男性に比べて低賃金で，不安定な就労に配置されがちで，就労期間も短くなりがちである［伊藤 1997］。というのも，白人労働者向けの労働市場と，黒人ないしエスニック・マイノリティ向けの労働市場とが分断され，いわゆる二重労働市場が形成されているからである。こうした問題は，女が労働市場で抱える問題と重ねて理解することができる。すなわち，男性向けの労働市場と，女性向けの労働市場という二重労働市場の問題である。二重化された労働市場では，黒人やエスニック・マイノリティそして女性は，産業予備群として位置づけられ，雇用の調節弁として使われるのみならず，低賃金で劣悪な労働条件のもとでしか働くことができないことも多い[6]。このた

め，労働市場における業績を反映するような社会政策においても，不利益を被ることが多い。総じて，エスニック・マイノリティはそうでない者に比べて貧困に陥りやすいといえるだろう。じっさいピート・オルコックは，イギリスの貧困問題を考える際にレイシズムの問題は無視できないと指摘している [Alcock 2006]。

日本においても，在日コリアンの人々が貧困に陥りやすいことはしばしば指摘されてきた。よく知られているように，一般に労働市場においては，国籍や出生地に基づく差別が長い間存在してきた／いる。その遺産で，在日コリアンの人々は，一般の労働市場においては低賃金で不安定な仕事にしかアクセスできなかった。しばしば，在日コリアンの生活保護受給率の高さをもって不当であるという者がいる。しかしそもそも，先にみたように生活保護にかんする実質的な権利を持たない状況においてなお受給率が高いという事実こそが，生活保護を受給せざるをえないほど生活が困窮している者がそれだけ多いということを示しているといえないだろうか。

最後に第三の点，福祉国家はその展開において人種差別を必要としてきたという問題について。社会政策は，歴史的に，国民国家の成立や展開において非常に重要な役割を担ってきた。たとえばウィリアムズは，建国 (nation-building) が，福祉国家改革の中心的目的であり続けたこと，そしてそれはまた，戦争と帝国の維持にも密接にかかわっていたことを指摘している。[Williams 1989]。教育や公衆衛生，社会保険などの集産主義（コレクティヴィズム）的な社会政策は，国民の統合に大いに貢献してきたといっていいだろう。同時に，これらの制度のエンタイトルメントが，国民国家型福祉国家における包摂と排除を体現していたともいえる。じっさい，先にみたように多くの福祉国家では当初その社会権の範囲は国籍保有者に限定されていた。

このことは，人種差別的なしくみが，国民国家を維持・再生産するという機能を担ってきたということを意味する。つまり，国民国家に基づいた福祉国家は，それ自体の維持のために，人種差別を必要としていた，ということだ。これまでみてきたようにそれは，福祉国家の成立時にかぎらず，今日にも連綿と引き継がれている。

4 求められる政策

では，このようなアンチ・レイシズムの主張から求められる社会政策とはどのようなものだろうか。第一に，国籍に基づかない社会権，たとえば居住に基づいて生活保障を行うような制度の構築であろう。第二に，過去の労働履歴に基づかない社会権の保障と，労働市場における差別の解消であろう。

さらには，福祉国家の展開において常に周辺化されてきたエスニック・マイノリティが，自衛のために自らのコミュニティにおいて形成してきた生活保障のしくみや，掲げてきた要求から学べるものも大いにあるだろう。たとえば，反人種差別（アンチ・レイシズム）の運動が最も盛んであったアメリカでは，運動の象徴であるキング牧師がその命を奪われる直前に計画していた「貧者の行進」において，無条件の所得保障であるベーシック・インカムが要求項目に挙げられていたというし，また同時期にブラックパンサー党も，独自のコミュニティで無料の給食サービス等を提供する傍ら，やはりベーシックインカムを要求していたという［山森 2009］。レイシズムを排した社会政策のあり様を考えるとき，このような取り組みや要求を無視することはもはやできないだろう。

II ── エコロジズムと社会政策

エコロジズムの考え方が登場したのは，産業社会における経済成長とコンシューマリズムが環境に与える影響が懸念され始めた1970年代のことである。それは，戦後の福祉国家ないしそのもとで展開されてきた社会政策に対しても根源的な問いを提出してきた。というのも，既存の福祉国家は一般に，社会政策や福祉サービスのためのコストを調達する主要な手段として「経済成長」を前提にしてきたからである。この意味で，「経済成長」に代わる「持続可能性」という価値を強調するエコロジズムの観点は，単に福祉国家や社会政策をめぐる議論のアジェンダに新たに付け加えられるひとつの項目というよりはむしろ，それらの前提を揺るがすような根源的な挑戦を意味するといえよう。

21世紀に入り環境の問題はますます重要な社会の課題となってきた。それに伴い，エコロジズムの観点は，どのような社会政策を考えるときも無視できないものとなってきたといってよいだろう。本節では，この比較的あたらしいエ

コロジズムの観点が，社会政策ないし福祉国家をどう眼差し，それに対しどのような挑戦を突きつけている／きたのかを概観してみよう。

1　エコロジズム（環境保護主義）とは

　エコロジズムは，前章までで扱ってきた多くのイズムのように人々のあいだの分割（階級，ジェンダー，「人種」，エスニシティ等）に光をあてるものではなく，人間と環境の間の関係に光をあてるものである。この考え方は，大量生産・大量消費型の近代産業社会，そしてそれを支えてきた「経済成長こそが社会や個人の福祉の推進力である」といった価値観――産業主義の論理――への抵抗から生まれた。こういった価値観の背景には，人間が自然より優位であり，人間社会の発展のためには自然環境を破壊してもよいというような，人間中心主義的な思想があるが，エコロジズムの思想はしばしば，このような人間と自然の二分法的序列にもとづく人間中心主義思想を拒否することもある。

　近代化が進むにつれ，物質的な豊かさが享受されるようになる一方で，産業廃棄物や環境破壊，公害問題などの近代化の歪みもまた浮き彫りになってきた[7]。そのようななか，それまで信じられてきた「経済成長」という価値が疑われ始めた1970年代にエコロジズムは産声をあげた。経済成長の負の側面に光をあてるこの思想はしばしば，異なる仕方ではあるがやはり資本主義の根幹である経済成長という価値を問題視してきたマルクス主義と歩を携えて思想的発展を遂げてきた[8]。ただし，エコロジズムは，経済成長に固執する資本主義に与しないが，同時にまた単に資本による労働の搾取の緩和や廃止のみでは不十分だと主張してきた。というのも，そのかわりに自然や環境の搾取が行われてしまうのは望ましくないからだ。それは，人間以外のものを道具主義的な利用の観点からみなす人間中心主義を批判してきたエコロジズムの特徴である。その後，環境の保護と経済の発展との関係についての関心が高まっていった1980年代・90年代を通して，この思想はますますその重要性を増していくことになる。それまで前提とされてきた環境と経済の「対立」を所与のものとみなすのではなく，むしろ両者の持続可能な関係を模索する動きも活発化してきた。こうした考え方は，「経済成長」への盲目的な信仰から私たちを解放し，経済成長が必ずしも私たち一人ひとりの福祉（well-being）の向上に結びついてはい

ないこと，そして経済成長の名の下で自然環境が犠牲を強いられてきたこと等に目を向ける契機を与えてくれる。

　さらにエコロジズムは，単なる思想にとどまらず，とくに1980年代に入ると，具体的な政策指標や政策理念をも生み出してきた。たとえば，経済成長の程度をはかるひとつの指標であるGDPに代わって，NNW（Net National Welfare：純国民福祉指標）やグリーンGDP等，環境への影響を考慮した指標が開発された。また，1987年に出た「環境と開発にかんする世界委員会」（通称ブルントラント委員会）の報告書においては，エコロジズムの大きな成果のひとつである「持続可能な発展」というあたらしい概念が提起された。すなわち，「持続可能な発展とは，将来世代が自らの必要性を満たす能力を損なうことなく，現在世代の必要性を満たすような発展を意味する」と［諸富 2003：20］。エコロジズムの考え方はまた，ヨーロッパを中心に世界中に浸透し，多くの国で緑の党として政党政治にも幅広く参入しつつある[9]。

　さて，このアプローチは大きくふたつに分けて理解することができる[10]。第一に「弱い持続性」を支持するテクノセントリズムの立場，第二に「強い持続性」を支持するエコセントリズムの立場である。前者は，「自然」と「人工」は無制限に代替可能だと考え，それゆえ環境をめぐる問題は何らかの技術的な手段で解決可能だと考える。たとえば，環境税などの手段を用いて環境汚染をするエイジェンシーには特別な税金を課す等の手段を取ることで，環境破壊は抑制されるだろうと考える。この意味でそれは，既存の支配的な経済的・政治秩序に真っ向から挑戦するというよりはむしろ，それとうまく調和していくことを目指す改良主義的立場といえよう。これに対し後者は，「自然」と「人工」はそれほど明確に区別できるものではないとし，両者の二項対立ではなく，その混合領域を含めてどのように維持していくかが課題であると考える。したがってそれは，限りない経済成長と消費を前提とする既存の経済的・政治的秩序——資本主義体制——により根源的な挑戦を挑むことになる。この立場はまた，単に社会のあり方を問うのみならず，しばしば既存の社会における意思決定のあり方にも疑義を呈し，市民運動等から生まれる市民参加を重視するような，より民主的な意思決定のプロセスを主張する。

　総じてエコロジズムは，終わりのない経済成長と消費の喚起によって発展し

てきた社会のあり様を根源から問い直し，成長ではなく持続可能性に力点を置いてあたらしい社会を編み直そうという思想／実践であるといえよう。

2　エコロジズムと社会政策

　このように，エコロジズムの考え方は，社会の編成を考える際にますます無視できない視点となってきた。とはいえ残念ながら，この考え方はいまだにフェミニズムがそうしたようには，日本において社会政策をめぐる主流派の議論に体系的かつ包括的な影響を与えることはできていない。しかしそれは，1980年代以降とりわけヨーロッパにおける社会政策をめぐる議論に多大な貢献をしてきた。ここではそうした議論を中心に概観したい。

　エコロジズムによる福祉国家批判は多岐にわたるが，その中心は以下の3点に整理できる。第一に，福祉国家は産業主義の論理を維持・強化しているという点，第二に，第一の点とも関連して，福祉国家は賃労働による自立の中心性を維持しているという点，第三に，福祉国家はグローバルなレベルでの格差や不平等を生み出すという点である。順番にみていこう。

　まず第一の点から。イギリスの社会政策学者であるフィッツパトリックは，福祉国家における再分配のエートスは，「パイの公平な分配」よりもむしろ，環境のコストを無視して，分配される「パイの拡大」を求めてきたことを批判している［Fitzpatrick 1999＝2005：208］。福祉国家における社会政策もまた，経済成長の名の下に環境の持続可能性を犠牲にしてきたというのだ。このように福祉国家は一般に，産業主義の論理に抵抗するというよりはむしろ，これを前提とすることで，維持・再生産してきたといえよう。したがって福祉国家のもとで提供される社会政策プログラムは，貧困などの社会問題を生み出す根源的な要因を取り除こうとするよりは，どちらかというと対症療法的な対応にとどまってきたといえる。

　続いて第二の点。いうまでもなく，近代産業社会を支えてきた資本主義の下で，私たちは賃労働を通した自立を強いられるようになった（しかしこれは性別役割分業とこれを支えてきた近代家族モデルをふまえれば，物語の一側面にすぎない。この点はChapter10を参照のこと）。福祉国家もまたこのような賃労働観に貫かれており，一般に福祉国家における社会政策プログラムは完全雇用と賃労働によ

る自立を前提とし，何らかの理由で賃労働にアクセスできない者を中心に保護を提供してきた。福祉国家が内包するこうした性質に対してエコロジストは，賃労働の中心性を解体することの重要性を訴えてきた。注意しなくてはならないのは，彼らは必ずしも賃労働が不必要であると主張しているのではないという点である。そうではなくて，彼らはむしろ，労働時間を短縮すること，そして必要労働をできるだけ多くの人々の間で分配することを主張している。また，賃労働を中心とした福祉の編成が，労働しない／できない者を周辺化しがちである点も批判し，賃労働以外の様々な人間活動——家事労働や，ボランティア活動，コミュニティ・ワーク等——の相対的な価値を高めていくことの重要性もエコロジストによってくり返し指摘されてきたところである。賃労働に限定されない雑多な労働のあり様を認めるという点では，Chapter10でみたフェミニズムに通じるところがあるといえよう。

　最後に第三の点。一般に一国単位で運営される福祉国家は，社会問題にナショナルなレベルで対応する装置だといえる。しかしここで注意しなくてはならないのは，それはただ単にナショナルな問題をナショナルなレベルで解決しているだけの装置ではないということだ。それはむしろ，ナショナルなレベルでの福祉を優先することで，グローバルなレベルにおける社会問題を拡大している。エコロジストは一般に，北側諸国が限りないパイの拡大のために生じる問題や矛盾をより貧しい南側諸国に押しつけている点を批判してきた。

　エコロジズムは，このように様々な観点から福祉国家を批判してきたが，それはまた既存の福祉国家に代わるオルタナティブなしくみを提案してもきた。たとえばフィッツパトリックは，既存の福祉国家を構成している「福祉の諸原理と諸制度」は，「生産主義モデル（productivist model）」であるとし，これに対して，「エコロジカル・モデル（ecological model）」を提案している［Fitzpatrick 1998］。前者が経済成長や雇用倫理[11]（employment ethic）等にもとづくモデルであるのに対し，後者は，持続可能な成長，労働倫理等にもとづくモデルであるとされる。では，エコロジカル・モデルにもとづく社会政策プログラムとして，具体的にどのようなものが提案されてきたのだろうか。

3　求められる社会政策

　社会政策をめぐる1980年代以降の議論において，エコロジズムは様々なあたらしい政策構想を提案してきた。ここでは，労働時間の短縮と労働の分配，ベーシックインカムをとりあげよう。

▶ 労働時間の短縮と労働の分配

　エコロジストは長い間，完全雇用に代わって賃労働の脱中心化を訴えてきた。とくに1980年代以降，ヨーロッパでは高い失業率を恒常的に維持してきた。このことは単に仕事にあぶれている人が多いという事実を示しているのみではなく，雇用が少数の幸運な者に集中していることを意味している。これに対して，たとえばアンドレ・ゴルツは，雇用をより多くの人々のあいだで平等に分配することで，労働時間を短縮し，盲目的な大量生産にブレーキをかけることを主張してきた [Gorz 1988=1997]。彼は他律的活動と自律的活動というふたつの領域を区別し，前者を雇用労働等の避けられない活動を含む必然性の領域，後者を創作活動等の自主的な活動を含む自由の領域とした。そのうえで，既存の福祉国家のもとでは，必然性の領域で費やされる時間が多くを占め，自由の領域のための時間がほとんど残されていないことを問題視する [Gorz 1988=1997]。しかし，私たちの福祉がもっとも向上するのは，むしろ必然性の領域が最小化され，自由の領域のための時間が十分に確保できるときであり，そのためには労働時間の短縮と労働の分配が重要だと訴えた。興味深いのは，しかし彼は自律的活動の最大化のためには労働の分配のみでは不十分であり，労働によらない無条件の所得保障が必要だと主張している点である。それが次のベーシックインカムである。

▶ ベーシックインカム

　ベーシックインカムとは，すべての個人に少なくともその基本的必要を満たすに足る所得を無条件に保障しようという政策構想である [山森 2009]。労働による差異を一切問わないこの構想は，産業主義の論理に貫かれ賃労働の中心性を維持してきた福祉国家における所得保障政策と鮮やかな対比をなす。というのも，福祉国家では一般に，人はまず「働いて稼ぐ」ことを期待され，何ら

かの理由でそれが困難な場合にのみ所得保障が対応してきたし、またその保障も労働をめぐる差異に応じて保険や扶助に分断されてきたからだ。これに対してベーシックインカムは、労働をめぐる差異によらず、すなわち、働いているか否か／働く能力があるか否か／働く意思があるかないか等に関係なく、すべての人に給付される。このことは特に、これまで賃労働から周辺化／排除されがちであった者にとって大きな意味をもつだろう。

　ベーシックインカムのこのような性質を通じて、賃労働の価値が相対的に弱められ、賃労働以外の活動ないし自由の領域における自律的活動の価値が相対的に高められることになる。また、生活に必要な所得が賃労働によらず保障されることで、必然性の領域における他律的活動が最小化され、自律的活動に費やす時間が最大化されることにもなる。これらを通じて、産業主義の論理が相対化される。このような理由で、1980年代以降ヨーロッパ各地に誕生した緑の党では、その多くが綱領にベーシックインカムの実現と労働の分配を掲げている。なお、エコロジストがベーシックインカムを擁護するとき、それは多くの場合土地やエネルギー等に対する課税、環境税の実現とセットでなされる点にも特徴がある［たとえば、Robertson 1996］。

4　むすび

　ここまでみてきたように、エコロジズムの考え方は、賃労働や経済成長を自明視してきた近代的な福祉国家に理論的な挑戦をつきつけてきた。そしてその重要性が今日ますます増してきていることは疑いようもない。私たちはそろそろ産業主義の論理に貫かれた福祉国家と決別し、あたらしい社会を構想していかなくてはならないのかもしれない。そこで最後に、エコロジズムの立場から近年提案されている「完全従事社会」というあたらしい社会の在り様を紹介して本節をとじたい。「完全従事社会」とはこれまでの「完全雇用社会」の代替案として登場した考え方である。コリン・ウィリアムズによれば、それは「基本的な物質的ニーズと創造可能性の双方を満足する手段を市民が獲得できるよう、仕事（雇用と自助との両方）と所得が十分に確保されている社会」と定義されている［福士 2006］。そこでは、有給雇用ばかりでなく、家事・育児などの家庭内で行われている無償労働や、ボランティア活動、コミュニティで行われ

ている有償,無償の交換行為など,多様な形態の活動が仕事として認められる。このような社会においては,雇用のみに還元されない私たちの豊かな生＝労働をありのまま認め,さらに自律的な領域における自由な活動をはぐくんでいくことで,物質的な指標では測りきれない豊かな社会をあらたに創造していくことができるだろう。

コラム　障害学と社会政策

　障害学とは,「障害,障害者を社会,文化の視点から考えなおし,従来の医療,リハビリテーション,社会福祉,特殊教育といった『枠』から障害,障害者を開放する試み」だという［長瀬 1999：3］。またそれは,単なる「学」にとどまらず,「障害を分析の切り口として確立する学問,思想,知の運動」であるとされる［長瀬 1999：11］。こうした記述からも明らかなように,障害学は,ちょうどフェミニズムが家父長制的社会の下抑圧を強いられてきた女という当事者の＜声＞や運動と共にあったのと同様に,障害者という当事者の＜声＞や運動と共にある知的運動だといえよう。

　それは,これまでの議論に障害者の視点を単に「付け加える」のではなく,これまでの議論がいかに非障害者中心に編成されてきたのかを告発し,障害の視点からの新しい議論を生み出してきた。たとえば,これまで医療や社会福祉の観点から,その「対象」ないし「対象者」として捉えられてきた障害／障害者の歴史の再考を促してきたし,またその先で,「対象」としての障害(者)ではなく,「障害独自の視点の確立を指向し,文化としての障害,障害者として生きる価値に着目する」といった対抗文化の構築にもつながっていくような流れも生み出してきた［長瀬 1999：11］。

　さて,障害学を考えるときに最も大事な視点のひとつは「社会モデル」と呼ばれるものである。「社会モデル」とは,「個人モデル」や「医学モデル」のように,障害を個人の属性の問題として捉え——それゆえ属性を矯正するような社会政策プログラム[1]を求めるのではなく,社会の問題としてとらえ——それゆえ社会を矯正するような社会政策プログラムを要求する考え方である[2]。障害学および障害当事者運動は,こうした考え方の下,社会が「障害者」に強いてきた構造的制約の一つひとつを問題化してきた。

　福祉国家や社会政策プログラムも,「障害者」への構造的制約をもたらしてきた代表的な社会制度である。Chapter10でみたように,福祉国家は,賃労働者の男が他の家族を扶養すべきという家族賃金の規範を維持してきた。じつはこの規範は,男女

間や「人種」間の社会的分断のみならず，健常者／障害者の分断をも生み出してきた。というのもそれは，白人で健康な男という「自立した者（白人／男）」の市民像を構築しつつ，その傍らで，女や子ども，エスニック・マイノリティ，病人や「障害者」を「依存する者」として構築してきたからだ。1970年代以降さかんになってきた福祉国家に対する様々な「抵抗」の運動の多くが，これら福祉国家から排除・周辺化されてきた女やエスニック・マイノリティ，障害者によって組織化されることとなったのは偶然ではない。

福祉国家においては，自立した市民像が「健常者」であることを前提としているために，障害者は「特別な必要」をかかえた依存的存在と分類され，その「特別な必要」を満たすという名目で専門家支配を介した国家による過剰な介入ないし支配が正当化されてきた。障害学および障害当事者運動は，なによりもまずこうした専門家や国家によるパターナリズムを拒否することで既存の福祉国家のあり方への批判を展開してきた。「私たちぬきで私たちのことを何も決めるな」という標語は彼らのそうした姿勢をよく表しているといえよう。

専門家支配を拒否した彼らは，自分たちこそが自分の生活の専門家であるという考え方の下，単に不十分でパターナリスティックな社会サービスを批判するのみではなく，自分たちの手でコミュニティに積極的に新しい社会サービスを作り出し，あたらしいモデルを社会に提示していくことに成功してきた[3]。この点では，Chapter10・11で概観してきたいずれの立場からも一歩抜きん出ているといえよう。私たちは，障害学ないし障害当事者運動が成し遂げてきたこれらの成果から多くを学べるはずである。

【註】
1）治療やリハビリテーションといった医学的介入
2）たとえばマイケル・オリバーは，個人の属性としての障害であるインペアメント（impairment）と，社会制度に起因する障害であるディスアビリティ（disability）を区別し，後者が問題であるとする［オリバー 2006］。
3）たとえばダイレクト・ペイメント制度は，「障害者」自らが，自身の生活にかかわる諸々の管理や決定の幅を大きく広げることになった。

【参考文献】
石川准・長瀬修（1999）『障害学への招待——社会，文化，ディスアビリティ』明石書店.
ジェームズ・I・チャールトン（2003）『私たちぬきで私たちのことを何も決めるな——障害をもつ人に対する抑圧とエンパワメント』明石書店
マイケル・オリバー（2006）『障害の政治』明石書店

【註】

1）「人種（race）」は，社会科学の文脈においてはおよそ括弧付きで記述される概念である。それは，論者によって異なった意味で用いられることも多い多義的な用語であるということのみならず，むしろ植民地主義と結びつきながら展開してきたという意味で高度に政治的な概念であることに由来する。たとえば小森は，この概念がヨーロッパで用いられるようになるのは，「新大陸」の発見に端を発すると指摘している［小森 2006：24］。つまり「人種」は，ヨーロッパ諸国が「新大陸」を発見し，侵略を進めていく過程――コロニアリズムの歴史――と共にあったといってよいだろう。
2）福祉国家の政策研究におけるこうした状況をさして，フィオナ・ウィリアムズは「人種問題のゲットー化」と呼んでいる。
3）ともあれもちろん，非公式な場でこの種の差別は未だに横行しているし，公式な場でも暗にこうした差別に根ざした発言がなされることがあろう。
4）いうまでもなく，ここでいう「英国人種」は白人を指している。
5）たしかに今日では，在日外国人の国民年金加入が認められている。しかし同時に，制度改正の狭間にあった人びとが今も無年金状態に押しとどめられていること，裁判闘争を通した彼らの訴えが社会から長い間無視され続けてきたことを忘れてはならないだろう。
6）いうまでもなく，こうした状況で最も不利を被るのは，黒人かつ女である黒人女性である。彼女たちは，黒人であり女であるということで，労働市場（そしてそれ以外の社会生活の場においても）において二重の不利益を被っている。このような黒人女性の置かれた二重に不利な立場については，前節のブラック・フェミニストの議論を参照のこと。
7）たとえば宮本［1989］は，公害問題などを物質的貧困とは区別される現代的貧困と整理し，経済至上主義的な社会の価値観を批判した。
8）マルクス主義については前章参照のこと。とくにヨーロッパで発展してきたエコロジズム思想の提唱者の多くは，マルクス主義を経由したエコ・マルクス主義者と呼ばれる人たちである。
9）この点では，本章で紹介したあたらしいイデオロギーのなかでは一歩抜け出ているといえるかもしれない。
10）以下の記述は，Fitzpatrick［1998］，諸富［2003］，Lister［2010］にその多くを追っている。
11）フィッツパトリックは，労働倫理と雇用倫理を区別している。前者は有償雇用に限らない人間の様々な活動を労働と認めるような倫理であるのに対し，後者は有償雇用の中心性を維持するような倫理である。［Fitzpatrick 1998］

【参考文献】

・Alcock, P.（2006）"*Understanding Poverty 3rd edition*" Palgrave Macmillan
・Fitzpatrick, T.（1998）'The implications of ecological thought for social welfare', *Critical Social Policy*, vol.18, no.1, pp.5-26
・Fitzpatrick, T.（1999）"*Freedom and Security*", Palgrave.（＝武川正吾・菊池英明訳『自由と保障：ベーシック・インカム論争』勁草書房）
・フランツ・ファノン（1998）『黒い皮膚・白い仮面』海老坂武・加藤晴久翻訳　み

すず書房
- 福士正博（2006）「完全従事社会と参加所得——緑の社会政策に向けて」『思想』no.983
- Gorz, A.（1988）"*Metamorphoses du travail Quete du sens：Critique de la rasion economique*", Editions Galilee.（＝真下俊樹訳『労働のメタモルフォーズ——働くことの意味を求めて：経済的理性批判』緑風出版）
- 環境と開発にかんする世界委員会（1987）大来佐武郎監修・環境庁国際問題研究会訳『地球の未来を守るために』福武書店
- 伊藤周平（1997）「福祉国家とアンチ・レイシズム——人種，エスニシティ，市民権」『社會勞働研究』44（2），pp. 59-92
- Lister, R.（2010）"*Understanding Theories and Concepts in Social Policy*", Policy Press
- 松野弘（2009）『環境思想とは何か——環境主義からエコロジズムへ』ちくま新書.
- メンミ（菊地昌実・白井成雄訳）1996『人種差別』法政大学出版局
- 宮本憲一（1989）『環境経済学』岩波書店
- 小森陽一（2006）『レイシズム』岩波書店
- 諸富徹（2003）『環境』岩波書店
- Robertson, J.（1996）'Towards a New Social Compact：Citizen's Income and Radical Tax Reform', "*Political Quarterly*", vol.67, no.1, pp.54-58
- バリバール『人種・民族・階級——揺らぐアイデンティティー』大村書店
- Williams, F.（1989）"*Social Policy-A Critical Introduction：Issues of Race, Gender and Class*" Polity Press
- 山森亮（2009）『ベーシック・インカム入門』光文社

［堅田 香緒里］

Chapter 12 社会政策研究の展開と課題
❖ 現代社会と福祉を考えるために

0 ── はじめに

　本章では，社会政策研究がどのように形成され，今どのような課題に直面しているかについて解説する。Ⅰでは，イギリスを中心とした社会政策研究の展開を概観する。Ⅱでは，近年の政策課題と研究課題を整理する。経済社会の激変と混迷は，各国の社会政策当局に，失業の長期化や社会的排除をはじめ，対応の難しい問題をつきつける一方で，古い時代に作られた社会制度とその設計思想は，あらたな状況に対応できなくなり，様々な改革と再編が進められてきた。また福祉国家のあり方をめぐって各方面で様々な議論がくり広げられてきた。そうした状況をうけ，社会政策研究も「福祉国家を叱咤しつつ守り育てる」といった単焦点的で実務的な姿勢をゆるめ，人文社会諸科学の成果を貪欲に吸収しつつ，複眼的で批判的な議論を展開してきた。だが，そうした展開の過程で，社会政策研究の理論とコンセプトはいっそう複雑多様なものになり，その全容が把握しにくくなってしまった。Ⅱではリスターの所説に依拠し，錯綜する理論とコンセプトの全体像をつかまえるための分析枠組を提示する。その枠組は本書全体のまとめにもなるだろう。

Ⅰ ── 社会政策研究の展開：イギリスを中心に

1　社会政策研究の位置と特徴

　社会政策研究をリードしてきたイギリスの研究は，Chapter 1 でも述べたように，社会学や経済学のような「学問分野」（ディシプリン）のひとつというよ

表12-1 福祉国家をめぐる学問別の視点：中心的議論

社 会 学	福祉国家は社会統合を促進するのか，それとも浸食するのか？
経 済 学	福祉国家は経済効率を促進するのか，それとも足を引っ張るのか？
政治科学	福祉国家はコンフリクト政治の帰結なのか，それともコンセンサス政治の帰結なのか？
社会政策研究	福祉国家は貧困者に再分配を行うのか，それとも主に豊かな人々を利するのか？
社会行政論	費用対効果に優れ，質もそれなりの給付やサービスを最も適切に提供できるのは，福祉国家の公的経営か私企業的経営か？
ソーシャルワーク論	福祉国家は周辺化された市民を支えたり力づけたりするのか，それとも彼らを管理したり規律化したりする手段なのか？
法 研 究	福祉国家は法の支配の強化や拡張を意味するのか，それともむしろ法の支配の弱体化と恣意的規則への回帰なのか？

出典：Øverbye［2010：153］，Table 10.1 Disciplinary perspectives on the welfare state：Core debatesを訳出

りも，分野を越境し諸学の応用がなされる「研究領域」（フィールド）として形成されてきた。研究アプローチは様々であり，政策科学的研究（政策効果の検証や社会問題の要因分析を主眼とした実用性・客観性・実証性を重んじるタイプの研究）もあれば，規範的で思弁的な研究（政策的な課題解決のよしあしやその評価軸，さらには政策目標自体を原理的なレベルにまで遡って検証しようとする研究）もある。

社会政策研究にとって「福祉国家」が特別な主題であるとみなすことに異論を唱える者は少ないであろう。福祉国家研究自体も非常に学際的な性質をもつが，他の分野や領域による福祉国家に対するアプローチとの比較によって，社会政策研究の相対的な特徴を捉えることもできる。たとえば表12-1のように，福祉国家を研究対象とする学問分野・研究領域の中心的議論を比較すると，社会政策研究の特徴は，福祉国家の「再分配」に強い関心を向けている点にみいだすことができる［Øverbye 2010：153］。社会政策研究の発展に大きな足跡を残したティトマスが，所得再分配による平等化の追求というモチーフや，再分配効果の批判的分析を重視していたことからいっても，そうした特徴づけは妥当であるといえよう。

しかしながら社会政策研究は，福祉国家のもとでの再分配の実態解明や正当化根拠の導出という主題に腰を据えてはいるものの，分析に用いられる概念や手法の多くはほかの学問分野からの借り物であり，研究上の守備範囲の明確性

や体系性を欠いていることもあって，ある種「場当たり的」な研究にみえてしまうことも確かである。この点について，Chapter 1 でも触れたディーンは次のように指摘している [Dean 2006：5]。社会政策研究者は，諸分野を無目的に渡り歩く「知的な蝶」というより，「人間の福祉 human wellbeing」という大儀に強くコミットしながら，現実の生活問題に応じるために必要な知識を無節操に拾い集める「カササギ」のようなものである，と。このディーンの卓抜な比喩は，社会政策研究（者）の特徴をうまく捉えているといえる。

2 社会政策研究の形成と発展

では，研究の対象も方法も不確定的な学際領域としての「カササギ」的な研究が，どのようにしてひとつの研究領域として形成されてきたのだろうか。社会政策研究は，いうまでもなく現実の社会政策プログラムとともに発達を遂げてきたが，それはまた「社会科学」自体の形成・発展とも密接にかかわっている。

ヨーロッパ各国では19世紀初頭から工場法や公的救貧施策が実施されていた（イギリス救貧法の成立は中世にまでさかのぼる）。それらが「社会政策」として概念化されるのは19世紀末から20世紀初頭のことである。また，そうした概念化を可能にしたのは，社会なるものを「全体」として捉えるまなざしや，人口や産業の動態を客観的に把握する社会統計技術の発展，つまり「社会科学」の確立によるところが大きい。社会政策と社会科学はともに近代社会の産物なのである。社会科学にせよ社会政策にせよ，それらは「近代」という新しい時代が求めた新しい知的・政治的営為であり，19世紀に工業化を遂げた国々における失業・貧困の増大，階級対立の激化といった「社会問題」への応答として着手されたものであった。

19世紀末になると，社会科学の発展・分化とともに，経済学や社会学のなかに社会政策を扱う研究部門がかたちづくられていった。ドイツでは，ビスマルクの時代に包括的な社会保険が導入されるなかで，経済学者たちは「社会政策学会」を確立し，労働者の雇用条件や賃金，公衆衛生などの問題を議論するようになった [武川 1999：8]。これにならうかたちで，日本でも1897年に社会政策学会が設立された。

他方，当時のイギリスでは救貧法の改革をめぐり，その後の「福祉国家」形

成にとって重要な議論がなされていた［大沢 1986］。1909年には，救貧法王立委員会メンバーで慈善組織協会の指導者であったボザンケ（Helen Bosanquet）らが起草した報告書が提出された。その報告書は「多数派報告」といわれ，受給者のいっそう合理的な処遇を求めるものであったが，あくまで救貧法の維持と拡充を主張するものであった。これに対し，フェビアン協会において指導的立場にあったウェッブ夫妻が中心になってまとめた「少数派報告」は，救貧法の廃止と普遍的社会サービスを主張するものであり，意見は真っ向から対立した。これと前後して，ブース（Charles Booth）やラウントリー（Seebohm Rowntree）は，労働者の生活にかんする実態把握（社会踏査）を行った。その成果は社会調査研究の発展を促した一方で，先の少数派報告とともに「ベヴァリッジ報告」を端緒とする戦後イギリス福祉国家の形成に多大な影響を与えた。こうした動きのすべてが，今日の社会政策研究の源流となっていると考えてよい。

　1900年代から30年代にかけて，イギリスをはじめとする先進各国では，救貧法に代表されるような包括的な救貧対策から脱して，カテゴリー別の合理的な社会サービスが整備されはじめた。この時期は，世界恐慌や世界大戦による国家財政の危機を背景に，公的な社会サービスとボランタリーな福祉供給の結びつきが強められていくとともに，公私連携による福祉供給の効率的実施が求められた時期でもあった。こうした背景のもと，イギリスにおける当時の社会政策研究（社会行政論 social administration）は，公的な社会サービス，民間のボランタリーな福祉供給，地域社会での相互扶助活動などを広く視野に収めつつ，その効果的な運営を研究し，専門的な担い手（ソーシャルワーカー）を育成するための学問体系として整備されていった［Brown 1969］。

　第二次大戦後の1950年代から60年代にわたる福祉国家の建設期において，社会政策研究（当時の呼称は社会政策・社会行政研究 social policy & administration）の発展に主導的な役割を果たしたのが，マーシャルやティトマスであった。マーシャルはシティズンシップというコンセプトをいち早く定式化したことで知られるが［Marshall 1963=1998］，そのテキストは古典として読み継がれてきた［Marshall 1970=1990, 1981=1989］。ティトマスは，社会政策研究が社会サービスの管理運営や援助のノウハウといったプラグマティックな主題に関心を集中させてきたことに疑問を抱き，テクニカルな議論のみならず，より積極的に福祉

の増進に向けた目標や理念にかかわる価値や道徳原理の問題にコミットしていくことの重要性を説いた [Titmuss 1958=1967, 1968=1971, 1971, 1974=1981 ; Alcock et al 2001]。

ティトマスの強い知的影響力とリーダーシップのもと、ロンドン大学（LSE）を拠点として福祉国家の建設期に開花した社会政策研究は、①福祉国家として拡大した多様な社会サービスやボランタリーな福祉供給を視野に収めた政策論、②社会サービスの運営管理論、そして③福祉国家の原理や価値にかかわる規範論といった内容を含む研究領域となった [Pinker 1971=1985]。

3 福祉国家の「黄金時代」以降の社会政策研究

福祉国家の建設をめぐる政治的コンセンサスが成立していた1950年代から60年代の社会政策研究では、福祉国家のビジョンにかんする楽観的な見方（国家の福祉供給が貧困を解消し、より平等で友愛に満ちた社会を実現していく等）が大勢を占めていた。そして「事実」にかんする経験的・実証的分析は、あくまで規範的な主義主張を裏づけるための手段とされていた。くわえて、その規範的前提としてのフェビアン主義的イデオロギー（平等と友愛の重視）は、別様のイデオロギー的視座からの批判や攻撃にさらされることなく君臨し、福祉国家の将来を楽観的に描き続けていた [George and Wilding 1976=1989, 1994]。

福祉と社会問題にかんする倫理主張、ならびに社会改良の手段・手続きとしての経験的証拠固めという議論のスタイルは、ティトマスとそのフォロワーたちにみられる顕著な特徴であった。当時の議論状況は「ティトマス・パラダイム」とも呼ばれる [George and Page 1995]。このティトマス的問題設定が自明視されていた1960年代の政治空間は、社会主義か自由主義（資本主義）かという、二者択一的な政治イデオロギー対立を基調としていた。そのなかにあって福祉国家体制は、左右のイデオロギー対立を調停ないし終焉させうる現実的な中道路線であるという認識や合意が広く定着していた。

1970年代には、「福祉国家の黄金時代」を支えていたフォーディズム的蓄積体制（大量生産大量消費のしくみ）がゆらぎをみせはじめる。そうしたなか、国家の正統性確保と資本蓄積の促進という異なった利害の追求に福祉国家の矛盾を見いだすネオ・マルクス主義者（ニューレフト）による批判や、介入なき市

場と競争・選択に「自由」の本質を見いだすハイエクやフリードマンの議論を下敷きにしたニューライトによる攻撃が高まりをみせ，社会政策研究は大きな転換を迎えることになる［Gough 1979=1992；Offe 1984］。この知的・政治的な転換期における福祉国家の矛盾と危機を整理した代表的な研究としては，東京大学社会科学研究所［1984,1988］のほか，武川［1999］，ミシュラ［Mishra 1984, 1990=1995］，そしてピアソン［Pierson 1991=1996］などがある。

　その一方で，1970年代以降，福祉国家の国際比較研究も活発になっていった。当初の国際比較研究は，各国の社会保障支出の比較や，社会保障の個別制度の並列的分析など，素朴なアプローチによるものが主流であった［Kaim-Caudle 1973；Wilensky 1975；Kahn and Kamerman 1980；Higgins 1981；Flora and Heidenheimer 1981］。これに対し，デンマーク出身の社会学者エスピン−アンデルセン（Gøsta Esping-Andersen）は，マルクス主義的国家論や福祉国家の政治経済学的研究（資源動員論）の成果を批判的に継承しつつ，先進各国の社会政策プログラムの比較にとどまらず，「脱商品化」と「階層化」といった指標を用いて，各国の権力構造の多様性が福祉国家の発展パターンに与えてきた影響を分析し，それを3つの「レジーム」に類型化するという画期的な研究を手がけた［Esping-Andersen 1990=2001］。この福祉国家レジーム論は，「リベラルかラディカルか」あるいは「右か左か」といった二元論的な福祉国家分析を克服した研究として注目されることになった。近年では，エスピン−アンデルセンが視野に入れることのなかった日本の位置［埋橋 1997, 2011］をはじめ，東アジア諸国や世界各国の社会政策プログラムが比較研究されるに至っている［広井・駒村編 2003；武川・金編 2005；金編 2010］。

II ── 社会政策研究の現代的課題と検討枠組

1　福祉国家の「危機」後における課題

　1980年代から2000年代にかけて，社会政策的課題とその研究主題はいっそう多様になる。以下，近年の動向とその背景をなす社会の趨勢を6つのトピックに分けて整理したが，それらは相互に連動しあっている。

▶ 福祉国家の古典的モデルへの問い直し

　第一に，脱近代化，脱工業化，個人化，リスク社会化，ボーダレス化，グローバル化といった社会や文化の変容を背景に，福祉国家の古典的なモデルが根本から問い直されるようになっている［Johnson 1999=2002；藤村 1999；宮本編 2002；武川 2007］。この古典的モデルとは，男性正社員を稼ぎ主とし女性の家事労働に依拠した二人親家族，正社員の福利厚生・従業員教育を実施する企業，安定した経済成長，若年者の多い「ピラミッド型」から「釣鐘型」へと移行中の人口構造，などを前提に組み立てられた福祉国家のことをいう。だが今日では，産業構造や就労構造の転換，国民国家や近代家族の相対化などによって，伝統的な社会政策の問題設定そのものに抜本的な見直しが迫られている。そうしたなかで，人々の働き方や暮らし方の変化や多様性を反映していない「社会保険」を中心とした連帯のあり方が問い直されるようになった。わが国における一連の「年金問題」（適用範囲の硬直性，無年金・低年金，世代間・世代内での不公平感など）は，古典的モデルの制度疲労を体現した典型的事例となっている。

▶ 批判的社会政策研究の登場

　第二に，これまでの社会政策とその研究に対し，フェミニズム，反人種差別主義，環境保護運動などから根源的な異議申し立てがなされるようになった。それは従来の福祉国家が，①ジェンダーや性的志向，人種やエスニシティに中立的であるどころか，それらの「差異」に無配慮であるために，多数派の利害に偏向していること，②その結果，女性，エスニックマイノリティ，障害者，非異性愛者などに対して抑圧的な作用を及ぼしがちであること，くわえて，③福祉国家体制が自然環境や天然資源の搾取による生産力重視の経済社会システムを補完するものであること等への批判である［Williams 1989；Cahill 1994；大山他 2000；宮本 2002；深澤 2003］。他の章でも言及したように，こうしたラディカルな議論を展開する社会政策研究の潮流は，「批判的社会政策研究」と呼ばれている［Spicker 1995=2001；Taylor 1996］。

▶ 承認の政治と連帯の追求

　第三に，こうした階級，ジェンダー，人種・エスニシティなどの観点に依拠した議論や運動により，人々の「差異」や「アイデンティティ」の承認が要求されるようになっている。と同時に，こうした要求が強まることで，社会の「分裂」や「分断」が広がることが危惧され，「国民連帯」「ナショナル・アイデンティティ」の再構築が求められるようにもなっている。分断と敵対性を伴いがちな「差異の尊重」と，同一化と同調を迫りがちな「連帯の追求」という，両立し難い要請にどう折り合いをつけていくかという問題は，今日の社会政策研究にとってきわめて重要な課題となっている［武川 2007］。

▶ グローバル化への対応

　第四に，Chapter 5・6で述べられているように，伝統的な社会政策研究が一国主義的な問題設定に終始してきたという批判をうけ，政治・経済・社会のグローバル化が福祉国家に与える影響の分析や，超国家的ないし国際的な社会政策のあり方にかんする議論が進められるようになっている［Mishra 1999；Johnson 1999；社会政策学会 2002；武川 2002；岡 1999］。国民国家という枠組の効力や意義に関しては悲観論もあれば悲観論もあるが，南北問題や環境問題から移民・難民問題まで，グローバルな課題への関心が高まり，これまでの一国主義的な態度が反省されはじめている。また日本に関していえば，こうした潮流は，グローバルな社会が生み出した貧困として解釈しうるはずの「ニューブア」が，雇用のミスマッチや成熟できない若者の病理として，もっぱら国内問題（さらには内面的・個人的問題）として処理される言説状況を批判的に分析するうえで有益であろう。

▶ 脱工業社会への対応

　第五に，経済社会のグローバル化ともからんだ脱工業社会への転換がもたらす様々な問題，とりわけ失業の長期化に対する社会政策の展開として，「ワークフェア」や「アクティベーション」にかんする議論が進められている［宮本2002；社会政策学会2001］。こうした政策動向への関心の高まりは，社会保険と

公的扶助によるナショナル・ミニマムの保障という古典的な福祉国家モデルによって実施されてきた社会政策プログラムのあり方の問い直しを迫っている。このような議論の動向は，ベーシックインカムのようなあらたな社会政策の可能性を模索する動きともかかわっている［Fitzpatrick 1999=2005］。

▶ 社会的排除／包摂をめぐる議論

そして最後であるが，「社会的排除／包摂」をめぐる議論が近年の社会政策研究の中心的な関心事となっている［Hills et al. 2002］。社会的排除は，「貧困」の単なるいい換えではなく，上記の脱工業化社会がもたらすあらたな問題に対して，制度疲労を起こした福祉国家モデルが適切に応じきれなくなっていることに目を向けさせるコンセプトでもある。古典的モデル自体は，ある種の「社会的包摂」を達成するための枠組であった。それが包摂しつつ形成（形成しつつ包摂）してきたのは，国民・健常・若年・異性愛という支配的カテゴリーによって括られる男女であり，正規雇用される男性とケアに専従する女性からなる家族であった。古典的モデルは，これらに「合致しない人々」をも同時に（反射的に）形成しつつ，そうした人々を排除しながら包摂してきた。だが今日の社会的排除は，古典的モデルによる社会的包摂では対処できないあらたな排除をもたらしている。上記のニュープアがその典型である。そしてこのあらたな排除は，それに見合ったあらたな包摂策の構想を社会政策研究に求めている。しかし，現代における社会的包摂のあり方は，上述の「差異と連帯」のジレンマとも結びついて，一筋縄ではいかない問題となっている。

2 広場と案内図：理論とコンセプトの分析枠組

▶ 現代社会と福祉を論じ合う「広場」としての社会政策研究

以上のように，社会政策研究は，時代状況の変化に敏感に反応しながら，社会と福祉の〈あり様〉を捉え，その〈あり方〉を論じあうための「広場 field」として発展を遂げてきた。そして，その過程で多種多様なコンセプトが導入・開発・錬成されてきた。本書のChapter 1 と 2 では「部門」「必要と資源」「普遍主義と選別主義」「福祉の社会的分業」「社会的市場」「割当」といったオー

ソドックスなコンセプトを概観し，各章でも様々なコンセプトや理論に言及した。これら一群のコンセプトは，「社会政策の／という視点」をかたちづくる構成要素であり，社会政策研究とは，煎じ詰めれば，そうしたコンセプトを編成し駆使する営みであるともいえる。

しかし，「社会政策の／という視点」は決して一枚岩ではなく，問題の見方や応じ方をめぐって複数のイデオロギー的・理論的な視座がひしめきあっている。そして，体系化された視点として練り上げられてきた各種視座のもとでは，主要コンセプトに対して異なった解釈が施され，同一主題に関して競合する分析や評価が下されてきた。本書では，種々の視座とコンセプトが入り乱れ，社会政策のあり様とあり方をめぐり多様な解釈・評価・構想がひしめく状況の一端を描き出そうと試みてきた。最後に全体のむすびとして，リスターの議論［Lister 2010］にもとづき，社会政策研究における理論とコンセプトの全体像をつかまえるための分析枠組を提示する。喩えるならその枠組は，沢山のブースが軒を構え，各種イベントがくり広げられている「広場」の案内図や配置図のような役目を果たすはずである。

▶ 理論とコンセプトの分析枠組

リスターは，まず「理論」の重要性や価値を確認することから議論をはじめている。そのポイントは「事実は自ら語らない」［Lister 2010：2］という一言に集約できる。つまり，社会政策をめぐる「事実」や「現実」は様々に解釈されており，社会問題の理解や応答を図ろうとする議論や実践は，つねにすでに解釈を枠づける何らかの「理論」に依拠している，ということである。そしてリスターは，オブライエンとペナ［O'Brien and Penna 1998］に依拠して，社会政策の理論を「福祉の社会理論」と「福祉の規範理論」に区別する。前者は社会政策とそれをとりまく状況や世界のあり様（どうなっているのか）の解明と分析に関わる理論であり，後者はそのあり方（どうあるべきか）の構想と要求に関わる理論である［Lister 2010：3-4］。

私たちの「ものの見方」や「ふるまい方」は，こうした事実解釈と価値前提が入り混じった信念（ときに「常識」として自然化もされる）に影響を受ける。社会科学ではそうした信念を「イデオロギー」と呼ぶことがある（信念の自然

化もイデオロギーの作用とみなされる)。リスターは，ジョージとワイルディング [George and Wilding 1994] のイデオロギー論を参照しつつ，各種の「福祉イデオロギー」は，社会理論と規範理論の双方から構成されており，支配的なイデオロギー的視座は，現状維持に都合のよい理論的解釈とコンセプトを育み，批判的なイデオロギー的視座は，それに挑戦するための理論的解釈とコンセプトを育んできたと指摘する [Lister 2010：5]。

　こうした理論観をふまえ，リスターは社会政策の理論構築を「ブロック塀」づくりに喩え，議論の枠組を整えていく [Lister 2010：7-22]。その喩えによれば，積み上げられるひとつひとつの「ブロック」に相当するのが，社会政策研究の基盤的コンセプトとしての「必要」「シティズンシップ」「社会正義」である。と同時にリスターは，それらのブロックを積み上げていく際の「礎石」にあたる一群のコンセプトを措定している（その概要は表12-2）。

　表12-3はリスターの議論をまとめたものである。上の列が「礎石」コンセプト（個人，文化，国家，脱国家と表記）で，左の列が「ブロック」コンセプトである。そして礎石とブロックが交差する各マス目には，視座ごとに異なった事実解釈や規範的主張が加えられていくことになるが，表には例示として，リスターが言及する今日的議論を拾い上げ要約したものを記した。

　各「ブロック」コンセプトはいずれも論争的であって，意味内容に関して様々な解釈がひしめいている。また，それぞれの関係をどう理解するかも解釈に応じて異なる。リスターの理解とは一致しないかもしれないが，それぞれの関係は，まず「必要」というコンセプトを起点に据えると，「シティズンシップ」は〈誰の〉必要を充たすべきか（誰が市民か／市民とは誰か？　市民の権利と義務とは？）にかかわり，「社会正義」は，必要を〈いかに〉充たすべきか（何を「市民」にいかなる基準で分配・再分配することが正しいか？　「市民」をどのように遇することが正しいか？）にかかわるコンセプトとみなせるだろう。

　今日の社会政策研究が直面する課題のほとんどは，「必要」「シティズンシップ」「社会正義」という3つ巴のコンセプトと何らかのかたちでかかわっている。とりわけ，「社会正義」をどのように理解し，どのように追求するかという難問は，「必要」や「シティズンシップ」の原理や理路を解明するうえでも避けて通ることはできない [Lister 2010：242]。以下，補論として，社会正義をめぐ

表12-2 社会政策研究の「礎石」コンセプト

個　人	これまで個人は自明の事柄とされてきたが,近年では理論構築の主題となっている。ポストモダニズムの影響により,個人は「本質的自己を伴う自律的な行為主体」ではなく「複合的で可変的な諸アイデンティティの集積」と目されるようになった。こうした主体観の転換は,アイデンティティを単一化・特権化・本質化して動員・抑圧・支配しようとする各種勢力への反動として生じた。また「市民消費者」「クライエント」といった「福祉主体」の構築性の自覚,政策論議における動機づけと行動の重視(ボーンからネイプやクイーンへの主体観の転換)も,個人の主題化を促してきた。
主体・構造・文化	伝統的に社会政策の研究と理論は「構造」を偏重し,行為主体(能動的個人とそのレジリエンス)や文化の影響を軽視する傾向がみられた。そして個々人はもっぱら構造・制度の犠牲者や操り人形とみなされてきた。しかし近年では,行為主体と構造の対立構図から両者の相互作用へと見方が変化し,さらにその相互作用を文化という文脈のもとで理解すべきだとの考え方も広まった(文化論的転回)。そして文化は所与の前提ではなく,動員すべき戦略的資源(多文化主義),説明の源泉(貧困はアンダークラス文化の所産だ),意味生産の実践(日々の行為や経験は文化を媒介に意味づけられる)とみなされるようになった。
国民国家	国家は,福祉の供給・財政・統治,法と秩序の維持や行動調整において枢要な役割を担っている。その性質と機能については様々な見方があり,近年では「社会投資国家」「側面支援国家」などと特徴づけられる。国家の役割や責任にかんする見方が,イデオロギー的視座を分かつ。国家は特定の利害関心に奉じるのか,それとも単一の本質的利害に奉仕する一枚岩の国家という想定自体が誤謬なのかについては,意見が分かれている。また「福祉国家」は国民アイデンティティとシティズンシップの創出を手助けすることで,「国民形成 nation-building」を促してきたが,それらの拠り所としての国民国家の自明性はゆらぎはじめている。
超国家的なもの・グローバルなもの	資本の国際間移動や,国境をまたいだ経済活動や交流が盛んになっている。経済社会のグローバル化が進行するなか,ほとんどの社会政策分析は,国民国家というコンテナ内部でなされており,国際比較研究も国民国家の比較となっている。それゆえ国民国家の死亡記事を書くのは時期尚早であるにしても,ある社会の社会政策は,超国家的でグローバルな文脈のもとで理解されなければならないという認識も高まっている。そして,グローバル化への各国の対応や新たな課題が論じられる一方で,グローバルな社会政策や市民社会をめぐる構想も活発化している。

出典：Lister［2010：7-22］をもとに筆者が作成

る現代の理論が何を語っているかを整理し，それが社会政策研究とどのようにかかわっているかについて論じた。

3　むすび

　本書全体を通じて「社会政策の／という視点」をかたちづくる種々のコンセプトや理論を検討してきたが，上述のリスターの議論は，その全体像をつかむうえで有益であると思われる。ともあれ，本書が差し出す知見がどのように，

表12-3　社会政策研究における理論とコンセプト

	個　人	文　化	国　家	脱国家
必　要	複合的で可変的なアイデンティティの集積としての個人は，必要不充足状態に創造的に対処し，必要の自己解釈・自己定義を要求する(183)。	健康と自律が人間の基本的な必要であるにしても，それが実質的に何によって充足されるかは文化による影響をうける(177)。	国家は国民の必要を設定し充足を図ってきたが，近年では国家や専門家による必要解釈の独占に対し異議が申し立てられている(181)。	国境を越えた人の移動や関係の広がりは，国境や国籍に限定されない必要（移民・難民問題等）への理解と応答を求める。
シティズンシップ	個人のアイデンティティと帰属感の拠り所となる共同体の成員資格としてのシティズンシップの理解には，個人の権利を重視する自由主義と，共同体への義務を重視する共和主義の伝統が屹立する(205)。	平等な地位・待遇・権利・義務を求める普遍的理解と，文化的な差異や少数派の利害関心の尊重・承認を求める特殊的理解とが，創造的な緊張関係を保ちうるシティズンシップが模索されている(219)	シティズンシップは主に国家によって付与・承認されるのに対し，人権は個々人に帰属する。故に両者は時に対立する。だがシティズンシップは人権が国別に特化したものだとし共通項を重視する見方もある(211)。	マーシャルの定式化は国民共同体の成員資格を与件としていた。政治経済の脱国家化をうけ，近年では国民国家の内外/上下に広がる複層的でグローカルなシティズンシップが構想されている(199)。
社会正義	社会正義は個々人の自由と社会的な平等を包含する(242)。平等は自由と衝突せずその条件とも目される。ロールズは，資源の公正な分配と個人の自由との均衡を図る「公正としての正義」論を提起した(245)。	これまで主に物質的・経済的な次元の不正義が問われ分配の正義が追求されてきた。近年では象徴的・文化的な次元の不正義が問われ，「参加の平等」など公正な社会関係（関係的正義）が求められている(244)。	福祉国家は所得再分配により経済的な不正義（所得格差）の是正を図ってきた。今日，文化的・関係的な不正義への訴えを前にし，福祉国家には承認や参加という次元の正義をどう追求するかが問われている(243)。	社会正義を求める議論と闘争は国民国家を文脈としてきたが，今日の議論は，南北問題（南の貧困），資源・環境問題，移民問題の解決に向け，グローバルな正義（人権・シティズンシップ）の実現を掲げている(251)。

出典：筆者作成。表中の数字は Lister［2010］の参照頁数

また何のために読まれるかは読み手しだいである。書き手としては，これらを道具として用い，それぞれの「実践」に役立ててもらいたいと希望する。

　だが，読み手のなかには，本書はたんに社会学や政治哲学の成果をつまみ食いしているだけではないか，といった不満や物足りなさを感じている方もおいでだろう。実際その通りであり，本書はディーンのいう「カササギ」的スタンスに貫かれている。社会理論や規範理論にかんする本格的な（フクロウ的な？）

研究とのコラボレーションが，カササギ的な社会政策研究には不可欠である。しかし，そうした本格的研究（者）とのコラボには，相手方の言語とその意義を理解できるよう準備を整えておかねばならない。本書はそういった準備作業の一助になることをねらいとしてもいる。

また，読み手のなかには，社会政策プログラムの運営実施に携わる／携わろうとしている方々も，それを現に利用している方々もおいでだろう。何らかのかたちで社会政策にかかわって（そのかかわりを意識して）暮らしているならば，それは「実践」と呼びうるはずである。各種制度の利用者，行政機関・NPO・その他の公共組織の職員，ソーシャルワーカー，アクティビスト，学生など，それぞれの立場で（あるいはいかなる立場・属性とも無関係に）現代社会と福祉の〈あり様〉を理解し，その〈あり方〉を批判的に考えようとするとき，本書の差し出す知見とそこから切り開かれうる知見が，参考やヒントになることを願っている。

補論──社会政策研究と社会正義

▶ 現代正義理論の特質

以下，補論というかたちで，リスターが社会政策研究の「ブロック」コンセプトのひとつとしてとりあげている社会正義をめぐる今日的議論を概観し，社会政策研究とのかかわりをまとめておきたい。現実世界で「正義」をふりかざすことは，きわめて胡散臭いふるまいとなっている。他方，学術研究の世界では「正義」のあり方をめぐって真摯な議論が活況を呈している。現代正義論は，古典的正義論における「共同体の根底にある正しさの基準」を「制度や政策の基準に改変」する一方で，「個々人の正しき行為の基準」を正義理論から除外するところに特徴がある［有賀他編 2004：15-6］。社会正義について，「国民のうち誰が何をどれほど獲得，所有すべきか（who should get what?）」という簡潔な定義がある［押村・添谷編 2003：140］。同書によれば，社会正義をめぐる議論には，以下の5つの問いに応えることが要請される。それは，「①適切な配分は，どのような種類の正義から導くことができるか，②社会正義により救済

すべき弱者とは，一体誰か，③弱者は，社会正義によってその境遇をどこまで引き上げられなければならないか，④社会正義に伴う所得の移動や再分配は，どのような方法で行わなければならないか。そのために，国家の強制装置を使うべきかどうか。⑤他の政治的諸価値（自由,効率,秩序など）と社会正義がトレードオフ関係に立つ場合，社会正義はどこまで優先されるべきか」の5点である［押村・添谷編 2003：140-1］。このような問いをたて，それに筋道たてて応えていく研究と議論が現代正義理論なのである（その全体像については平井編［2004］を参照。ロールズ以降の正義理論とその周辺の動向については，有賀他編［2000］；押村・添谷編［2003］；有賀他編［2004］；塩野谷他編［2004］；川崎・杉田編［2006］；渡辺［2007］などがある）。

▶ 配分的正義と待遇的正義

　これらの文献を紐解けば，すぐさま万人が納得する「社会的なルールの正しいあり方」を知ることができるわけではないが，そうした「正しさ」めぐってどのような信念や理論が示されてきたかを知ることはできる。現代正義理論のテーマを乱暴にまとめれば，以下のふたつの問いに大別できるだろう。
　①社会のなかで誰がどの財をどれくらいもつのが正義にかなうか？
　②社会のなかで誰のいかなる利害関心をどう扱うことが正義にかなうか？
　①は，「配分的正義」（さしあたりここでは「分配 distribution」を「配分 allocation」に含めて捉えることにする）を問うもので，社会制度が「財」（グッズ＝利益のみならずバッズ＝負担も）を，「誰に」「どのように」割りふるのが「正しいか」を考えていくような議論を導く。そのもとでは，もっぱら利益と負担の配分のしくみ（原理・基準・方法・手続）の「正しさ」が求められる。たとえば「功績 merit」や「必要」に応じた割りふり，「市場」や「国家」を通じた割りふりなどに「正しさ」が認められてきた。その場合の「誰」は，主として経済的な財の配分をめぐって利害関心を異にする当事者たちであるが，その利害衝突は「財」の割りふりによって調停がはかられる。つまり①は主として経済的利害の調停を志向しているということである。

　②は，社会のなかで様々なポジションを占める人々とその利害関心（経済的な財に限らない）の扱いを問うもので，社会制度が人々の多種多様な財＝善と利

害関心を,どのように遇することが「正しいか」を考えていくような議論を導く。この②は,①よりも「正義」の日常的な語感に近接するものであって,しいていえば「待遇的正義」(あるいは社会的な評価や関係の正義)と呼びうるだろう。①が主に経済的で物質的な利害関心を扱うのに対し,②は主に社会的・政治的で象徴的な利害関心を扱うという違いもある。

▶ 福祉国家と配分的正義

　戦後の古典的な福祉国家体制は,社会正義の追求をねらいとして形成された。たとえば,社会正義に対する批判者として知られるケネス・ミノーグは,福祉国家は「近代国家が社会正義の用語で推奨された数多くの政策を実施してきた手段である」と述べている [Boucher and Kelly 1998=2002:344]。しかし近年,福祉国家は社会正義という「重荷」に苦しんでおり,その背景には,福祉国家がもっぱら①の社会正義の求め方(配分的正義)を中心に組み立てられてきたため,②の「待遇的正義」を求める声にうまく対応できなくなったという事情もある。

　これまで福祉国家は「貧困」という不正義を正そうと,「自由の条件」として財の公正配分(財の平等化)による最低生活保障に力を注いできたが,「自由の条件」は福祉国家が提供してきたたぐいの財とその配分・再分配だけでは達成できないことが次第にはっきりしてきた。それをはっきりさせたのは,フェミニズム,反人種差別主義,環境保護主義など,多岐に渡る批判的潮流とその政治的実践(新しい社会運動)の成果である。また,工業社会を前提にして形成された社会政策は,働ける者を働かせ続けるシステムとして機能するような「労働本位の福祉提供」であったことも反省されはじめている [新川 2004:217]。その結果,人々が望んでいることを自由に行う(あるいはそのような存在になる)ための条件を確保するには,右派がいうように,ただそれが妨げられないことだけでもなく,福祉国家がそうしてきたように,ただ一定程度の購買力や物質的資源を配分・保障することだけでもなく,特権や排除をもたらす社会構造や文化規範の転換をはからねばならない,ということが各方面から主張されてきたのである。

　福祉国家は市場の不正義を正すために導入されたが,その正統性の基礎が「社

会正義」の追求にあるのなら，市場の不正義のみならず人々の自由を脅かすその他の不正義への対応を迫られ，それができないとされるや否や，人々の間に失望が広がり，その存在理由（正統性）が疑われるようになった。社会正義という掛金が次第につり上がり，福祉国家の「負債」となってしまった，ともいえよう。福祉国家はこの負債を抱えて倒産する運命にあるのだろうか。それとも，つり上がった掛金を支払い続け，存続を図ることになるのだろうか。

▶ 能動的福祉と待遇的正義

配分的正義は，同質的な国民（あるいは集合的リスクを共有できる生活者）のあいだで，物質的な財（たとえば雇用・所得・教育・医療など）を割りふって，経済的平等化の推進をはかる戦後福祉国家体制とマッチする発想であったといえよう。他方，待遇的正義は，異質な人々（あるいは利害関心を異にする人々）のあいだで，非物質的な財（たとえば機会・評価・威信・承認）を割りふって，尊厳やアイデンティティと関わる政治的平等化の推進をはかることを福祉国家に求めている。

今日の社会政策で重視されている自立支援や就労支援は，物質的な財の割りふりの悪影響（とくに公的扶助への依存や貧困の罠）を見直し，「能動的」な支援への転換をねらって提起されたものであり，待遇的正義が求めるような政治的平等化を直接的に図ろうとして打ち出されたものとはいえない。

近年の先進各国にみられる福祉改革・再編のもとでは，これまでの「福祉」が総じて対症療法的で受動的な性質をもち，人々の自由の条件としては不十分であるとされ，より根治療法的な対応として「能動的福祉」（そのバリエーションはいくつかあるが）への転換が図られるようになった［宮本 2006］。この「能動的福祉」とは，市場を中心とした競争社会から転落した者や排除された者を保護し受け止める従来の受動的・消極的な対応（セーフティネット機能）にとどまることなく，個々人が自由で自立的な生をおくるための基礎となる「能力」にまで踏み込んで，これを積極的に形成・促進しようとする役割（スプリングボード／トランポリン機能，人的資本形成のための投資的機能）を，福祉供給に求める考え方である。

しかし，不当な扱いを受け不利益を被っている社会的少数派の利害関心に配

慮し，その社会的評価を高め尊厳を回復・尊重するうえで，能動的福祉（就労・自立支援）によって，基礎的な「能力」に着目しこれを形成・促進していこうとすることは，待遇的正義において求められるものと決して相容れないわけではないことも確かである。基礎的能力の形成・促進は，むしろ，政治的平等化をめざす個々人の多種多様な利害関心と善＝財の追求のためのエンパワーメント（当事者能力促進）としても重要な意義をもちうるはずであり，そこに能動的福祉と待遇的正義との接点を見出すこともできるように思われる。

▶ エージェンシーのあり方

だが問題は，その「基礎的能力」とは何か，どう概念化するか，という点にある。人間の基礎的能力については，たとえばエージェンシー（主体的・媒介的行為能力），ヒューマンキャピタル（人的資本），エンプロイヤビリティ（就労可能性／雇われ力），ケイパビリティ（潜在能力），コンピテンス（対処能力），リテラシー（読み書き能力）といった多様な表現があり，これらは元の文脈を離れて基礎的能力の喩えとして用いられる。

このうち「エージェンシー」は，もともとは文法用語であるが，社会構造や相互行為と連動してあらわれてくる主体性をさす言葉として，ひろく社会理論のなかで用いられてきた。リスターは，貧者のエージェンシーを「貧困の自己責任主体」としてではなく「逆境のなかで奮闘する同胞たちの複合的な主体性」として捉えることを提唱している［Lister 2004：6］。

他方，イグナティエフは，人間のエージェンシーと尊厳とを結びつけて，これを人権の「基礎」ではなく「目標」に据えることを提案している。その提案理由としては，人権をめぐる基礎づけとして尊厳がもちだされることが多いが，「尊厳という考え方にまつわる文化的に特殊で相対的な性格を回避する簡単な方法などは存在しない」ことがあげられている［Ignatieff 2001＝2006：250］。つまり，社会や文化が違えば，また同じ社会のなかですら，人々が何に尊厳をみいだすかは様々である，ということである。

彼の提案は，「もろもろの文化は，人々が望むようにみずからの尊厳を構築する権利こそが重要であって人々がそれに込める内容が重要なのではないということに同意することができるだろう，という想定」に立ったものであり，〈エー

ジェンシーとしての尊厳〉は「その言葉についての考えうるかぎり最も多元的な，最も開かれた定義」であるとされる［Ignatieff 2001＝2006：250］。

イグナティエフにとってエージェンシーは，いかなる社会や文化に属す者であれ，個々人が「尊厳」を抱き表現する際に利用される最小限の条件（ヒューマン・ミニマム）を指す言葉として理解されている。それは，アイザイア・バーリンが指摘した「消極的自由」と同じく，「各個人が強制や妨害なしに，合理的（他者に対する明白な危害を含んでいない：引用者）意図を達成する能力」であり，エージェンシーをもつ個人は「不正義から自分をまもることができる」と同時に，「何を目的として生き，なんのために死ぬかを自分で決められる」ことを意味する［Ignatieff 2001＝2006：107］。

同書の序文でエイミー・ガットマンが論難しているように，イグナティエフの「人権ミニマリズム」に対しては，エージェンシーとして「生存権」や「福祉権」という積極的自由や社会権にあたるような権利を含むべきか否か，といった争点がただちに浮上する。そうであるにせよ，エージェンシーとは何か，何がミニマムな能力や要件であるかをプラグマティックに熟議していくことのほうが，人権と人間の尊厳に対する基礎づけ主義や偶像崇拝的な態度よりは健全であるとすれば，イグナティエフの線にそったエージェンシー理解は首肯すべきものといいうるはずである（その他，近年の人権論として，1948年発布の「世界人権宣言」を基盤とする国際的な人権レジームの概要については畑・水上［2006］を参照。人権の概念的・歴史的な特性についてはFreeden［1991＝1992］の整理が参考になる。また，人権にかんする今日的な議論と論点についてはShute and Hurly［1993＝1998］，深田［2003］を参照。現時点における人権論の集大成としては『講座・人権論の再定位』全5巻〔法律文化社〕がある）。

社会政策を通じた社会正義の追求という課題は，エージェンシーの構想とその形成・促進という，これまではあまり明示的に問われなかった（人間存在にかかわるある種「神聖」な）次元にまで到達している。こうしたエージェンシーへの着目は，「何が必要か／いかなる資源が必要か」をめぐる「必要解釈の政治」の展開とともに，シティズンシップの民主的・能動的な再編にとっての手がかりにもなるだろう［田村 2006：61］。いかなる社会をつくることが正しいのか，という問いに加え，いかなる人間の能力をつくることが正しいのか，という難

問にどのように応答していくかが社会政策研究に問われている。

【参考文献】

- Alcock, P., et al ed.（2001）*Welfare and Wellbeing : Richard Titmuss's contribution to social policy*, Policy Press
- 有賀誠他編（2000）『ポスト・リベラリズム――社会的規範理論への招待』ナカニシヤ出版
- 有賀誠他編（2004）『現代規範理論入門――ポスト・リベラリズムの新展開』ナカニシヤ出版.
- Boucher, D. and Kelly, P., eds.（1998）*Social Justice : From Hume to Walzer*, Routledge（＝飯島昇蔵・佐藤正志他訳（2002）『社会正義論の系譜――ヒュームからウォルツァーまで』ナカニシヤ出版）
- Brown, M.（1969）*Introduction to Social Administration in Britain*, Hutchinson
- Cahill, M.（1994）*The New Social Policy*, Blackwell
- Dean, H.（2006）*Social Policy : short introduction*, Polity Press
- Esping-Andersen, G.（1990）*The Three Worlds of Welfare Capitalism*, Polity Press（＝岡沢憲芙・宮本太郎監訳（2001）『福祉資本主義の三つの世界――比較福祉国家の理論と動態』ミネルヴァ書房）
- Fitzpatrick, T.（1999）*Freedom and Security : An Introduction to the Basic Income Debate*, Macmillan（＝武川正吾・菊地秀明訳（2005）『自由と保障』勁草書房）
- Flora, P. and Heidenheimer, A. J., ed.（1981）*The Development of Welfare States in Europe and America*, Transaction Books
- Freeden, M.（1991）*Rights*, Open University Press（＝玉木秀敏・平井亮輔訳（1992）『権利』昭和堂）
- 藤村正之（1999）『福祉国家の再編成――「分権化」と「民営化」をめぐる日本的動態』東京大学出版会
- 深田三徳（2003）『現代人権論――人権の普遍性と不可譲性』弘文堂
- 深澤和子（2003）『福祉国家とジェンダー・ポリティックス』東信堂
- George, V. and Wilding, P.（1976）*Ideology and Social Welfare*, Routledge and Kegan Paul（＝美馬孝人訳（1989）『イデオロギーと社会福祉』勁草書房）
- George, V. and Wilding, P.（1994）*Welfare and Ideology*, Heavester Wheatsheaf
- George, V. and Page, R. ed.（1995）*Modern Thinkers on Welfare*, Harvester Wheatsheaf
- Gough,I.（1979）*The Political Economy of the Welfare State*, Macmillan（＝小谷他訳（1992）『福祉国家の経済学』大月書店）
- 平井亮輔編（2004）『正義――現代社会の公共哲学を求めて』嵯峨野書院
- Higgins, J.（1981）*States of welfare : Comparative analysis in social policy*, Basil Blackwell

- Hills, J., Le Grand, J. and Piachaud, D., ed.（2002）*Understanding Social Exclusion*, Oxford University Press
- 広井良典・駒村康平編（2003）『アジアの社会保障』東京大学出版会
- Ignatieff, M.（2001）*Human Rights as Politics and Idolatry*, Princeton University Press（＝添谷・金田訳（2006）『人権の政治学』風行社）
- Johnson, N.（1999）*Mixed Economies of Welfare：a comparative perspective*, Prentice Hall（＝青木郁夫・山本隆監訳（2002）『グローバリゼーションと福祉国家の変容――国際比較の視点』法律文化社）
- Kahn, A. J. & Kamerman, S. B.（1980）*Social Services in International Perspective：The emergence of the sixth system*, Transaction Books
- Kaim-Caudle, P. R.（1973）*Comparative Social Policy and Social Administration：A Ten Country Study*, Martin Robertson（＝安積鋭二他訳（1978）『社会保障の国際比較』誠信書房）
- 川崎修・杉田敦編（2006）『現代政治理論』有斐閣
- 金成垣編（2010）『現代の比較福祉国家論――東アジア発の新しい理論構築に向けて』ミネルヴァ書房
- Lister, R.（2006）*Poverty*, Polity Press
- Lister, R.（2010）*Understanding Theories and Concepts in Social Policy*, Policy Press
- Marshall, T. H.（1963）*Sociology at the Crossroads：and other essays*, Heinemann（＝岡田藤太郎・森定玲子訳（1998）『社会学・社会福祉学論集――「市民資格と社会的階級」他』相川書房）
- Marshall, T. H.（1970）*Social Policy in the Twentieth Century*, Hutchinson（＝岡田藤太郎訳（1990）『社会（福祉）政策――二十世紀における』相川書房）
- Marshall, T. H.（1981）*The Right to Welfare and Other Essays*, Heinemann Educational（＝岡田藤太郎訳（1989）『福祉国家・福祉社会の基礎理論――「福祉に対する権利」他論集』相川書房）
- Marshall, T. H. and Bottomore, T.（1950）*Citizenship and Social Class and Other Essays*, Cambridge University Press（＝岩崎信彦・中村健吾訳（1993）『シティズンシップと社会的階級』法律文化社）
- Mitchell, D.（1991）*Income Transfers in Ten Welfare States*, Avebury（＝埋橋他訳（1993）『福祉国家の国際比較研究』啓文社）
- Mishra, R.（1984）*The Welfare State in Crisis*, Wheatsheaf
- Mishra, R.（1990）*The Welfare State in Capitalist Society*, Wheatsheaf（＝丸谷他訳（1995）『福祉国家と資本主義』晃洋書房）
- 宮本太郎編著（2002）『講座・福祉国家のゆくえ1――福祉国家再編の政治』ミネルヴァ書房
- 宮本太郎（2006）「ポスト福祉国家のガバナンス――新しい政治対抗」『思想』No.983岩波書店

- 内藤淳（2007）『自然主義の人権論——人間の本性に基づく規範』勁草書房
- O'Brien, M. and Penna, S.（1998）*Theorising Welfare*, Sage
- Offe, C.（1984）*Contradictions of the Welfare State*, MIT Press
- 岡田藤太郎（1984）『福祉国家と福祉社会——社会福祉政策の視点』相川書房
- 岡田藤太郎（1995）『社会福祉学一般理論の系譜』相川書房
- 岡沢憲芙・宮本太郎編（1997）『比較福祉国家論——揺らぎとオルタナティブ』法律文化社
- 大沢真理（1986）『イギリス社会政策史——救貧法と福祉国家』東京大学出版会
- 大山博他編（2000）『福祉国家への視座——ゆらぎから再構築へ』ミネルヴァ書房
- 押村高・添谷育志編（2003）『アクセス政治哲学』日本経済評論社
- Øverbye, E.（2010）Disciplinary perspectives, in Castles, F. G., et al. ed., *The Oxford Handbook of the Welfare State*, Oxford University Press
- Pierson. C.（1991）*Beyond the Welfare State: The new political economy of welfare*. Polity（=田中浩・神谷直樹訳（1996）『曲がり角にきた福祉国家——福祉の新政治経済学』未来社）
- Pinker, R.（1971）*Social Theory and Social Policy*, Heinemann（=R. ピンカー著, 岡田藤太郎・柏野健三訳（1985）『社会福祉学原論』黎明書房）
- 塩野谷祐一他編（2004）『福祉の公共哲学』東京大学出版会
- 新川敏光（2004）「福祉国家の改革原理——生産主義から脱生産主義へ」塩野谷他編197-214
- Shute, S. and Huurly, S. ed.（1993）*On Human Rights: The Oxford Amnesty Lectures* 1993, Basic Book（=中島・松田訳（1998）『人権について——オックスフォード・アムネスティ・レクチャーズ』みすず書房）
- Spicker, P.（1995）*Social Policy: Themes and Approaches*, Prentice-Hall（=武川正吾・上村泰裕・森川美絵訳（2001）『社会政策講義——福祉のテーマとアプローチ』有斐閣）
- 武川正吾（1999）『社会政策のなかの現代——福祉国家と福祉社会』東京大学出版会
- 武川正吾（2007）『連帯と承認——グローバル化と個人化のなかの福祉国家』東京大学出版会
- 武川正吾・金淵明編（2005）『韓国の福祉国家・日本の福祉国家』東信堂
- Taylor, D., ed.（1996）*Critial Social Policy: A Reader*, Sage
- 田村哲樹（2006）「就労／福祉／シティズンシップ」社会政策学会編『社会政策における福祉と就労』社会政策学会誌第16号,法律文化社
- Titmuss, R. M.（1950）*Problems of Social Policy*, HMSO
- Titmuss,R.M.（1958）*Essays on the Welfare State*, Allen and Unwin（=谷昌恒訳（1967）『福祉国家の理想と現実』東京大学出版会）
- Titmuss, R. M.（1968）*Commitment to Welfare*, Allen and Unwin（=三浦文夫訳（1971）『社会福祉と社会保障』東京大学出版会）

- Titmuss, R. M.（1971）*The Gift Relationship : From Human Blood to Social Policy*, Allen and Unwin
- Titmuss, R. M.（1974）*Social Policy : An introduction*, Allen and Unwin（＝三友雅夫監訳（1981）『社会福祉政策』恒星社厚生閣）
- 東京大学社会科学研究所編（1984）『講座・福祉国家（全6巻）』東京大学出版会
- 東京大学社会科学研究所編（1988）『転換期の福祉国家（上・下）』東京大学出版会
- 渡辺幹雄（2007）『ロールズ正義論とその周辺──コミュニタリアニズム，共和主義，ポストモダニズム』春秋社
- 埋橋孝文（1997）『現代福祉国家の国際比較──日本モデルの位置づけと展望』日本評論社
- 埋橋孝文（2011）『福祉政策の国際動向と日本の選択──ポスト「三つの世界」論』法律文化社
- Wilensky, H.（1975）*The Welfare State and Equality*, University of California Press（＝下平好博訳（1984）『福祉国家と平等』木鐸社）
- Williams, F.（1989）*Social Policy : A Critical Introduction*, Polity Press

［圷　洋一］

事項索引

ア 行

- IMF（国際通貨基金） 104-105
- アクティベーション 034
- 医療供給システム 054
- EU（ヨーロッパ連合） 110-112
- ウェストファリア体制 079
- エージェンシー 088, 107, 229
- エンタイトルメント 186

カ 行

- 介護保険制度 056-057
- 家族賃金 185
- 家父長制 081, 181
- 完全雇用 033
- 完全従事社会 207
- 危害原理 141
- 擬似市場 →準市場
- 基本所得 →ベーシックインカム
- 窮乏化論 076
- 教育基本法 062
- グローバリゼーション 097-102, 223
- グローバルシティ 087
- ケア労働 188
- 経済成長 077, 083, 201
- 啓蒙思想 150
- 現金給付と現物給付 →資源
- 健康格差 059
- 健康保険制度 055
- 健康保障
  - 方法 053-054
  - 制度 055-057
  - 論点 058-059
- 厚生年金 044
- 公的扶助 043-045
- 構造調整プログラム 105
- 国際通貨基金 →IMF
- 国籍 199
- 国民（基礎）年金 044
- 国民国家 079
- 子ども手当 046
- コミュニティ 089
- 雇用保険制度 038
- 雇用保障
  - 方法 035
  - 制度 036-039
  - 論点 039-041

サ 行

- 再帰性 097-098
- 再生産 180
- 財政福祉 →福祉の社会的分業
- 最低賃金法 037
- 在日コリアン 198, 200
- 再分配 027-028
- 産業主義 151
- 産業予備軍 172
- 資源 017
  - 給付形態 018
  - 供給部門 008-009
- 失業 033
- シティズンシップ 111, 186, 224
- 児童手当 →こども手当
- 児童扶養手当 046
- 市民権 →シティズンシップ
- 社会正義 224, 224-227
- 社会政策
  - イギリスでの捉え方 001-003
  - 日本での捉え方 003-005
  - 視点としての社会政策 005-007
  - アメリカの社会政策 122
  - イギリスの社会政策 127
  - ドイツの社会政策 133
- 社会政策研究

基本コンセプト ……………………… 007-008
　　特徴 ………………………………………… 213
　　形成と発展 ………………………………… 214-217
　　現代的課題 ………………………………… 217-222
社会政策プログラム ……………………………… 006
社会的市場 ………………………………………… 020-021
社会的排除 ……………………………… 088, 108, 219
社会統合 …………………………………… 034, 166
社会投資国家 ……………………………… 069, 168
社会福祉 …………………………………… 062-065
社会福祉法 ………………………………………… 064
社会保険 …………………………………… 042-043
社会保障法（アメリカ）…………………………… 121
社会民主主義レジーム …………………………… 086
私有財産 …………………………………………… 143
自由市場 …………………………………………… 144
自由主義レジーム ……………………… 085, 129
住生活基本法 …………………………… 061-062
準市場（quasi-market）………………………… 022
職域福祉　→福祉の社会的分業
所得保障
　　方法 ……………………………………… 042-044
　　制度 ……………………………………… 044-046
　　論点 ……………………………………… 047-051
自立と依存 ………………………………………… 060
自立保障
　　方法 ……………………………………… 061-064
　　制度 ……………………………………… 063-065
　　論点 ……………………………………… 065-068
人権 ………………………………………………… 230
人権レジーム ……………………………………… 113
人種差別 …………………………………………… 197
新自由主義 ……………………………… 149, 157
新保守主義 ………………………………………… 157
スティグマ ……………………… 024, 043, 128, 166
生活保護制度 …………………………… 045-046
脆弱性（vulnerability）………………………… 069
世界システム ……………………………………… 080
選別主義 …………………………………… 024, 165

タ　行

TANF　→貧困家庭一時扶助
第三の道 ………………………………… 107, 129, 168
脱商品化 …………………………………………… 084
脱（ポスト）工業化 ………………… 033-034, 168, 219

地域性　→ローカリティ
地域福祉 …………………………………………… 072

ナ　行

ニーズ　→必要
ニューディール政策 ……………………………… 121
ニューライト ………………………… i, 157, 167
ニューレイバー（新労働党）……………… 108, 129
ニューレフト

ハ　行

配給（rationing）………………………………… 026
ハイパー・メリトクラシー ……………………… 072
ハウジングプア …………………………………… 071
パターナリズム …………………………………… 155
必要 ……………………………………… 010-015, 225
　　社会的必要 …………………………………… 011
　　需要との関係 ………………………………… 012
　　必要解釈の政治 ……………………………… 014
　　批判的社会政策研究 ……………………… i, 218
平等 ………………………………………………… 161
貧困家庭一時扶助（TANF）…………………… 123
貧困の女性化 ……………………………………… 189
フォーディズム …………………………………… 081
福祉
　　福祉概念 …………… 013（コラム　福祉の概念）
　　福祉の社会的分業 …………………………… 023
　　福祉依存 ……………………… 108, 126, 189
福祉国家
　　福祉国家の収斂 ……………………………… 076
　　ケインズ─ベヴァリッジ型福祉国家 ……… 078
　　福祉国家レジーム …………………………… 084
不平等 ……………………………………………… 154
普遍主義 …………………………………… 024, 165
ブラック・フェミニズム ………………………… 181
フランス革命 ……………………………………… 151
ベヴァリッジ報告 ………………… 019, 078, 127
ベーシックインカム ……………………… 206-207
保守主義レジーム ………………………………… 086
ポストモダニティ ………………………………… 088

マ　行

マーストリヒト条約 ……………………………… 111
マルクス主義 …………………………… 076, 169-173
マルクス主義フェミニズム ……………………… 180

マルクス・レーニン主義 ……………………… 170
マルチチュード ……………………………… 103-104

ラ　行

ラショニング　→配給
ラディカル・フェミニズム ……………………… 181
リスク社会 ……………………………………… 070-071
リベラル・フェミニズム ………………………… 180
ローカリティ …………………………………… 091

労働安全衛生法 ………………………………… 037
労働基準法 ……………………………………… 037
労働者災害補償保険制度 ……………………… 038-039
労働法 …………………………………………… 036

ワ　行

割当　→配給
ワークフェア ………………………………… 108-109, 123

人名索引

アブラモビッツ (Mimi Abramovitz) ……… 183
アーレント (Hanna Arendt) ……………… 090
イグナティエフ (Michael Ignatieff) …… 229-230
ウィルソン (Elizabeth Wilson) …………… 183
ウィリアムズ (Fiona Williams) ………… i, 200
ウィレンスキー (Harold L. Wilensky) …… 076
ヴィンセント (Andrew Vincent) ………… 152
ウェッブ夫妻 (Sidney and Beatrice
　　Webb) ………………………… 162, 197, 215
ウォーラーステイン (Immanuel
　　Wallerstein) ……………………………… 080
埋橋孝文 ……………………………………… 048
エスピン-アンデルセン (Gøsta Esping-
　　Andersen) ……………………… 084-086, 217
エンゲルス (Friedrich Engels) …………… 171
オーエン (Robert Owen) …………………… 169
オルコック (Pete Alcock) ………………… 200
金田耕一 ……………………………………… 140
ギデンズ (Anthony Giddens)
　　……………………………… 069, 092, 107, 168
グレイ (John Gray) ………………………… 142
ケインズ (John M. Keynes) ……………… 078
ゴフ (Ian Gough) …………………… 053, 171
ゴルツ (Andre Gorz) ……………………… 205
サッセン (Saskia Sassen)
サン・シモン (Claude Henri de Saint-
　　Simon) ………………………………… 169
ジェソップ (Bob Jessop) ………………… 086
シプラー (David K, Shipler) …………… 106
ジョージとワイルディング (Vic George
　　and Paul Wilding) ………………… 175, 221
杉本貴代栄 …………………………………… 184
セン (Amartya Sen) ……………………… 100
ソジャ (Edward W. Soja) ………………… 081
武川正吾 ……………………………… 004, 009, 026
ティトマス (Richard Moris Titmuss)
　　………………………………… 020-021, 128, 166, 216
ディーン (Hartey Dean) ……………… 002, 214
デランティ (Gerard Delanty) ………… 088, 110
ドイヤルとゴフ (Len Doyal and Ian
　　Gough) …………………………………… 053
トービン (James Tobin) ………………… 114
ネグリとハート (Antonio Negri and
　　Michael Hardt) ……………………… 101, 103
バーク (Edmund Burke) …………………… 151
ハーバーマス (Jürgen Habermas) ……… 090
ハーベイ (David Harvey) ………………… 090
バラとラペール (Ajit S.Bhalla and
　　Frederic Lapeyre) ……………………… 105
ピアソン (Christopher Pierson) ………… 164
ビスマルク (Otto von Bismarck) ……… 133
ピンカー (Robert Pinker) ………………… 022
フィッツパトリック (Tony Fitzpatric)
　　………………………………………… 189, 204
古川孝順 ……………………………… 066-067
フレイザー (Nancy Fraser)
ベヴァリッジ (William Beveridge)
　　……………………………………… 019, 184, 198
ベック (Ulrich Beck) ……………………… 070
ボザンケ (Helen Bosanquet) …………… 216
ポパー (Karl R. Popper) ……………… 077, 081-083
マーシャル (Thomas H. Marshall) …… 117, 215
松井暁 ………………………………………… 177
マルクス (Kerl Marx) ……………… 171-172
宮本憲一 ……………………………………… 083
宮本太郎 ……………………………………… 109
ミラー (Dorothy C. Miller) ……………… 183
ミル (Jhon Stuart Mill) …………………… 141
メンミ (Albert Memmi) …………………… 197
ライスマン (David Reisman) …………… 023
リスター (Ruth Lister) ……………… 221-222, 229

執筆者紹介

圷　洋一（あくつ　よういち）　　　　　　　　Chapter 1 ～ 4・12

1971年生．明治学院大学大学院社会学研究科博士後期課程単位取得満期退学
現在，日本女子大学人間社会学部准教授
【主要業績】
「社会的排除と社会運動」北川隆吉・浅見和彦編『社会運動・組織・思想』（日本経済評論社，2010年）
「生活保護と差別」藤村正之編『福祉・医療における排除の多層性』（明石書店，2010年）

畑本　裕介（はたもと　ゆうすけ）　　　　　　　　Chapter 5・6

1971年生．慶應義塾大学法学研究科政治学専攻後期博士課程単位取得退学
博士（公共政策学／熊本大学）
現在，山梨県立大学人間福祉学部准教授
【主要業績】
『再帰性と社会福祉・社会保障——＜生＞と福祉国家の空白化』（生活書院，2008年）
「限界集落論の批判的検討——地域振興から地域福祉へ（山口市徳地地域の高齢者生活調査を中心に）」山梨県立大学人間福祉学部紀要5号（2010年）

金子　充（かねこ　じゅう）　　　　　　　　Chapter 7

1971年生．明治学院大学大学院社会学研究科博士後期課程単位取得満期退学
現在，立正大学社会福祉学部社会福祉学科准教授
【主要業績】
『反貧困のソーシャルワーク実践』（明石書店，2010年／共編著）
「貧困と文化的不正義」立正大学社会福祉学部編『福祉文化の創造』（ミネルヴァ書房，2005年）

西村 貴直（にしむら たかなお）　　　　　　　　　　　　　Chapter 8・9
　　1976年生．東京都立大学大学院社会科学研究科社会福祉学専攻博士課程修了
　　現在，関東学院大学文学部准教授
　【主要業績】
　　「H・ガンズの貧困論――貧困『根絶』研究の重要性とそのあり方をめぐって」東京
　　　都立大学大学院社会科学研究科社会福祉学専攻博士論文（2008年）
　　「アンダークラスとラベリング――アンダークラスの『積極的』機能をめぐる考察」
　　　社会福祉学44巻3号（2004年）

堅田香緒里（かただ かおり）　　　　　　　　　　　　　Chapter10・11
　　1979年生．東京都立大学大学院社会科学研究科博士課程在学中
　　現在，埼玉県立大学保健医療福祉学部助教
　【主要業績】
　　「ベーシック・インカムとフェミニスト・シティズンシップ――脱商品化・脱家族化
　　　の観点から」社会福祉学 50巻3号（2009年）
　　「アンダークラス言説再考――再分配のための『承認』に向けて」社会福祉学46巻1
　　　号（2005年）

Horitsu Bunka Sha

社会政策の視点
―現代社会と福祉を考える―

2011年11月10日 初版第1刷発行

著者	圷　洋一（あくつ ようぃち）　堅田香緒里（かただ かおり） 金子　充（かねこ じゅう）　西村貴直（にしむら たかなお） 畑本裕介（はたもと ゆうすけ）
発行者	田靡純子
発行所	株式会社 法律文化社 〒603-8053 京都市北区上賀茂岩ヶ垣内町71 電話 075(791)7131　FAX 075(721)8400 URL:http://www.hou-bun.com/
印刷	西濃印刷㈱
製本	㈱藤沢製本
装画	藤本 衣

ISBN 978-4-589-03374-1
©2011 Y. Akutsu, K. Katada, J. Kaneko,
T. Nishimura, Y. Hatamoto
Printed in Japan

〈シリーズ・新しい社会政策の課題と挑戦【全3巻】〉

〈今そこにある問題〉や〈新しく浮上してきた問題〉の本質を論究し，解決の道筋を描く。第Ⅰ部で歴史や理論を整理し，第Ⅱ部で日本の政策や事例をとりあげる。

●各3465円

1 社会的排除／包摂と社会政策
福原宏幸編著

ヨーロッパ諸国における社会的排除概念の発展と政策への影響を概観し，日本への導入と実践を紹介。格差や貧困などの議論にも言及する。

2 ワークフェア ▶排除から包摂へ？
埋橋孝文編著

ワークフェア登場の背景やその特徴，波及効果と帰結までを分析，検証。近年，問題となっている事例から課題を多面的に論じる。

3 シティズンシップとベーシック・インカムの可能性
武川正吾編著

ベーシック・インカムをめぐる動向をふまえ，経済学・法学・政治学の立場から多面的に分析。財源を提示し，実現可能性を検討する。

埋橋孝文著〔社会保障・福祉理論選書〕

福祉政策の国際動向と日本の選択 ▶ポスト「三つの世界」論
●3360円

エスピン-アンデルセン後の動向を検討し，新しい政策論を提示する。南欧，アジアの政策の考察や「雇用と福祉の関係の再編」に注目し，日本の位置確認と政策論議の場を提供。本書に関する文献レビュー付。

J. クラーク，D. ボスウェル編著／大山 博・武川正吾・平岡公一ほか訳

イギリス社会政策論の新潮流 ▶福祉国家の危機を超えて
●2520円

「福祉改革」「福祉理論の再検討」がいわれはじめた90年代前半。「福祉の危機」を写し出し，登場しつつあった新しい福祉の形態・論議の方向を差し示した本書は，日本の福祉政策理論研究に大きな影響を与え，いまなお示唆を与え続けている。

小久保哲郎・安永一郎編

すぐそこにある貧困 ▶かき消される野宿者の尊厳
●2415円

いまや「すぐそこにあるもの」になった貧困問題。しかし，どこか他人事とされがちな野宿者問題。代表的な訴訟をとおして当事者・弁護士の視点からリアルな現実を描き，尊厳と権利回復への方途を再構築する。

――法律文化社――

表示価格は定価（税込価格）です